Frenzel/Müller/Sottong · Das Unternehmen im Kopf

Karolina Frenzel
Michael Müller
Hermann Sottong

Das Unternehmen im Kopf

**Schlüssel zum erfolgreichen
Change-Management**

Das Praxisbuch

HANSER

Die Deutsche Bibliothek – CIP-Einheitsaufnahme

Ein Titeldatensatz für diese Publikation
ist bei Der Deutschen Bibliothek erhältlich.

© 2000 Carl Hanser Verlag München Wien
Internet: http://www.hanser.de
Redaktionsleitung: Martin Janik
Herstellung: Ursula Barche
Umschlaggestaltung: Parzhuber & Partner GmbH, München
Gesamtherstellung: KöselBuch (www.KoeselBuch.de)
Printed in Germany

ISBN 3-446-21346-5

Gewidmet allen,
die uns Geschichten erzählt haben.
Und denen, die uns gelehrt haben,
Geschichten zu verstehen:
Marianne Wünsch und Michael Titzmann.

Inhalt

Vorwort

»Es scheitert an den Köpfen!«, heißt es immer öfter, wenn Change-Projekte in Firmen nicht den erhofften Erfolg bringen, wenn die gesteckten Ziele nicht erreicht werden, wenn die Post Merger Integration nicht gelingt.

»Erst muss sich in den Köpfen etwas ändern!«, sagen diejenigen, die ernsthaft neue Wege gehen und ihre Organisation fit für die Zukunft machen wollen.

»In den Köpfen« – das klingt allerdings so, als ginge es darum, dass jeder Einzelne überzeugt werden muss, dass jeder für sich »neu denken« sollte. In Wahrheit aber geht es um Mentalitäten, Denkgewohnheiten, Verhaltensweisen, die sich in der Gruppe – in der gesamten Organisation, im ganzen Unternehmen – im Laufe der Zeit entwickelt und eingeprägt haben.

Deshalb sprechen wir vom Unternehmen im Kopf: Wer Veränderungsprozesse erfolgreich managen will, der muss zu Anfang wissen, wie das Unternehmen im Inneren, auf der mentalen Ebene, wirklich »tickt«. Jedes Unternehmen hat einen individuellen Spirit, jede Firma entwickelt eine Vorstellung von sich und der Welt, die bedingt, was die Mitarbeiter in ihr für möglich und unmöglich, für wahrscheinlich und unwahrscheinlich, für wünschenswert und für schlecht halten.

Wenn man dieses Unternehmen im Kopf erst einmal entdeckt hat, wird es möglich, tatsächlich an der kollektiven Mentalität etwas zu ändern, den Mannschafts-Geist weiterzuentwickeln und Change-Projekte so anzugehen, dass alle mitziehen.

Storytelling, eine von uns entwickelte Methode, eröffnet den Zugang zum Unternehmen im Kopf: Um herauszufinden, wie die »Welt« des Unternehmens in den Köpfen ihrer »Bewohner« aussieht, setzt die neue Methode auf eine alte Tradition – das Erzählen. Menschen aus den Unternehmen erzählen ihre Arbeitsbiografie. In unseren Analysen dieser Erzählungen kommen somit die wahren Ursachen für Demotivation, Kommunikationsprobleme, aber auch versteckte Stärken des jeweiligen Unternehmens zutage.

Das Ergebnis sind faszinierende mentale Landkarten des Unternehmens, die die Ursache manch ungelöster Probleme aufdecken – deren Lösung dann nicht selten verblüffend einfach wird.

Mit dem so gewonnenen Blick auf das *ganze* Unternehmen und die Regularitäten, die darin herrschen, finden sich Hebel- und Ansatzpunkte für langfristig erfolgreiche Change-Strategien da, wo Probleme ihre Wurzel haben und die Stärken des Unternehmens liegen. Und eine Erkenntnis aus unseren Analysen gleich vorweg: Meist ist es effektiver und billiger, die Handbremse zu lösen, bevor man kräftiger aufs Gaspedal tritt!

Dieses Buch lädt Sie ein, mit uns auf eine Reise durch das Unternehmen im Kopf zu gehen. Es spiegelt die wichtigsten Einsichten und Erkenntnisse aus unseren Storytelling-Studien der letzten Jahre und zeigt anhand repräsentativer Erfahrungen von Mitarbeiterinnen und Mitarbeitern aller Stufen aus Unternehmen unterschiedlicher Branchen und Größen typische Ausprägungen und Wirkungsweisen des Unternehmens im Kopf. Damit Sie sich auf dieser Reise orientieren und »auftanken« können, haben wir eine Reihe von Wegmarken aufgestellt.

Wo Sie die folgenden Symbole sehen, finden Sie:

 Story-Kästen: Geschichten, die eine Erkenntnis auf ihre Weise verdeutlichen,

 Mythos-Kästen: Mythen, die manchmal den Blick auf die eigentlichen Lösungen verstellen,

 To-do-Kästen: Anregungen und Hilfestellungen für die konkrete Umsetzung in Ihrer Organisation,

 Erklär-Kästen: Zusammenfassende Erklärungen zu zentralen Begriffen.

Wir hoffen, dieses Buch regt Sie an, auch in Ihrem Unternehmen auf Entdeckungsreise zu gehen.

München, im November 1999

Karolina Frenzel   Michael Müller   Hermann Sottong

Einleitung:
Soft Factors sind nicht soft

So manches Change-Projekt bringt nicht das Ausmaß an Erfolg, das man sich erhofft hatte: Was auf dem Papier unschlagbar effizient ausgesehen hat, läuft in der Realität unrund; vorhergesagte Synergien bleiben aus, statt dessen entstehen unvorhergesehene Reibungsflächen und Kommunikationsbarrieren.

Das Auseinanderklaffen von Plan und Wirklichkeit, Maßnahme und Ertrag lenkt den Blick auf Phänomene wie Werte, Führungskultur, Kommunikationskultur, Mentalitäten, ja sogar auf das Denken der Mitarbeiter. Wenn daraufhin auch auf diesem Gebiet entschlossen die Initiative ergriffen wird, sind die Ergebnisse oft mager, die Prozesse mühsam.

Diese Art des »nachsorgenden« Umgangs mit den soziokulturellen Aspekten der Unternehmenswirklichkeit ist leider immer wieder zu beobachten – und verrät einiges über das wahre Realitätsverständnis mancher Führungsriege. Denn wenn Manager beteuern, sie hätten die Bedeutung von »Unternehmenskultur«, »Soft Factors«, »Mentalitäten« etc. tatsächlich begriffen, dieser Ebene aber im Vorfeld von Umstrukturierungen und Fusionen keine ernsthafte Beachtung schenken, dann kann daraus nur gefolgert werden, dass die Bedeutung von Denkweisen, Werthaltungen, Prägungen, Kulturen im Unternehmen für seine Entwicklungsmöglichkeiten und Erfolgsoptionen in Managerkreisen noch nicht wirklich erkannt wurde. Soft Factors sind eben nicht soft. Sie sind genauso harte Bestandteile der Unternehmensrealität wie betriebswirtschaftliche Kennzahlen.

Die Fülle der Maßnahmen, die heute in diesem Bereich in großen und mittleren Unternehmen anzutreffen sind, belegen einerseits ein aufkeimendes Gespür dafür, dass die mentale und kulturelle Seite, der »Geist« eines Unternehmens, ein wichtiger Erfolgsfaktor neben anderen ist. Gleichzeitig offenbart aber die Art und Weise, wie solche Aktivitäten in vielen Fällen durchgeführt werden, eine gewisse Hilflosigkeit.

Halbe Sachen ...

Die folgenden drei Arten des Umgangs mit der mentalen Ebene sind immer
wieder zu beobachten:
• Unternehmenskultur als Sahnehäubchen
• Vision, Leitbild und Identität als Alibi
• Cultural Change per Dekret

Unternehmenskultur als Sahnehäubchen

In guten Zeiten ist ein wenig Luxus durchaus erlaubt. Nach diesem Motto
haben sich manche Unternehmen in fetten Jahren nach innen und außen
generös gezeigt und Angebote geschaffen, die die Unternehmenskultur verbessern oder demonstrieren sollten, was für eine ausgezeichnete Kultur die
Firma habe. Parallel dazu wurden nicht selten die Sponsoringaktivitäten erhöht, stellte sich das Unternehmen als kunstfreundlich, sozial oder öko-
logisch engagiert dar – und ließ all dies wegfallen, sobald die Ertragskurve
sich wieder nach unten neigte.
Dass bei einem solchen Rückzieher der Schaden für die öffentliche Reputa-
tion eines Unternehmens den vorher erzielten Nutzen weit übersteigt, hat
sich mittlerweile herumgesprochen. Warum sollte die Innenwirkung eine andere sein? Zweifellos sehen viele Mitarbeiter zwar vollkommen ein, dass in
Phasen des Abschwungs bestimmte Zusatzleistungen von Seiten des Unternehmens nicht mehr erbracht werden können. Nur zeigt dies unter Umständen, dass man in puncto »Unternehmenskultur« von Anfang an den
falschen Weg gegangen ist. Die Förderung solch einer Kultur braucht nämlich vor allem anderen Kontinuität und Verlässlichkeit – sie als konjunktur-
abhängigen Luxus zu handhaben, setzt das falsche Signal.

Vision, Leitbild und Identität als Alibi

»Wo die Sache fehlt, vertritt sie am besten der Schein«, zitiert Erasmus von
Rotterdam in seinem »Lob der Torheit« den Volksmund – und nach diesem
Prinzip wird in vielen Unternehmen leider immer noch das gehandhabt,
was man zu den »weichen Faktoren« rechnet. Das Management studiert die
einschlägigen Publikationen und demonstriert gern, dass man im Trend
liegt. Also werden Berater engagiert, die zusammen mit internen Fachleuten
und in enger Abstimmung mit dem Top-Management eine »Vision« für das
Unternehmen erarbeiten. Es werden Leitbild-Workshops veranstaltet und
schließlich Hochglanzbroschüren gedruckt, in denen Sätze, die mit »Wir

sind« oder »Wir wollen« beginnen, die neue »Identität« anschaulich und für jedermann verständlich machen sollen.

Bezeichnend für diesen Typus ist es, dass viele Führungskräfte davon überzeugt sind, dass diese Aktivitäten »nichts schaden«. Dahinter verbirgt sich die schlichte Wahrheit, dass man im Grunde nicht an die Wirksamkeit solcher Maßnahmen glaubt. Wenn aber doch etwas dran sein sollte – dann jedenfalls kann niemand einem vorwerfen, man habe den Zug der Zeit verpasst und nichts getan. Entsprechend leerformelhaft sind dann auch die Erzeugnisse solchen Aufbruchs: Die meisten der uns bekannten Unternehmensleitsätze und Selbstentwürfe sind sich zum Verwechseln ähnlich und somit völlig ungeeignet, eine eigenständige »Identität« zu kommunizieren. Erfolgreich sein und »immer besser« werden wollen fast alle. Selbstverständlich entdeckt man den Kunden und stellt ihn in den Mittelpunkt, wie auch der »Mensch« insgesamt gerne dort angesiedelt wird. Von der Führung wird Vorbildhaftigkeit erwartet, und offene Kommunikation und Teamgeist werden allenthalben beschworen.

Die Folgen solcher Alibi-Inszenierungen eines inneren, kulturellen »Aufbruchs« im Unternehmen können fatal sein. Die häufig beobachtbare anfängliche Motiviertheit vieler Mitarbeiter schlägt sehr bald in kühle Distanz um, wenn sie bemerken, dass die heraufbeschworenen Leit-Bilder eben genau dies bleiben: »Bilder« und »Visionen«, denen in der Realität nichts entspricht (oder deren Farben dort zumindest arg verblassen). In den Köpfen der Mitarbeiter setzt sich genau die Vorstellung fest, die in den Köpfen des Managements bereits existiert: dass nämlich die mentale Ebene in Wahrheit nicht wichtig ist und von niemandem ernst genommen werden muss.

Cultural Change per Dekret

»Kultur kann man letztlich ebensowenig ›in den Griff bekommen‹ wie man die Emotionen der Mitarbeiter ›managen‹ kann.«

Ulrich Wever

Diese Erkenntnis eines erfahrenen Managers scheint immer noch nicht zum Allgemeingut in den Chefetagen geworden zu sein. Anders lässt es sich nicht erklären, dass gerade heute wieder von vielen Führungskräften so gehandelt wird, als könne man einen Cultural Change wie jede andere Reorganisationsmaßnahme sozusagen am Reißbrett planen und dann verkünden und umsetzen.

Auch wenn das Management die grundsätzliche Einsicht in die Bedeutung des »Spirits« für Effizienz, Anpassungsfähigkeit und Innovationskraft des eigenen Unternehmens gewonnen hat und entschlossen an den Aufbau oder die Implementierung neuer Werte und Prinzipien geht, werden manchmal entscheidende Fehler gemacht. Denn oft genug wird die Überzeugung von der Wichtigkeit der mentalen und kulturellen Faktoren für die Qualität des gesamten Unternehmens noch von alten Denkmustern begleitet. Wer tendenziell noch einem eher mechanistischen Denken verhaftet ist, wer die Welt des Unternehmens weiterhin als eine Kette wohl geordneter Ursache-Wirkungs-Beziehungen sieht, der wird trotz bester Vorsätze an der Gestaltung einer lebendigen, produktiven Unternehmenskultur scheitern.

... für das ganze Unternehmen

Eines der fundamentalsten Missverständnisse hinsichtlich des Spirits und der Kultur im Unternehmen ist die Vorstellung, dass es sich dabei sozusagen um eine gesonderte Sphäre handelt – eine Sphäre, aus der heraus Kräfte direkt auf die Mitarbeiter wirken. Kräfte, die motivieren, Ideen freisetzen, Zusammenhalt und Kooperation steigern und nicht zuletzt auch den Kontakt zum Kunden fördern. Es kommt nur darauf an, diese Sphäre »richtig« zu manipulieren, zu »hand-haben« (wie die wörtliche Übersetzung von »managen« lautet). Diese Vorstellung, die wir immer wieder in Gesprächen mit Managern angetroffen haben, hat etwas von Magieglauben an sich. Und tatsächlich wirkt es häufig wie Wortmagie, wenn in Unternehmen verkündet wird: »Wir brauchen Identität, ein Leitbild, ein Human Resources Management, eine neue Führungskultur...«, und wenn bald darauf all dies bereits »erarbeitet« wurde und in entsprechenden Kampagnen bis in die letzten Winkel des Unternehmens getragen wird. Bleibt der gewünschte Effekt aus, lautet die Standard-Schlussfolgerung: »Dann müssen wir das eben noch besser kommunizieren!«
Viele Mitarbeiter und Führungskräfte im Unternehmen sind tatsächlich überzeugt, schon viel weiter zu sein, als sie es in Wirklichkeit sind. Ein kritischer Dialog über den Ist-Zustand des Unternehmens, gezielte Verbesserungen an neuralgischen Punkten oder gar eine grundsätzliche Überarbeitung der Strategie sind unter solchen Umständen kaum mehr möglich.
Eine durch Dekret und »Verkündigung« kommunizierte Identität ist eine Falle. Wer sich in ihr fängt, beraubt sich der Möglichkeit der Selbst-Bewusstwerdung und damit einer ganzen Reihe positiver Entwicklungsmöglichkeiten.

 **Das selbst-bewusste Unternehmen**

Veränderungen der Organisation, der Kultur, des »Spirits« des Unternehmens, Kooperationsfähigkeit und partnerschaftlicher Umgang mit den Kunden lassen sich erheblich wirksamer gestalten, wenn das Unternehmen sich zuvor seiner selbst bewusster wird. Und mit seiner Selbstveränderung und Weiterentwicklung gezielt dort ansetzt, wo es seine Stärken und Schwächen, seine Grundsätze und seinen Aberglauben erkannt und durchschaut hat. Denn nicht nur Individuen, sondern auch Gruppen, Kulturen und Organisationen sind in weiten Teilen Gefangene ihrer Vorstellung von sich selbst und der Welt.

In jedem Unternehmen – so die Erfahrung unserer Arbeit – herrschen tief verwurzelte Vorstellungen über die eigene Identität, kollektive Überzeugungen über die internen Spielregeln, über das, was machbar ist. Es gibt Erklärungsmuster, eingefahrene Bilder vom Kunden, und es gibt eine ganze Reihe von Dingen, die nie in Frage gestellt werden, weil alle sie für selbstverständlich halten. Und schließlich fanden wir überall in der Mitarbeiterschaft Potenziale, Energien, Ideen, die nur darauf warten, freigelegt, ja entfesselt zu werden.

Unternehmen werden selbst-bewusst, wenn es gelingt, diese Muster zu erkennen, diese Voraussetzungen des Denkens, Planens und Handelns sichtbar zu machen und zu kommunizieren. Und selbst-bewusste Unternehmen werden die Maßnahmen ergreifen, die zu ihnen passen; sie werden sich entwickeln, wie es ihnen entspricht; sie werden profilierte Partner für ihre Kunden.

Jeder Versuch, eine Organisation zu verändern, trifft auf einen ganz bestimmten Zustand dieses Systems. Mit anderen Worten: Jeder Veränderungsprozess hat ganz bestimmte Voraussetzungen. Und wer Change-Projekte zum Erfolg führen will, wird sich deshalb im Vorfeld möglichst eingehend über diese Ausgangsbedingungen informieren. Vergessen wird häufig, dass trivialerweise jede Umstrukturierung und jede Neuausrichtung der Geschäftsstrategie mit dem Sammeln von Daten und Fakten und der Analyse des Ist-Zustands beginnt. Es geht um eine Bestandsaufnahme dessen, was unzweifelhaft vorhanden ist.

Das Unternehmen im Kopf

Wie geht man nun mit Faktoren um, die in keiner Datenbank abgespeichert und in keiner Kostenaufstellung aufgelistet sind – und die dennoch entscheidende Auswirkungen auf die Handlungsfähigkeit und das Erfolgspotenzial der Organisation haben? Wie erfasst man den mentalen Ist-Zustand, jenes Unternehmen im Kopf, das sich in Spielregeln, Verhaltenscodes, Mentalitäten, Denkmustern manifestiert, die das Unternehmen oft nachhaltiger prägen als Strategien, ausgeklügelte Re-Organisationsmaßnahmen oder Führungswechsel?

Viele Manager drücken sich schlicht vor dieser Frage – oder sie delegieren sie an die »Personaler und Kulturfritzen«, denen dann die Aufgabe zufällt, Begleitprogramme für die »realen« Prozesse zu entwickeln, die von ihnen in Gang gesetzt werden. Nicht selten herrscht die Überzeugung, dass die Schaffung entsprechender Strukturen die passenden Motivationen und Mentalitäten ganz von selbst erzeugen werden. »Ich mache Druck, damit Zug entsteht!« – Dieser Satz eines Managers in einer unserer Studien bringt diese Haltung auf den Punkt. Und dann folgt ungläubiges Staunen, wenn der Zug ausbleibt oder in eine andere als die gewünschte Richtung geht.

Kein Zweifel – es ist besser, marode Strukturen radikal zu verändern, als gar nicht zu handeln. Aber angesichts der mageren Erfolge so mancher Rosskur stellt sich die Frage nach Alternativen, um die Möglichkeiten auszuschöpfen, die sich aus einem besseren Verständnis des Unternehmens im Kopf ergeben.

Unternehmen und ihre Wirklichkeiten

Menschen, Gruppen und also auch Unternehmen tendieren dazu, ihre konkreten Erfahrungen und die daraus abgeleiteten Weltbilder für universell zu halten. Deutlich wird dies, wenn zwei unvereinbare Weltbilder aufeinanderprallen.

Besonders dramatisch werden solche Konflikte dann, wenn innerhalb *eines* Unternehmens zwischen der offiziellen Selbstdefinition und den Alltagserfahrungen der Mitarbeiter ständig Widersprüche auftreten.

Was in der hauseigenen Vision, dem Leitbild, den Führungsgrundsätzen definiert und festgeschrieben ist, was in den Informationsbroschüren, Intranets, Mitarbeiterzeitungen und internen Weisungen ausgesagt wird – und wie es gesagt wird –, trifft immer und wiederholt auf bestimmte »Vorannahmen« der Mitarbeiter. Was im Unternehmen kommuniziert wird, wird jeweils im Lichte einer »intuitiven Theorie« darüber interpretiert, wie das Unternehmen »eigentlich« ist.

Auch in Unternehmen findet man häufig, dass die ganze Firma oder bestimmte Gruppen ihre Erfahrungen und das daraus gewonnene Weltbild für universell halten. Vertretern anderer Weltbilder begegnet man mit Misstrauen – anstatt sich zu fragen, unter welchen Bedingungen die jeweiligen absolut gesetzten Erfahrungen entstanden sind.

Traue keinem Karadjeri!

Ein australischer Ethnologe hat Jahrzehnte lang mehrere Aborigines-Stämme beobachtet. Jeder dieser Stämme hatte ein ganz bestimmtes Wissen darüber, welche Nahrung in welcher Jahreszeit am besten zu finden ist. So fingen die Mitglieder des Bard-Stammes etwa in der heißesten Jahreszeit Schildkröten, während ihre etwa zweihundert Meilen entfernten Nachbarn, die Karadjeri, gleichzeitig Känguruhs jagten. Diese Verschiedenheit hängt mit den unterschiedlichen Umweltbedingungen, in denen diese Stämme leben, zusammen: Ein Bard, der in dieser Jahreszeit auf Känguruhs warten würde, müsste verhungern. Das Wissen darüber, wann man welche Nahrung am besten finden kann, ist überlebensnotwendig und zentraler Bestandteil des »Weltbildes« des jeweiligen Stammes; es wird sorgfältig von einer Generation zur nächsten weitergegeben.

Behauptete nun ein Bard gegenüber einem Karadjeri, man müsse in der heißen Jahreszeit Schildkröten fangen, würde ihn dieser für verrückt oder für einen hinterlistigen Betrüger halten: weiß er doch aus eigener Erfahrung, dass man in dieser Jahreszeit Känguruhs jagen muss. Tatsächlich ist das Verhältnis der beiden Stämme durch sehr großes gegenseitiges Misstrauen geprägt: Jeder hält das »Weltbild« des jeweils anderen für falsch und bezichtigt ihn des Betrugs, der Lüge. Der Grund für dieses Misstrauen liegt darin, dass jeder Stamm seine eigenen Erfahrungen für universell hält und sie nicht in Beziehung zu den unterschiedlichen klimatischen Bedingungen des jeweiligen Lebensraumes setzt.

Beispiel nach: Wolfgang Wickler: Die Biologie der zehn Gebote. München: Piper 1971, S. 77 ff.

Stellen Sie sich doch für einen Moment vor, Sie seien Kapitän einer Mannschaft, die noch dem ptolemäischen Weltbild anhängt: Leute, die glauben, dass die Erde eine Scheibe ist. Hätte es Sinn, mit ihnen darüber zu diskutieren, wie viele Konserven man mitnehmen muss, damit alle während der Weltumsegelung genug zu essen haben? Können Sie sie überzeugen, einen Hilfsmotor in Ihr Segelschiff einzubauen? Werden Sie diese Leute motivieren, indem Sie ihnen eine Leistungsprämie versprechen für den Fall, dass sie die Erdumrundung eine Woche schneller schaffen als veranschlagt? Nein – die Mannschaft wird »wissen«, dass das Projekt »Erdumsegelung« gar nicht möglich ist, und sie wird es dem Kapitän auch »beweisen«.

So extrem werden die »Weltbilder« im Unternehmen ja Gott sei Dank nie auseinanderklaffen, werden Sie sagen. Wir werden im Verlaufe dieses Buches Beispiele aus der Praxis aufzeigen, die annähernd von diesem Kaliber sind. Aber auch in weniger dramatischen Fällen können sich solche Differenzen in den Annahmen über das Machbare, Mögliche und Wünschenswerte als Hemmschuh für Umsetzungserfolg und Effizienz auswirken – oder als Kommunikationsbarriere, an der permanent Miss- und Unverständnis aufeinanderprallen und Energien verloren gehen.

In jedem Unternehmen, in jeder Organisation existieren verschiedene »Welten« parallel, und es ist eine der Herausforderungen für das Management, diese »Welten« zu entdecken und miteinander in Einklang zu bringen. Die offizielle Selbstbeschreibung eines Unternehmens ist dabei im besten Falle ein Annäherungswert und eine notwendige Orientierung – sie gibt in der Regel eher den Soll-Zustand wieder. Das veröffentlichte Leitbild, das Organigramm und die Projekthandbücher mit dem Ist-Zustand gleichzusetzen hieße, »Wille und Vorstellung« mit der umfassenderen Wirklichkeit des gesamten Unternehmens zu verwechseln.

Was wir für real halten, bestimmt in hohem Maße unser Denken, unseren Habitus, unser Gefühl. Menschen, die wichtige Entscheidungen treffen müssen und Realität effektiv gestalten wollen, müssen daher wissen, was sie selbst und was die anderen »eigentlich« für real, für möglich und für wünschenswert halten.

Was ist das Unternehmen im Kopf?

Den meisten Führungskräften und Mitarbeitern ist die Tatsache durchaus bewusst, dass es in ihrem Unternehmen eine informelle Ebene gibt, dass ein bestimmter »Stil« im Hause »gepflegt« wird, dass es ungeschriebene Spielregeln gibt, dass eine spezifische Mentalität herrscht. Weniger ausgeprägt scheint aber die Einsicht zu sein, wie stark das Unternehmen im Kopf als Voraussetzung und Bedingung für den Erfolg oder Misserfolg von Veränderungsversuchen fungiert. Denn im Unternehmen im Kopf wurzeln die Annahmen darüber, wie das Unternehmen funktioniert, was wichtig, was möglich, was wünschenswert ist. Aus ihm speisen sich Erklärungen für Erfolge, Misserfolge und Prognosen für die Zukunft. In seinem Lichte wird interpretiert, was das Management äußert.

Es handelt sich dabei sozusagen um ein »Modell« der »Welt des Unternehmens«, ein Modell, das »erklärt«, warum bestimmte Dinge so laufen, wie sie laufen, wonach man sich richten muss, was man erwarten kann.

Das Unternehmen im Kopf speist sich aus den verschiedensten Quellen: aus der Geschichte des Unternehmens, seiner Erfolge, seiner Produkte, so wie man sie von Kollegen, Vorgesetzten und Medien erfährt; aus Traditionen des Umgangs miteinander und mit Kunden, die sich in den täglichen Erfahrungen vieler widerspiegeln; aus den Prägungen, die Mitarbeiter erfahren, aus Erlebnissen, die dann in Anekdoten, Witzen, Kantinengesprächen weitergegeben und sozusagen abgeglichen werden. Was der Einzelne somit in unendlich vielen Alltagssituationen erfährt, was er an »Wissen« über das Unternehmen durch Kommunikation, Rituale und Verhaltensmuster aufnimmt, ist demnach weit mehr als das, was er selbst unmittelbar erlebt.

Das Unternehmen im Kopf beschreibt nicht die individuelle Sichtweise einzelner Mitarbeiter, sondern die Vorstellungen und Annahmen von Gruppen – von Abteilungen, Bereichen und letztlich des gesamten Unternehmens – über die eigene Welt.

Hinter den Kulissen des »offiziellen Unternehmens«

Das »offizielle Unternehmen« ist zunächst all das, was die Organisation ausdrücklich über sich selbst kommuniziert: die formulierten Ziele, Werte, Visionen, die festgeschriebenen Strukturen, wie sie in Organigrammen, Funktionsbeschreibungen, Handbüchern niedergelegt sind, selbstverständlich auch die Zahlen und Fakten, wie sie in den Geschäftsbüchern stehen.

Das Verhältnis zwischen diesem »offiziellen Unternehmen« auf der einen Seite und dem Unternehmen im Kopf auf der anderen wollen wir durch folgende Gegenüberstellungen charakterisieren:

Regeln und Regularitäten

Neben den offiziellen Regeln – und zuweilen auch entgegen diesen Regeln – existieren in jeder Organisation auch informelle Spielregeln. Wir nennen sie »Regularitäten«, die das Verhalten spürbar mit bedingen.

Organigramm und Landkarte

Die offizielle Struktur ist im Organigramm festgelegt: einem Papier, das sämtliche Bereiche, Funktionen und auch die entsprechenden Hierarchien und Verantwortungen darstellt. In den Köpfen der Belegschaft, so zeigen unsere Untersuchungen, existiert parallel dazu aber noch ein anderer »Plan«: eine »Landkarte« des Unternehmens, die unter Umständen deutlich vom Organigramm abweicht.

Kulturentwurf und Spirit

Was in Leitbildern und Führungsprinzipien festgelegt wurde und was an Werten und Grundsätzen in der Innen- wie Außenkommunikation des Unternehmens enthalten ist, könnte man als »Kultur-Entwurf« bezeichnen. Demgegenüber steht das reale Werteprofil, der Spirit der Organisation. Die tatsächliche Kultur des Unternehmens umfasst aber noch mehr: Kultur im hier gebrauchten Sinn beinhaltet eben auch diejenigen Faktoren, die die Weltsicht der gesamten Gruppe, ihre Vorstellung von der Realität und die oft unbewussten Antriebe ihres Handelns bedingen.

Was als beobachtbare Realität im Unternehmen entsteht – das Verhalten, die Arbeitsweise, der Umgang mit Kunden und Lieferanten, die Produkte, die Fehler und Erfolge –, ist immer zu einem erheblichen Teil auch das Ergebnis des Wechselspiels zwischen diesen beiden »Welten«: dem »offiziellen« Unternehmen und dem Unternehmen im Kopf.

Der Fahrplan

Er selbst bestieg nie einen Zug. Das hätte auch keinen Sinn, sagte er, denn er wisse ja im voraus, wann der Zug ankomme. »Nur Leute mit schlechtem Gedächtnis fahren Eisenbahn«, sagte er, »denn wenn sie ein gutes Gedächtnis hätten, könnten sie sich doch wie ich die Abfahrts- und die Ankunftszeit merken, und sie müssten nicht fahren, um die Zeit zu erleben.«

Ich versuchte es ihm zu erklären, ich sagte: »Es gibt aber Leute, die freuen sich über die Fahrt, die fahren gern Eisenbahn und schauen zum Fenster hinaus und schauen, wo sie vorbeikommen.«

Da wurde er böse, denn er glaubte, ich wolle ihn auslachen, und er sagte: »Auch das steht im Fahrplan, sie kommen an Luterbach vorbei und an Deitigen, an Wangen, Niederbipp, Önsingen, Oberbuchsiten, Egerkingen und Hägendorf.«

»Vielleicht müssen die Leute mit der Bahn fahren, weil sie irgendwohin wollen«, sagte ich.

»Auch das kann nicht wahr sein«, sagte er, »denn fast alle kommen irgendeinmal zurück, und es gibt sogar Leute, die steigen jeden Morgen hier ein und kommen jeden Abend zurück – so ein schlechtes Gedächtnis haben sie.« Und er begann die Leute auf dem Bahnhof zu beschimpfen. ... Er rief ihnen nach: »An Hägendorf werdet ihr vorbeikommen«, und er glaubte, er verderbe ihnen damit den Spaß. ... »Ich kann Ihnen alles erklären«, schrie er, »Sie kommen um 14 Uhr 27 an Hägendorf vorbei, ich weiß es genau, und Sie werden es sehen, Sie verbrauchen Ihr Geld für nichts, im Fahrplan steht alles.«

Peter Bichsel, aus: Kindergeschichten. © Suhrkamp Verlag Frankfurt am Main 1997, »Die Erde ist rund«.

Regeln und Regularitäten

Stellen Sie sich vor, Sie sollen eine Stadt wie Rom oder Neapel mit dem Auto durchqueren. Würde es Ihnen tatsächlich sehr weiterhelfen, wenn Sie dazu vorher die italienische Straßenverkehrsordnung studieren? Dort sind zwar alle Verkehrsregeln festgehalten. Aber wenn Sie dann in dem scheinbar chaotischen Gewimmel von PKW, Bussen, Lastwagen, Vespas und Fußgängern zu navigieren versuchen, werden Sie schnell feststellen, dass der Straßenverkehr dieser Stadt von anderen Prinzipien dominiert ist. Wenn Sie über die nötige Gelassenheit und über hinreichend Flexibilität verfügen, werden Sie feststellen, dass das Zusammenspiel der einzelnen Verkehrsteilnehmer hier weniger von Ampeln, Verkehrszeichen und Zebrastreifen gesteuert wird, sondern vielmehr durch das Wahrnehmen der anderen, durch die Nutzung jeder sich bietenden Lücke und Gelegenheit, durch forsches Ausloten von Möglichkeiten, aber auch durch rechtzeitiges »Einlenken«.

Sie werden feststellen, dass hinter dem Verhalten der einzelnen Verkehrsteilnehmer durchaus Regularitäten erkennbar sind, unausgesprochene Spielregeln, ohne die das Ganze zwangsläufig im Chaos enden müsste. Wenn Sie sich ebenfalls auf diese Regularitäten einlassen, werden Sie mit einer Portion Wachheit und Mut gut durch die Stadt kommen. Sollten Sie sich aber stur an den »offiziellen« Verkehrs-Regeln orientieren, werden Sie mit einiger Wahrscheinlichkeit scheitern – oder sich zumindest den geballten Zorn der übrigen Fahrer zuziehen.

Sich in einem Unternehmen zu bewegen, ist nicht viel anders: wie in allen anderen sozialen Systemen existieren auch hier Regeln und Regularitäten mit-, neben- und manchmal auch gegeneinander.

Da gibt es die offiziellen Wege und Zuständigkeiten, die Leitbilder, Führungsprinzipien und Beschlüsse der Geschäftsleitung, wie sie jeder nachlesen kann, die »Richtlinien« für die verschiedensten Bereiche und Situationen, Definitionen der Corporate Identity und des Corporate Designs und vieles mehr, was man schwarz auf weiß nach Hause tragen und auf das man sich berufen kann (oder können sollte).

Aber vom ersten Tag an wird jedes neue Mitglied des Unternehmens auch erfahren, dass da noch andere Dinge eine wichtige Rolle spielen: dass es auch informelle Wege gibt, unausgesprochene Spielregeln. Da existieren »Instanzen«, die in keinem Organigramm verzeichnet sind, und die man besser doch nicht übergehen sollte, Informationsknotenpunkte, die in keinem Intranet auftauchen – alles Phänomene, die man nicht nachlesen und auswendig lernen kann, sondern die sich erst durch wiederholte Erlebnisse und ähnlich ablaufende Situationen einprägen. Oft ist das Gespür für diese informelle Ebene sogar eine Bedingung für den persönlichen Erfolg, wie folgendes Zitat aus einer Mitarbeitererzählung zeigt:

> »Manche Leute, die telefonieren dreimal am Tag mit irgendjemandem und stellen dann nach dem vierten Anruf fest, dass das der Falsche ist, und ich spür sehr schnell, ob jemand 'ne reine Schaltfunktion hat ... und man merkt sich natürlich dann sehr schnell den informellen Weg. Natürlich im Unternehmen, wenn man Ziele hat, ja, es gibt immer den offiziellen Weg, aber es gibt auch den informellen Weg, und wenn man natürlich auch in der Fertigungsplanung unter Druck steht, dann versucht man natürlich, den informellen Weg zu gehen, um schnellstmöglich an sein Ziel zu kommen.«

Gerade in den Geschichten über die ersten Tage und Wochen im Unternehmen spielt der Aspekt der Regularitäten immer wieder eine entscheidende

Rolle. Die Erfahrung von Kollegialität, der Eindruck, gut oder schlecht von den anderen aufgenommen zu werden, wird auffallend häufig daran gemessen, inwiefern man in die »Spielregeln« eingeweiht wurde: Haben die Kollegen einen vor ganz bestimmten »Macken« des Chefs gewarnt? Wurde man in die Gewohnheiten und Gebräuche eingeführt, die in der Abteilung herrschen? Oder ließen einen die anderen auflaufen, schlossen sie den »Fremden« sogar aus?

In Unternehmen mit einer starken Kultur und ausgeprägten Regularitäten werden die ersten Wochen für Neulinge am Arbeitsplatz oft zu einer Phase der »Initiation«: Je nachdem, wie »hart« oder »weich« dabei die Außengrenze des Unternehmens ist, werden die Neulinge dabei tendenziell eher »getestet« oder aber integriert und mit Stil und Habitus der Firma vertraut gemacht (mehr dazu im Kapitel »Der Raum des Unternehmens und seine Grenzen«).

Zu den Regularitäten des Unternehmens im Kopf gehören unter anderem auch die »heimlichen Spielregeln«, die Peter Scott-Morgan in seinem gleichnamigen Buch beschrieben hat.

Bei einer unserer Studien stellte sich heraus, dass es quer durch alle Abteilungen übereinstimmende Regularitäten für die »Initiation« neuer Mitarbeiter gab. Von Anfang an kümmerte man sich um neue Kollegen auf eine Art und Weise, in der die Basics der Unternehmenskultur deutlich spürbar waren. Ob interne Dienstleister, Vertriebsangehörige oder Controller – alle sprachen davon, dass es ihnen wichtig sei, »den Neuen einen guten Einstieg zu verschaffen«. Mitarbeiter, die sich an ihre eigene Anfangsphase im Unternehmen erinnerten, erzählten jeweils, dass ihnen die große Hilfsbereitschaft der neuen Kollegen aufgefallen sei. Führungskräfte erklärten die Zusammenhänge und boten ihre Mitarbeit an, anstatt Anweisungen zu geben und auf Vorschriften zu verweisen. Positiv erwähnt wurde auch wiederholt die Tatsache, dass andere Mitarbeiter sie in den ersten Tagen bereits in ganz bestimmte Gewohnheiten und »Traditionen« im Hause und nicht zuletzt in die Vorlieben und »fixen Ideen« des Topmanagements eingeweiht hatten.

Es ergibt sich auf diese Weise das klare Bild eines umfassenden Aufnahmerituals, ohne dass dieses jedoch im Unternehmen bewusst vereinbart oder von der Führung ausgearbeitet worden wäre. Folglich sagte auch niemand in der Firma etwa: »Wir machen das immer so!« oder »Wir haben festgestellt, dass dies die optimale Art ist, Neulinge zu integrieren«. Vielmehr erschien jedem der Mitarbeiter, mit denen wir sprachen, diese Art mit neuen Kollegen umzugehen, als seine individuelle Art.

Das Beispiel verdeutlicht die Wirkweise und die Wirksamkeit von Regularitäten. Sie erzeugen kollektive Verhaltensmuster, die den Einzelnen nicht oder nur teilweise bewusst sind. Sie wirken wie Regeln, werden aber im Gegensatz zu diesen nie ausformuliert, sondern durch Verhalten und ent-

sprechende Erlebnisse tradiert. In unserem Beispiel behandeln die »eingesessenen« Mitarbeiter die Neuen schlicht genau so, wie mit ihnen selbst umgegangen wurde. Da die Art, wie sie aufgenommen worden waren, offenkundig dem entsprach, wie sie sich einen optimalen Einstieg vorgestellt hatten, fiel es ihnen leicht, mit anderen ebenso umzugehen. Auf diese Weise
erfährt hier jeder neue Mitarbeiter schon in der Anfangsphase eine positive
Prägung.

Diese Regularität half – wie wir feststellen konnten – dem Unternehmen
auch dabei, mit seiner relativ hohen Mitarbeiterfluktuation fertig zu werden: Durch die gelungene Initiation in eine Kultur der gegenseitigen Hilfe
gelingt es relativ schnell, neue Mitarbeiter in das kooperative Miteinander
einzubinden, das bei einer relativen hohen Wechselfrequenz für effizientes Arbeiten notwendig ist. Denn die Bereitschaft, Fragen zu stellen, Rat anzunehmen und neues Know-how bereitwillig weiterzugeben, wird umso
wichtiger, je weniger Stellen im Unternehmen von Alteingesessenen »besetzt« sind, die »wissen, wie es läuft und wie wir das schon immer gemacht
haben«.

Selbstverständlich sind Regularitäten nicht immer so positiv wie in unserem
ersten Beispiel. In einem großen Dienstleistungsunternehmen kam es in vielen Abteilungen zu Führungswechseln. Einer der neuen Chefs hatte die Angewohnheit, nach Meetings oder wenn er von Außenterminen kam, noch
sehr lange im Büro zu bleiben und bis in den frühen Abend hinein zu arbeiten. Bei verschiedenen Gelegenheiten merkte er an, dass er es für normal halte, dass »man« bis 19 Uhr und länger arbeite. Daran erkenne man
Arbeitseinstellung und Leistungsbereitschaft. Ein Mitarbeiter erzählte, wie
sich daraufhin das Verhalten vieler Kollegen änderte:

> »... wenn man plötzlich abends länger im Geschäft sitzen bleibt, ... auch
> Leute mit Familie zum Beispiel dann bis 22 Uhr im Büro, was nie der Fall war,
> ... und der neue Vorgesetzte auch mal um 20 Uhr noch ins Büro kommt und
> eine schnelle Antwort braucht, dann kann man die auch noch geben, und ...
> dann auch mal ganz massiv Stunden hinknallt, ob sie jetzt nötig sind oder
> nicht, zum Beispiel mittags den Tag verschlafen und abends dann richtig
> loslegen, also solche Sachen (sind) ganz auffällig. ... Und der (Kollege) kann
> in jedem Fall damit rechnen, wenn er mit einer Gehaltserhöhung kommt beim
> Vorgesetzten, dass der jetzt nicht nein sagen kann, weil der merkt ja, wie der
> Mitarbeiter ständig am rackern ist – und das funktioniert wirklich, das habe
> ich gelernt in der Zentrale, das funktioniert, das ist wirklich das Schema, wie
> es funktioniert.«

Was sich in dieser Episode ausdrückt, ist ein ganzes Bündel von Verhaltensmustern, Spielregeln, Wertungen und Kommunikations- und Denkmustern,
das – im Zusammenhang mit anderen Daten – viel über das betreffende
Unternehmen im Kopf verrät. Zunächst einmal setzt die Führungskraft
durch ihre Äußerungen selbst eine neue Spielregel gegen bestehende Regeln.

Denn für die Mitarbeiter gibt es ja eine offizielle Arbeitszeitregelung, die Bestandteil ihres Vertrages ist. Die wird natürlich durch die Botschaft des Chefs irrelevant gesetzt: Erwartet wird mehr, als ausgemacht ist – und zwar quantitativ mehr. Denn der zweite Teil der Botschaft heißt ja wohl, dass nur das zählt, was man sehen kann, was von außen sofort erkennbar ist, und nicht sosehr die Qualität und die Effizienz der Arbeit (zum Beispiel, die Dinge innerhalb der vorgegebenen Zeit gut zu lösen).

Wie die Anekdote zeigt, reagieren die Mitarbeiter unterschiedlich auf die Situation. Einige bleiben bei der »Regel«, machen die Arbeit weiterhin so, wie sie es für richtig halten, glauben dabei aber insgeheim, dass ihnen ihr Verhalten Nachteile bringen wird. Sie gehen in eine Art »innere Emigration« – meist der erste Schritt zur inneren Kündigung. Die anderen wählen den Weg der scheinbaren Anpassung. Sie tun so, als ob sie nun mehr leisten, bleiben sichtbar länger, um zu dokumentieren, dass sie sich dem neuen »Leistungsrhythmus« unterordnen. Sie simulieren. Beide Parteien verhalten sich aber offenkundig nach einer unausgesprochenen Regularität, wonach eine offene Diskussion über Sinn und Unsinn der Ansichten des Chefs nicht opportun beziehungsweise sinnlos ist.

Regularitäten korrespondieren immer mit der Gesamtkultur des Unternehmens. Im zweiten Beispiel handelt es sich um ein stark hierarchisch geprägtes Unternehmen mit einer wenig entwickelten Kommunikations- und Diskurskultur. Eine nähere Analyse müsste nun danach fragen, inwieweit Denken in Quantitäten – beispielsweise Umsatzorientierung vor Ertragsorientierung – zu den Basismerkmalen zählt.

Im Falle unseres Softwareproviders im ersten Beispiel ist eine »Ökonomie« von Gabe und Gegengabe, der Austausch von Wissen und Hilfe tief in der Firmenkultur verankert. Die Beziehung zum Kunden ist dienstleistungs- und lösungsorientiert und diese Mentalität wirkt auch intern, auf die Beziehung der Kollegen untereinander.

Regeln, Regularitäten und Verhalten

Machen Sie sich bewusst, dass Sie mit Regeln allein Verhalten nicht berechenbar steuern können. Die Vorstellung, dass die Steuerung mit Regeln wie im folgenden Schema linear-kausal verläuft, ist falsch.

Verhalten wird ebenso von Regularitäten wie von Regeln beeinflusst. Um Verhalten zu beeinflussen, müssen Sie daher auch die Regularitäten entdecken, die das Verhalten bisher mitsteuerten. Um ein gewünschtes Verhalten zu fördern, müssen Regeln gesetzt werden, die auch auf die bisher vorhandenen Regularitäten reagieren. Und es müssen weitere Rahmenbedingungen geschaffen werden, die das Auftreten des gewünschten Verhaltens wahrscheinlicher machen.

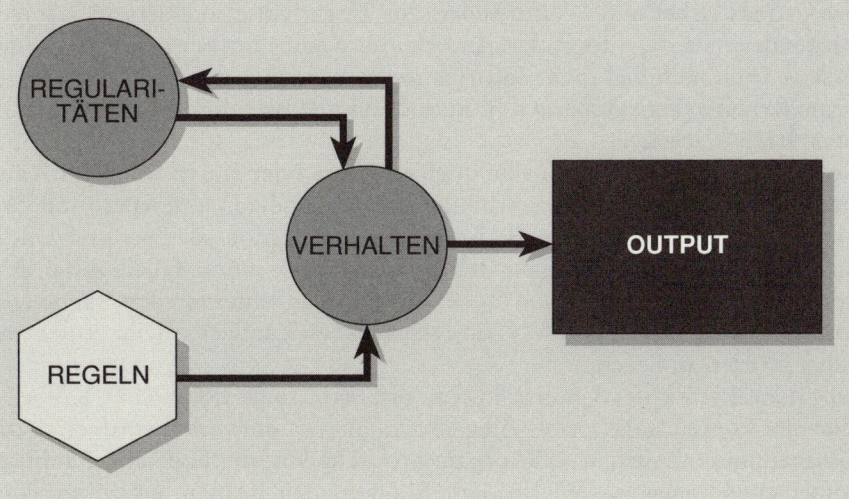

Organigramm und Landkarte

Machen Sie sich doch einfach einmal den Spaß, sich mit einem Blatt Papier hinzusetzen und Ihren Stammbaum aufzuzeichnen. Wie viele Generationen können Sie aus dem Gedächtnis rekonstruieren? Was wissen Sie über Ihre Urgroßeltern oder gar Ururgroßeltern?

Den meisten Menschen, die diesen Versuch machen, wird sehr bald klar, dass ihr Wissen über die Familiengeschichte und die Vorfahren höchst ungleich verteilt ist. Da gibt es Personen, die schon seit langem tot sind, die aber im Bewusstsein der Familie immer noch höchst lebendig sind, weil über sie eine ganze Reihe von Geschichten und Anekdoten kursieren. Es gibt ganze Familienzweige, die beinahe namenlos geworden sind, von denen man nur annehmen kann, dass es sie gegeben haben muss, und andere wiederum, die die »eigentliche« Familie bilden, weil man so viel über sie zu wissen glaubt. Fast jeder von uns kennt das Phänomen, dass da irgendein Großonkel väterlicherseits oder ein ominöser Großcousin mütterlicherseits existiert, Menschen, die man nie oder nur als Kind einmal gesehen hat, die aber in bestimmten Situationen immer wieder auftauchen, weil Anekdoten über sie zur Illustration ganz bestimmter Situationen dienen.

Dieser aufgrund von Erlebnissen, Erinnerungen und Erzählungen rekonstruierte Stammbaum wird anders aussehen als die offizielle Genealogie: Er wird einerseits gegenüber der Ahnentafel unvollständig sein, er wird andererseits plastischer und faktenreicher sein. Er enthält also einerseits weniger Information als die »normale« Ahnentafel, weil er Lücken aufweist, andererseits aber auch viel mehr Informationen, weil er Merkmale, Schicksale, Besonderheiten zum Ausdruck bringen kann, die im offiziellen Stammbaum keine Rolle spielen.

Nicht viel anders verhält es sich in einer Firma oder einem Konzern: Auch hier sind manche Personen »prominenter« als andere, verkörpern manche Abteilungen oder Standorte die Tradition, den »Spirit« des Hauses deutlicher, während andere durch das Raster der Wahrnehmung fallen und in den Köpfen der Belegschaft keine Rolle spielen. Das Unternehmen hat »Lieblingskinder« und »Stiefkinder«, und so mancher Standort scheint hinter den sieben Bergen zu liegen.

Die »Landkarte« des Unternehmens, die man aufgrund solcher Kriterien zeichnen könnte, sähe wohl völlig anders aus als die wohl geordneten Organigramme, auf denen jede organisatorische Einheit und jede Funktion sauber eingetragen ist. Wären diese Units in den Köpfen der Mitarbeiter und Führungskräfte ebenso sauber voneinander getrennt, hörte das Verständnis, die Erfahrung, das Empfinden für die Zusammenhänge an den Grenzen der eigenen Abteilung und des eigenen Aufgabenbereichs auf – und damit fehlte eine Grundvoraussetzung für erfolgreiche Kooperation in einer komplexen Organisation.

Solche mentalen Landkarten des Unternehmens kristallisieren sich im Laufe der Firmengeschichte heraus, wandeln sich in bestimmten Phasen – und können wertvolle Informationen über Prägungen, Verhaltensmuster, innere Grenzen, Barrieren und »blinde Flecke« enthalten.

Ganz offensichtlich sind sie das Ergebnis von Prägungen, von wiederholten Erfahrungen, die verschiedene Menschen gleichermaßen teilen, weil ihnen in ähnlichen Situationen ähnliches widerfahren ist. Umgekehrt zeigt sich, wie sehr auch die Abwesenheit von konkreter Erfahrbarkeit, das Fehlen eigener Anschauung und unmittelbaren Erlebens die Vorstellung von der Welt des Unternehmens beeinflussen kann.

Die nachfolgende Erzählung einer Führungskraft kann dieses Phänomen sehr genau illustrieren. Als Personalverantwortliche in der Auslandsniederlassung eines großen deutschen Dienstleisters stellte sie nach einiger Zeit fest, dass die Bindung der einheimischen Mitarbeiter an das Haus schwach ausgeprägt war. Viele Mitarbeiter verglichen ihren Arbeitgeber – und damit meinten sie eben die Niederlassung – mit den Firmen vor Ort. Das eigene Unternehmen kam ihnen im Vergleich dazu »mickrig« vor, mancher hatte wohl die Empfindung, dass er selbst und seine Aufgabe damit etwas weniger »erstklassig« und »bedeutend« wurde. Ein übrigens häufig zu beobachtendes Phänomen: Mitarbeiter orientieren sich am Status des eigenen Unternehmens und betreiben ein »inneres Benchmarking«. Ausbleibender Unternehmenserfolg oder ein schlechter Ruf der Firma wirken als zusätzliche Belastung für Motivation und Identifikation. Zu den »Besten«, »Innovativsten«, »Erfolgreichsten« zu gehören wiederum fördert die Leistungsbereitschaft.

Das Management stellte sich dem Problem und fand einen ebenso einfachen wie bestechend wirksamen Weg, die Situation zu verbessern:

> »Die Niederlassung hatte zehnjähriges Jubiläum und da war dann die Überlegung, wir lassen jetzt nicht irgendwie ein tolles Buffet einfliegen oder so was, sondern da stand im Vordergrund: Was können wir tun zur Intensivierung der Identifikation unserer Mitarbeiter mit dem Unternehmen. Und das führte dann dazu, dass der Herr X dann ganz klar gesagt hat: Wir versuchen alle Mitarbeiter zum Stammhaus einzuladen. Es ist geschehen, der Vorstandsvorsitzende hat das befürwortet … Daraufhin wurden dann die Mitarbeiter plus Angehörige, wer wollte, auf drei Maschinen verteilt, sind dann hierher geflogen worden, sind abgeholt worden mit einem gecharterten Bus, haben eine Stadtrundfahrt gemacht, haben die Zentrale besichtigt, sind dann zum Mitarbeiterhaus am See gefahren. Und das war dann ein großes Hallo für alle Mitarbeiter, nämlich zu sagen: Wow, das ist ja eine richtig große Zentrale, die kann es ja durchaus mit denen bei uns aufnehmen, und es gibt ja massig viele Dependencen, das hätten wir ja überhaupt nicht gedacht – das ist ja wirklich ein renommiertes, traditionsreiches Unternehmen. … Es gab zwar vorher die Geschäftsberichte und Broschüren, mit den Fakten, mit Fotos und allem – aber das war auch für mich eine ganz wichtige Erfahrung, dieses Konkrete, ein Erlebnis zum Anfassen …«

Tatsächlich wurde diese konkrete Erfahrung zur Initialzündung für eine größere Identifikation der Mitarbeiter mit dem Unternehmen. In der Folge kam es zu gezieltem Austausch von Mitarbeitern zwischen Niederlassung und Stammhaus, die Kooperation verbesserte sich spürbar. Es gehört nicht viel Fantasie dazu, sich auszumalen, wie unterschiedlich jeweils die »inneren Landkarten« des Unternehmens bei den Mitarbeitern der Niederlassung vor und nach dieser Reise ausgesehen haben.

Ein Aspekt, der in der Folge immer wieder eine Rolle spielen wird, zeigt sich an diesem Beispiel aus der Unternehmenspraxis besonders deutlich:

Der Mensch ist ein sinnliches Wesen. Wenn es darum geht, etwas zu »kapieren«, also in den Kopf zu bekommen – im italienischen »capire« steckt eben »caput«, das Haupt –, dann geht dies eben oft am besten dadurch, dass man es »be-greift«, es unmittelbar erfahren kann.

Dialogisch führen

»Der Mensch lernt vom Nahbereich seines Erlebens aus«
(Helmut Volkmann, Erfinder der Wissens-Stadt »Xenia«)

Aus dieser Erkenntnis folgt eine wesentliche Einsicht für die Führung und Kommunikation im Unternehmen: In vielen Fällen genügt es eben nicht, wichtige Aspekte, Maßnahmen, Ziele und Veränderungen ausschließlich über Medien – also vermittelt, indirekt – zu kommunizieren. Die besten Broschüren, Fotos, Charts, Intranetsites und Memos können direkte Kommunikation und das unmittelbare Erleben nicht ersetzen, wenn es um die Vermittlung wesentlicher Ziele, Erkenntnisse und Strukturen geht.

Genau aus diesem Grunde erweist sich der Dialog im Unternehmen als eine der wirksamsten Kommunikationsformen, wenn es darum geht, dass etwas von allen auch tatsächlich verstanden (und in der Folge auch umgesetzt) wird.

Dialogisch führen heißt, Mitarbeiter, Teams, Gremien in unmittelbaren Verständigungsprozessen, face-to-face, in Planungs- und Entscheidungsprozesse einzubeziehen, Fragen zuzulassen, Argumente auszutauschen, Anregungen, Feedbacks, Ideen aufzunehmen. Dialogische Situationen sind echte Erlebnisse, und wer real mitgedacht hat, wer eigene Ideen tatsächlich in Entscheidungen, Strukturen und Prozessen wiederfindet, wer die Erfahrung von Mitgestaltung und Beteiligt-Sein gemacht hat, der »erfährt« die Zusammenhänge im Sinne von Erfahrung, versteht Strukturen tiefer und ist ein wesentlich besserer Multiplikator, weil er sich mit der Botschaft identifiziert und viel lebendiger vermitteln kann, worum es eigentlich geht.

Kulturentwurf und Spirit

Unternehmenskultur wird oft gleichgesetzt mit dem, was wir »Kulturentwurf« genannt haben, also all dem, was in Leitbildern, Visionen und Führungsgrundsätzen festgeschrieben ist. Die eigentliche Kultur ist aber nur, was tatsächlich gelebt wird. Und sie ist mehr als die Summe ihrer Teile: Nicht nur, welche Werte, Normen und grundlegende Annahmen über die »Realität« in der Organisation vorkommen, sondern wie diese zusammenwirken, wie sie strukturiert sind, ist von entscheidender Bedeutung für das, was im Unternehmen möglich ist, was es leisten und wie es sich wandeln kann. Unter der Oberfläche der offiziell kommunizierten Leitsätze und Regeln wirken dabei in der täglichen Praxis Rituale, Regularitäten, Gewohnheiten mit an der tatsächlichen Kultur des Unternehmens. Grundlegend ist dabei die durch Tradition, Geschichte, durch wiederkehrende und ähnliche Erfahrung vieler geprägte »Realitätskonzeption« des Unternehmens: das, was das Unternehmen im Kopf für real, machbar, möglich, wünschenswert hält. Bereits das innere Bild von der eigenen Organisationsstruktur, die

rekonstruierbare Realität »Das Unternehmen im Kopf«	kommunizierte Realität »Das offizielle Unternehmen«
Kultur *Denksystem und Realitätskonzeption* Was ist möglich/unmöglich? Was ist veränderbar/unveränderbar? *Werte* Was ist wünschenswert/abzulehnen? Was ist relevant?	**»Kulturentwurf«** Ziele Visionen Leitbild Führungsprinzipien Unternehmensgrundsätze
Regularitäten Was ist normal/unüblich? Wem kann man vertrauen/nicht vertrauen? Was wird wahrgenommen/übersehen?	**Regeln** Was ist erlaubt/verboten? Was sind Rechte/Pflichten?
Landkarten Zentrum/Peripherie Tote Gleise/Blinde Flecke Trampelpfade/Abkürzungen	**Organigramm** Wer entscheidet/verantwortet? Wer hat welche Funktion?

beobachtbare Realität

Verhalten, Output, Erfolg

innere »Landkarte« des Unternehmens kann dabei anders aussehen als die
offizielle Selbstbeschreibung im Organigramm. Und das in Broschüren und
Geschäftsberichten entworfene »Image« ist selten deckungsgleich mit dem
Selbstbild in den Köpfen der Mitarbeiter.
Nicht nur Manager neigen dazu, an die »Macht des Faktischen« zu glauben,
und vergessen dabei allzu leicht, dass die wenigen Daten, auf die man sich
verlässlich stützen kann, nicht hinreichen, um die Realität in ihrer Komple-
xität erschöpfend zu erfassen. Ganz davon abgesehen, dass viele »Fakten«
bei näherer Betrachtung wiederum das Ergebnis bestimmter Sichtweisen,
Denkvorstellungen und Erhebungsmethoden sind und eben deshalb nicht
einfach »Wirklichkeit« abbilden.

Die Entdeckung des »Unternehmens im Kopf«

Wie kann man nun das Unternehmen im Kopf der Mitarbeiter entdecken, die versteckten Regularitäten, die ebenso stark wie die offiziellen Regeln die Abläufe im Unternehmen, die Entscheidungen, Prozesse und damit auch die Geschäfte und die Beziehungen zu den Kunden bestimmen? Wie kommt man heran an das, was die Menschen wirklich denken, an ihre Vorstellungen und Werte, an ihre Prioritäten und Erfahrungen? Um das zu entdecken, was wir als das Unternehmen im Kopf bezeichnen, brauchen wir eine verlässliche Quelle, die wirklich »reinen Wassers« ist – also unverfälscht. Eine solche Quelle sind die Erfahrungen der Menschen, die sie in den Unternehmen, in der Alltäglichkeit ihrer Arbeit, in konkreten Situationen und mit den Menschen und Abläufen am Arbeitsplatz gemacht haben. Um an die Welt in den Köpfen heranzukommen, bedienen wir uns bei unseren Analysen einer uralten Tradition: des Erzählens. Denn jede erzählte Geschichte, mag sie auch noch so einfach oder banal klingen, enthält im Ansatz eine ganze »Welt«. Und jede erzählte Geschichte ist ein äußerst effizienter Informationsspeicher; sie transportiert aufgrund der Gesetze des Erzählens sehr viel mehr Informationen als ein Sachtext, eine Beschreibung oder als die Antworten, die bei einer Befragung gegeben werden.

Warum erzählen lassen?

... weil er Geschichten liebt

Als der heilige Baal-schem-tow einst das Leben eines todkranken Knaben, dem er zugetan war, retten wollte, ließ er ein reines Wachslicht gießen, nahm es in den Wald, heftete es an einen Baum und entzündete es. Dann sprach er einen langen Spruch. Am Morgen war der Knabe genesen.
Später, als sein Schüler, der berühmte Maggid, aus denselben Gründen Gelegenheit hatte, beim Himmel Fürsprache einzulegen, ging er an dieselbe Stelle im Wald, wusste aber den Spruch nicht mehr. Er tat, was

sein Meister getan hatte, und rief dessen Namen an. Das Werk gelang. Schließlich fiel die Aufgabe, ein Unglück abzuwenden, dem Mosche Löb von Sasow zu. Er sagte: »Ich habe nicht mehr die Kraft, es auch nur zu tun. Aber erzählen will ich die Begebenheit, und Gott wird helfen.« Und das Werk geriet. Denn Gott erschuf den Menschen, weil er Geschichten liebt.

nach Martin Buber, in: Die Erzählungen der Chassidim. Zürich: Manesse 1949, S. 543.

Was ist das Besondere an einer Erzählung, das sie so geeignet macht, das Unternehmen im Kopf zu entdecken? Wie schafft es eine Erzählung, eine sehr viel größere Menge von Informationen zu transportieren als eine gleich lange Beschreibung, und was bedeutet es schließlich, dass eine Erzählung immer eine ganze »Welt« enthält?
Zunächst einmal: Menschen haben schon immer erzählt. Es gibt keine Kultur auf der Erde, in der es keine Erzählungen darüber gibt, wie die Götter die Welt erschaffen haben, wie das Feuer zu den Menschen kam oder warum es Mann und Frau gibt. Diese Sorte von Erzählung nennt man »Mythos«, und das heißt im Griechischen nichts anderes als »Erzählung«. Mythische Erzählungen finden wir auch in Kulturen – wie bei den südamerikanischen Indiostämmen –, die keine wissenschaftlichen Beschreibungen etwa der Entstehung der Welt hervorgebracht haben; für sie ist die Erzählung über die Entstehung der Welt gleichzeitig die Erklärung dafür, wie sie entstanden ist. Es wäre jedoch ein Irrtum zu meinen, dass unsere Kultur, da sie ja eine Wissenschaft entwickelt hat, die nahezu alles erklären kann, keine Erzählungen mehr nötig hat: Im Gegenteil, noch nie hat jeder einzelne Mensch tagtäglich so viele Geschichten erzählt bekommen wie heute in der westlichen Welt. Jede Fernsehserie, jeder Spielfilm und TV-Krimi ist nichts anderes als eine Erzählung; aus dem Ein-Mann-Unternehmen des orientalischen Märchenerzählers ist eine mächtige »Erzähl-Industrie« geworden, und, wie manche behaupten, eine der großen Zukunftsbranchen. Und es ist keineswegs nur das Bedürfnis nach Unterhaltung, das diese Branche so erfolgreich macht: Jeder Spielfilm transportiert neben aller Spannung immer auch ein Modell dafür, wie die Welt aussieht oder aussehen könnte. Auch der »unrealistischste« Arnold-Schwarzenegger-Film, in dem der Held, ohne auch nur einen Kratzer abzubekommen, die unglaublichsten Gefahren meistert und eine unendliche Übermacht an Feinden besiegt, ist für uns deshalb interessant, weil er ein »Weltbild« vermittelt: Es ist – theoretisch – möglich, alle Schwierigkeiten in den Griff zu bekommen. Wir wissen zwar, dass wir selbst, wie der reale Arnold Schwarzenegger auch,

schon an der ersten dieser Gefahren scheitern würden – dennoch ist es tröst-
lich, dass es zumindest *theoretisch* möglich ist, den schwierigsten Situationen Herr zu werden. Nichts anderes vermitteln im Übrigen viele Mythen:
Auch der griechische Held Herakles musste zwölf schwierige Abenteuer bestehen, bei denen jeder andere in die Knie gegangen wäre. Die Botschaft,
das Welt-Modell ist auch hier: *Theoretisch* können solche Abenteuer be-
standen werden – es muss vielleicht nur der Richtige kommen. Sie sehen, so
weit sind unsere modernen Erzählungen nicht von den Mythen der Antike
entfernt.
Ein zweiter Bereich, an dem die Bedeutung des Erzählens deutlich wird, ist
das Reden über unser eigenes Leben. Nehmen wir einmal an, Sie sind auf
einer Geschäftsreise und sitzen abends, müde von dem anstrengenden Tag
und ein wenig einsam, in der Hotelbar. Dort lernen Sie einen der raren Zeitgenossen kennen, die noch zuhören können, und er oder sie signalisiert
Ihnen, dass er oder sie gerne mehr über Sie erfahren würde. Wenn Sie nun
nicht zufällig Mr. Spock aus der Fernsehserie »Raumschiff Enterprise« sind,
werden Sie wohl kaum das Bedürfnis Ihres Gegenübers damit befriedigen,
dass sie ihm zunächst eine komplette Beschreibung Ihrer körperlichen
Merkmale samt aktuellen medizinischen Diagnosen geben, dann eine Beschreibung Ihres Seelenzustands auf der Basis der psychoanalytischen Theorie und als Drittes eine Auflistung aller Wissensgebiete, die Sie sich angeeig-
net haben. Nein – Sie werden anfangen zu erzählen, einzelne Erlebnisse und
Ereignisse vielleicht zunächst, und dann, bei größerer Vertrautheit, vielleicht
Ihre ganze Lebensgeschichte. Nur beim Erzählen haben Sie das Gefühl, vermitteln zu können, wer Sie wirklich sind, nicht in trockenen Beschreibungen
Ihrer Persönlichkeit.
Immer, wenn wir uns über unser Leben klar werden wollen oder anderen
unser Leben verdeutlichen, beginnen wir zu erzählen. Ehepaare zum Beispiel
erzählen sich Geschichten aus ihrem gemeinsamen Leben, obwohl sie sie ja
gemeinsam erlebt haben: »Weißt du noch, damals, als wir unseren ersten
Opel Rekord hatten, mit dem sind wir dann nach Italien gefahren, und du
hattest diese Fischvergiftung. Ja, das war ein Jahr, bevor unsere Tochter
geboren ist …«, und so weiter. Jeder Mensch erzählt, und zwar häufiger, als
ihm vielleicht bewusst ist, und jeder Mensch kann auch in diesem Sinne
erzählen. Wir erleben es immer wieder, wenn wir Mitarbeiter eines Unternehmens auffordern, ihre Arbeitsbiografie zu erzählen, dass jemand sagt:
»Ich bin aber kein Erzähler. Ich kann das nicht.« Auch diese Nicht-Erzähler
erzählen dann eine Stunde oder länger über ihr Leben in der Firma. Man
könnte vielleicht sagen, zu erzählen liegt uns Menschen einfach im Blut.
Erzählungen sind also Informationsquellen, die gewissermaßen »auf der
Hand liegen«. Für die Entdeckung des Unternehmens im Kopf muss man sie
nur zutage fördern. Dass in den Erzählungen der Menschen dann so viel
mehr an Information verborgen ist als in Beschreibungen oder Antworten

auf Befragungen, liegt an den speziellen Mechanismen, mit deren Hilfe Erzählungen Bedeutungen, Sinn und damit Informationen vermitteln. Sie tun dies im Übrigen, ohne dass sich der Erzähler über diese Mechanismen bewusst sein muss.

Was alles in Geschichten steckt

Erzählungen ordnen die Zeit

Aus dem Physikunterricht wissen wir, dass die Zeit gleichmäßig fließt, wenn wir nicht gerade in einem Raumschiff sitzen, das mit Lichtgeschwindigkeit fliegt. Die Zeiger der Uhr bewegen sich nicht einmal schneller, mal langsamer, sondern drehen ihre Kreise in immer dem gleichen Tempo. Doch unser Erleben ist da ganz anders: Manchmal will die Zeit einfach nicht vergehen, ein andermal vergeht sie wie im Flug. Und weil wir dies so erleben, räumen wir auch in Erzählungen nicht jedem Tag den gleichen Raum ein: Um die Ereignisse von ein paar Stunden zu erzählen, brauchen wir manchmal 15 Minuten, die nächsten 30 Tage dagegen werden mit einem »Dann geschah einen Monat später ...« übergangen. Wir ordnen also die Ereignisse des Zeitraums, den wir durchlebt haben, nach den Kriterien »Was war wichtig?« – »Was war unwichtig?« – und zwar in der Regel, ohne groß darüber nachzudenken: Wir wissen instinktiv, was für uns wichtig und was unwichtig war. Außerdem bringen wir die Ereignisse in die »richtige« Reihenfolge: »Und dann ...«, »Kurz darauf geschah ...« oder »Es war dann etwa ein Jahr später, dass ...« – solche Formulierungen strukturieren notgedrungen jede Erzählung, denn sie orientieren sich immer am Verlauf der Zeit.

Doch diese Ordnungen sind nicht nur dazu da, damit überhaupt Ordnung herrscht, sondern sie enthalten weitere Informationen, die wir für die Entdeckung des Unternehmens im Kopf erschließen können. Ein Beispiel: Nach der Schöpfungsgeschichte der Bibel erschafft Gott am ersten Tag das Licht, am zweiten Tag das Firmament, am dritten Tag Erde, Meer und Pflanzen, am vierten Tag Sonne, Mond und Sterne, am fünften Tag Vögel und Meerestiere, am sechsten die anderen Landtiere und den Menschen. Am siebten Tag ist die Schöpfung fertig, und Gott ruht sich aus.

Hier gibt allein schon die zeitliche Ordnung wieder, welche Bedeutung die Erschaffung der »Einzelteile« der Welt hat: Das gesamte Firmament schafft Gott im gleichen Zeitraum, nämlich an einem Tag, wie die Vögel und die Fische. Die Erde, das Meer und alle Pflanzen in ihren Millionen von Arten schafft er in der gleichen Zeit wie die Landtiere und den Menschen. Hier wird allein aus der zeitlichen Ordnung, wie lange etwas dauert, ein Konzept der Wichtigkeit der einzelnen Dinge deutlich: Pflanzen kann man so nebenbei erschaffen, sie sind weniger wichtig als zum Beispiel Vögel und Fische. Am Ende der Erzählung steht als einzige »Tierart«, die einzeln genannt wird, der Mensch; er ist damit etwas Besonderes, und die ganze Reihenfolge der Erzählung ist damit vom Allgemeinen zum Besonderen hin geordnet. Ohne dass es eigens behauptet werden müsste, ergibt sich damit aus der (zeitlichen) Ordnung der Geschichte ein Welt-Modell, in dem der Mensch die Krone der Schöpfung ist.

Erzählungen interpretieren die Gegenwart durch die Vergangenheit

Wer eine Geschichte erzählt, erzählt sie immer auf das Ende hin. Von Bedeutung ist immer, wie die Geschichte ausgeht: Ob sich die Liebenden kriegen, ob der Mörder gefasst wird, ob der Held ans Ziel kommt, ob die Katastrophe vermieden werden kann. Erzählt wird, was für das Erreichen dieses – glücklichen oder unglücklichen – Endzustands wichtig war. In einem Liebesroman werden all die Taten von Hans, die notwendig sind, damit er am Ende Marie kriegt, und alle Schicksalsschläge und Ereignisse, die das glückliche Ende hinauszögern, erzählt. Nicht erzählt werden dagegen irgendwelche zufälligen sonstigen Ereignisse, die nichts mit dem Ende zu tun haben. Nehmen wir an, Hans hat einen Autounfall. Wenn er dadurch zu spät zu einem Rendezvous mit Marie kommt, diese daraufhin denkt, Hans liebe sie nicht mehr, dann ist das sicherlich ein Ereignis, das in unserem Liebesroman erzählt würde. Wenn jedoch Hans einen Autounfall hat, ohne dass das irgendeine Auswirkung auf die Liebesgeschichte hat, würde der Leser sich zu Recht fragen, ob diese Episode nur dasteht, damit der Autor die Seiten vollbekommt: Sie hat keine Funktion für das Ende und den Weg dorthin.

Aber auch wenn Geschichten aufs Ende hin erzählt werden, bedeutet dies nicht, dass eine Beschreibung des Endes die Geschichte ersetzen könnte. »Hans und Marie haben geheiratet und leben nun in einer Doppelhaushälfte in München-Trudering«, könnte die Beschreibung des Endzustandes unseres Liebesromans lauten. Davon abgesehen, dass so eine Beschreibung ziemlich fad klingt, sagt sie noch nichts darüber aus, ob das nun ein guter oder schlechter Zustand ist. Vielleicht ist Hans ein bornierter, egoistischer, jähzorniger Trottel, und für Marie wäre es besser gewesen, sie hätte ihn »nicht gekriegt« – ob das so ist, wissen wir nur, wenn wir ihre Geschichte kennen. Aber selbst wenn wir stillschweigend annehmen, dass die beiden in ihrer Doppelhaushälfte glücklich sind, wüssten wir nichts über die Qualität dieses Glücks. Erst wenn man uns all die Mühen erzählt, die es sie gekostet hat, ein Paar zu werden, all die Rückschläge und Irrwege, die sie hinnehmen mussten, können wir ermessen, wie glücklich die beiden sind.

Ähnliches gilt auch für Unternehmen: Ob die Zustandsbeschreibung »Wir sind das viertgrößte Unternehmen auf dem Markt« einen positiven oder negativen Zustand wiedergibt, wissen wir erst, wenn wir die Geschichte des Unternehmens kennen. War das Unternehmen vor zwei Jahren noch Marktführer, so ist der jetzige Zustand als eher negativ einzustufen; hat es sich aber vom 12. auf den 4. Platz am Markt hochgearbeitet, so ist der jetzige Zustand das (vorläufige) Ende einer Erfolgsgeschichte.

Auch wenn unser einsamer Geschäftsreisender in der Hotelbar seine Lebensgeschichte erzählt, ist diese vom Ende, nämlich von seinem jetzigen Zustand her erzählt, wenn auch dieses Ende im Vergleich zum Liebesroman eher ein zufälliges und offenes ist, denn er hat sein Leben ja noch nicht zu Ende gelebt. Doch beim Erzählen wählt jeder unwillkürlich diejenigen Ereignisse der Vergangenheit aus, die er für seine jetzige Situation wichtig erachtet; Ereignisse, die er vor einem Jahr noch als wichtig erzählt hätte, sind nun unwichtig geworden, sie sind verblasst. Erzählungen erklären damit die jetzige Sicht auf die Welt, indem sie nachzeichnen, wie es dazu gekommen ist. Sie enthalten sehr viel mehr Informationen als eine pure Beschreibung des aktuellen Zustands.

Erzählungen bauen Weltmodelle durch »gebündelte Bedeutungen«

Ebenso wichtig wie das, *was* erzählt wird ist in Erzählungen die Art und Weise, *wie* erzählt wird. Das Wie spielt hier eine sehr viel größere Rolle als beispielsweise in reinen Sachtexten oder Beschreibungen – und es trägt fundamental zu den Weltmodellen oder den Modellen des Unternehmens im Kopf, die in ihnen verborgen sind, bei. Betrachten wir ein Beispiel: In Geschichten, die verschiedene Mitarbeiter einer Abteilung eines Unternehmens erzählt haben, kehrten Formulierungen folgender Art immer wieder:

> »… bis dann die Eiterbeule platzte im abgelaufenen Jahr …«

> »So, und der Teufelskreis schließt sich jetzt dann …«

> »Wir brauchen überhaupt keine Kunden, wir können uns ganztags intern beschäftigen.«

> »… der Zopf, … an dem wir uns versuchen aus der Situation zu ziehen, wird immer dünner. Irgendwann reißt er.«

> »Das heißt, ich habe es leicht, ich brauche ja nur in den Spiegel schauen und kann an mich delegieren, nur irgendwo ist es aus.«

Diese Äußerungen verschiedener Erzähler eines Unternehmens bezogen sich auf ganz unterschiedliche Ereignisse, verschiedene Episoden der einzelnen Erzählungen. Auf den ersten Blick mag es so scheinen, als hätten diese Formulierungen rein gar nichts miteinander zu tun: In der einen geht es um

Eiterbeulen, in der anderen um einen Teufelskreis, in einer dritten um einen Zopf und in einer vierten um einen Spiegel. Sieht man sich aber die »Bedeutungen«, die Folgerungen, die man aus den einzelnen Sätzen ziehen kann, etwas genauer an, ergeben sich sehr wohl Gemeinsamkeiten: Eine Eiterbeule ist ein Geschwür, eine Krankheit, die *innerhalb* des Körpers entsteht und wächst; ein Teufelskreis ist ein Kreis, in dem sich alles immer wiederholt und aus dem man *nicht herauskommt*; der dritte Satz ist klar: man beschäftigt sich *nur mit sich selbst*; sich am eigenen Zopf aus dem Sumpf ziehen zu wollen, funktioniert allenfalls beim Lügenbaron Münchhausen. Und an sich selbst, an das eigene Spiegelbild zu delegieren, ist ebenfalls der absurde Beleg für die Beschäftigung *nur mit sich*.

Eine der gemeinsamen Bedeutungen all dieser Formulierungen ist also: Man beschäftigt sich allein mit sich selbst, mit den internen Problemen, und versucht diese erfolglos ganz alleine zu lösen. Die Abteilung, in der diese Geschichten entstanden sind, kreist nur um sich selbst, um ihre internen Probleme; alles was außerhalb ist, spielt keine Rolle.

Hätte man die Mitarbeiter um eine Beschreibung ihrer Abteilung gebeten, wären solche Erkenntnisse niemals möglich gewesen – denn bei der Beschreibung hätten sie sich auf »Fakten, Fakten, Fakten« gestützt. Erst durch die Form der Erzählung, durch die Bündelung von Erzählweisen mit ähnlicher Bedeutung, konnte diese Regularität des Unternehmens im Kopf klar werden.

Diese Besonderheiten der »Kommunikationsform Erzählung« machen das Erzählen zum Königsweg für die Entdeckung des Unternehmens im Kopf. Die Ordnung der Zeit, die Interpretation der Gegenwart durch die Vergangenheit und die Bündelung von Bedeutungen sind Besonderheiten der Erzählung, die sie zum gigantischen Informationsspeicher macht, der über die reine Oberfläche dessen, was gesagt wird, hinausgeht.

Das Dilemma von Frage und Antwort

> »Hast du überhaupt noch vor, Otto, mir auf das was ich sagte, zu antworten?« »Am liebsten nein, liebe Helene. Wozu auch? Du kannst doch nicht von mir verlangen, dass ich in dieser Sache deiner Meinung bin, und wenn ich es *nicht* bin und das ausspreche, so reize ich dich nur noch mehr…«
>
> aus: Theodor Fontane, Frau Jenny Treibel

Mitarbeiterbefragungen gehören zu den Standardmethoden, wenn man etwas über interne Problematiken, Chancen oder Strukturen des eigenen Unternehmens herausbekommen möchte. Man muss die Mitarbeiter – so denken viele – nur nach ihrer Sicht des Unternehmens fragen, danach, wie sie die Abläufe beurteilen, wie sie ihr Verhältnis zum Kunden einschätzen, wie sie ihre Führungskräfte beurteilen und welche Probleme sie im Unternehmen sehen. Dann wird man schon die richtigen Antworten bekommen und aus ihnen etwas über die Welt des Unternehmens erfahren. In der Regel wird auch genau so vorgegangen. Allerdings verbergen sich hinter Befragungen Probleme, die meist nicht oder nur sehr ungenügend gesehen werden. Denn dass man auf eine Frage eine Antwort bekommt, heißt nicht zwingend, dass man danach besser informiert ist. Anworten geben bedeutet immer auch, sich einzulassen auf den Fragesteller, sich Gedanken zu machen, warum er genau das fragt, was er gerne hören möchte, worauf es ihm ankommt. Die Antworten auf den Bögen von Mitarbeiterbefragungen sind »ehrlich« nur soweit, wie es eben möglich ist, wenn der Arbeit- und Brötchengeber die Fragen stellt. Sie laufen immer Gefahr, das zu wiederholen, was im Unternehmen bereits als verlautbartes Wissen »in der Luft liegt«, wovon man annimmt, dass es gewünscht ist, oder was gerade »in«, modern ist. Testen Sie sich einmal selbst: Ein Freund aus früheren Zeiten, den Sie lange nicht gesehen haben, fragt beim Wiedersehen: »Na, immer noch glücklich verheiratet? Ist aus deinen Kindern was geworden? Wohnt ihr noch in der 3-Zimmer-Wohnung?« Viele Voraussetzungen schwingen in der Frage mit, etwa die, dass eine glückliche Ehe etwas wert ist, dass Kinder etwas werden oder scheitern können, dass es einen Unterschied macht, wo und wie man wohnt. Was antworten Sie? Die Antwort wird zur mehr oder weniger geglückten Selbstdarstellung. Man wird hier kein differenziertes Bild seiner Ehe liefern, nicht detailliert über die Irrungen und Wirrungen der Sprösslinge berichten, sondern alles in gutem Licht erscheinen lassen – ohne dass man bewusst lügen würde. Die Wahrheit im Sinne von Realität ist in diesem Fall schwer zu (v)ermitteln. Geschickterweise dreht man den Spieß mit einem »Alles bestens, und bei dir?« schnell um.

Eine weitere Einschränkung des Informationswertes von Antworten auf Befragungen liegt bereits in der Tatsache, dass Fragen erst mal gestellt werden müssen: Was wird gefragt, wie wird es formuliert, welche Fragen werden nicht gestellt, wie sind die Fragen kombiniert etc.

Eine Frage aber ist immer auch schon ein Konzept: ein Konzept darüber, was wichtig ist, welche Themen relevant sind und welche nicht – denn mit den Fragen werden die Themen bestimmt, über die gesprochen wird. Dass dies denjenigen, die Fragebögen entwerfen, durchaus bewusst ist, sieht man an den trickreichen Versuchen, die Befragten »an der Nase herumzuführen«: eingestreute »Scheinfragen« und Abschweifungen in Fragebögen haben genau die Funktion, das eigentliche Konzept, die Richtung, in die die eigentlichen Fragen zielen, zu verschleiern und somit »ehrlichere« Antworten zu erhalten.

Zudem ist jeder Fragenkatalog eine Auswahl von Themen, die derjenige trifft, der ihn zusammenstellt – und die Chance ist groß, dass dabei einige der Themen, die von sehr großer Bedeutung für das Unternehmen sind, auch oder gerade weil noch niemand darüber nachgedacht hat, unter den Tisch fallen. Ein Ausweg aus diesem Dilemma könnte nun natürlich in einer besonders sorgfältigen Zusammenstellung des Fragenkatalogs bestehen. Doch nach allem, was wir bisher über die versteckten Regularitäten im Unternehmen gesagt haben, gibt es auch hier eine Grenze. Auch wenn ich besonders sorgfältig über meine Fragen nachdenke, jedes Thema fünfmal überdenke, bis sich das Gefühl einstellt, jetzt wirklich »alles zu haben«, bleibt mein Fragenkatalog selektiv gegenüber dem, was im Unternehmen relevant ist, wo ein wichtiges Problem oder eine Chance versteckt ist – einfach deshalb, weil ich nie gedacht hätte, dass genau an diesem Punkt eine der versteckten Regularitäten verborgen liegt – und das auch gar nicht denken konnte, da sie eben im Unternehmen noch nicht »bewusst« sind.

Das Dilemma von Frage und Antwort ist also, dass oft genau die Brennpunkte, die Abgründe, in denen die wahren Probleme eines Unternehmens versteckt sind, unsichtbar bleiben. Denn die Fragen fördern nur *Meinungen* zutage, nicht die tiefer liegenden, häufig den einzelnen Mitarbeitern und auch dem ganzen Unternehmen nicht bewussten *Einstellungen*.

Mitarbeiterbefragungen sind dann sinnvoll, wenn man ganz bestimmte Informationen zu konkreten Fragen braucht, oder wenn man wirklich die *Meinung* der Mitarbeiter, etwa zu bestimmten Abläufen im Unternehmen, wissen möchte. In diesen Fällen liefert eine gut konzipierte Mitarbeiterbefragung schnell die relevanten Ergebnisse. Nicht geeignet ist sie jedoch, um die versteckten Regularitäten des Unternehmens im Kopf zu entdecken.

Das Harun al Raschid-Prinzip

Jordaniens König mischt sich verkleidet unters Volk

Amman (AP) – Der jordanische König Abdullah II. hat sich verkleidet unter sein Volk gemischt und mehrere Stunden unerkannt mit Bürgern über deren Sorgen gesprochen. Dies bestätigte der Palast in Amman. Bei seinem Ausflug in die Freihandelszone trug Abdullah traditionelle Gewänder und einen falschen Bart und gab sich als Fernsehreporter aus. Begleitet wurde er vom Chef des Palastpressebüros, wie die Zeitung Ad Dustur schrieb. Ausgerüstet mit einer Videokamera, hätten die beiden fünf Stunden lang mit Händlern und Investoren über deren Probleme gesprochen. Die Tarnung flog erst auf, als das Management der Freihandelszone hörte, dass ein Fernsehteam ohne Genehmigung Interviews führte und dem ein Ende setzen wollte. Daraufhin habe der König seinen

falschen Bart und seine Kopfbedeckung entfernt, während sich die
Menge um ihn versammelte und ihm zujubelte.
Süddeutsche Zeitung vom 30. 07. 1999

Abdullah II. hat ein großes Vorbild für seine geheimen Nachforschun-
gen darüber, was in seinem Land geschieht: Der im 8. Jahrhundert in
Bagdad herrschende Kalif Harun al Raschid soll häufig unerkannt seinem »Volk aufs Maul« geschaut haben, wie die Märchen aus Tausendundeiner Nacht berichten:
An jenem Abend nun legte der Beherrscher der Gläubigen, wie es
seine Gewohnheit war, eine Verkleidung an, um in Bagdad über die
Märkte und durch die Straßen und Gassen zu wandern; und begleitet
von Dscha'far, dem Barmekiden, und Masrur, dem Träger des Schwer-
tes seiner Rache, zog er aus, um zu erforschen, was in der Stadt geschah.
*aus: Die Erzählungen aus Tausendundeiner Nacht. Bd. 6, Wiesbaden:
Insel 1953, S. 347.*

Auch wenn uns das Vorgehen der beiden Herrscher fast ein wenig wie Spio-
nage vorkommt – eines haben sie beide erkannt: Wenn sie ihre Untertanen
in ihrer offiziellen Funktion als König befragt hätten, hätten sie niemals die
»Wahrheit« erfahren. Denn die Antworten wären von vielerlei Dingen ein-
gefärbt gewesen: vielleicht durch Angst, vielleicht durch das Bemühen, dem
König zu gefallen, vielleicht durch den Wunsch, selbst in einem besseren
Licht dazustehen. Harun al Raschid und Abdullah II. von Jordanien kannten oder kennen das Dilemma von Frage und Antwort.

Storytelling: Das erzählte Unternehmen

Aus all den beschriebenen Gründen beschreiten wir also den scheinbaren
Umweg über das Erzählen, wenn wir uns auf Entdeckungsfahrt in das
Unternehmen im Kopf begeben. Wir nennen diese Art der Datenerhebung
»Storytelling«: Dabei lassen wir die Menschen in Einzelgesprächen von
durchschnittlich einer Stunde ihre Arbeitsbiografie erzählen. »Gespräche«
deshalb, weil niemand erzählt, wenn ihm keiner zuhört. Wir sind die Zuhörer, die mit ihrer Aufmerksamkeit und ihrem Interesse den Gesprächsfluss
am Laufen halten, mit Nachfragen gelegentlich in die Tiefe gehen oder von
einem »Seitenarm« wieder zu der Stelle zurückführen, wo der Hauptstrom
verlassen wurde. Von Beginn an und grob der biografischen Linie folgend

spulen sich so die Geschichten der einzelnen Mitarbeiter ab, die zusammen mit den Erzählungen weiterer Storyteller aus einem Unternehmen das Basismaterial unserer Analyse sind.

Da es sich hier um eine qualitative Untersuchungsmethode handelt, die komplexe Strukturen aufzeigt, genügt ein relativ geringer Stichprobenumfang, um übergreifende Aussagen über die untersuchte Gruppe zu ermöglichen. Je nach Größe des Unternehmens führen wir zwischen zehn und 50 solcher Storytelling-Gespräche, die wir auf Band aufnehmen und verschriftlichen.

Der Storytelling-Prozess

Wenn wir in einem Unternehmen eine Storytelling-Untersuchung durchführen, besprechen wir zunächst mit dem Auftraggeber, was er genau wissen möchte, ob er etwa mehr an einer Untersuchung zur Identität seines Unternehmens oder zur Unternehmenskultur interessiert ist, oder aber ob er mögliche Problemfelder entdecken will. Er stellt uns eine Liste der Mitarbeiter zur Verfügung, die wir ansprechen können, und die etwa zwei- bis dreimal so viele Namen enthält, als wir letztlich brauchen. Dadurch können wir den Teilnehmern Anonymität zusichern – denn der Auftraggeber erfährt nicht, wen wir nun letztlich aus dieser Liste ausgesucht haben.

Der Storytelling-Prozess

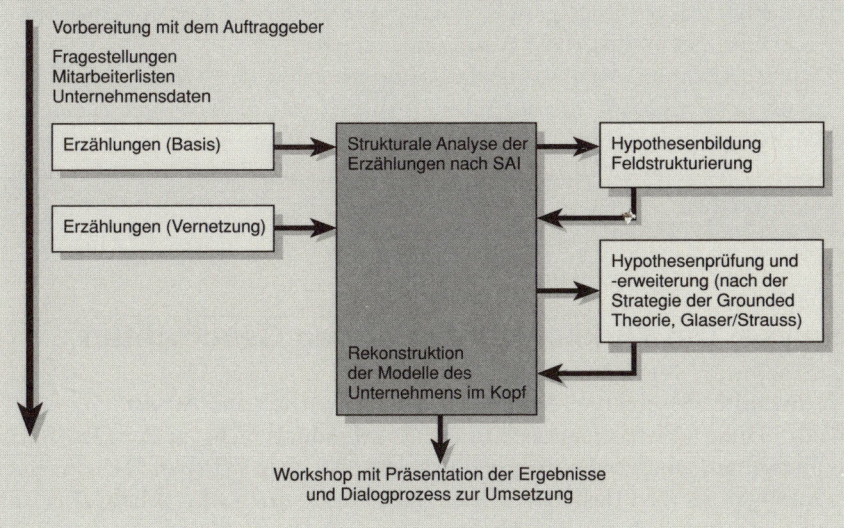

Nun folgt die erste Phase der Storytelling-Gespräche, in der wir ungefähr ein Drittel der Gesamtanzahl an Mitarbeitern, mit denen wir sprechen wollen, erzählen lassen. Die Erzähler dieser ersten Phase wählen wir grob nach den wichtigsten Positionen (Hierarchieebenen) und Funktionen (Tätigkeitsfelder) aus, die wir aus den Informationen, die uns der Auftraggeber über sein Unternehmen gegeben hat, erschließen. Die Erzählungen der ersten Phase analysieren wir dann nach der Methode der Struktural-Analytischen Interpretation (SAI) und bilden erste Hypothesen über das Unternehmen im Kopf. Auf der Basis dieser Hypothesen wählen wir dann die Gesprächspartner der zweiten Phase aus. Wenn wir zum Beispiel aus den Erzählungen der ersten Phase erschlossen haben, dass im Unternehmen irgendein Problem in der Zusammenarbeit mit dem Vertrieb verborgen liegt, so achten wir natürlich darauf, dass wir einige Vertriebsmitarbeiter in der zweiten Gruppe haben. Ebenso sollte diese zweite Gruppe nach Maßgabe der Verteilung im Unternehmen ausgewogen sein im Bezug auf Hierarchieebenen, Geschlechtern, Funktionen und Betriebszugehörigkeit. Parallel zu den Gesprächen der zweiten Phase läuft die Analyse der neuen Erzählungen. Die aus der ersten Phase gewonnenen Hypothesen werden erweitert, genauer gefasst und durch zusätzliche Hypothesen ergänzt. Das Konzept des Unternehmens im Kopf, das wir aus der Analyse erarbeiten, ist nach dem Prinzip der »Grounded Theory« nach Glaser und Strauss »gesättigt«, wenn neue Gespräche keine wesentlichen neuen Hypothesen mehr erlauben, sondern nur noch weitere Belege für die bereits bestehenden Hypothesen liefern. Die Erfahrung lehrt, dass eine solche »Sättigung« abhängig von der Unternehmensgröße nach zehn bis maximal 50 Gesprächen eintritt.

Das Ergebnis der Analyse ist die Rekonstruktion der Modelle des Unternehmens im Kopf. Sie wird dem Auftraggeber in der Regel in einem Workshop präsentiert, in dem gleichzeitig erste Ansätze zur Umsetzung der sich aus der Analyse ergebenden Handlungsbedarfe entwickelt werden.

Analyse: Die Wirklichkeit hinter den Geschichten

Jede erzählte Geschichte, haben wir gesagt, enthält im Ansatz eine ganze »Welt«. Diese »Welt« zeigt sich in der Regel jedoch nicht an der Oberfläche des Erzählten, sondern wird erst durch eine Analyse sichtbar. Die einzelnen Erzählungen der Mitarbeiter stehen zwar auch für sich, gehen aber insgesamt mit den anderen Erzählungen in einem Gesamttext auf, der die Basis der Analyse darstellt. Die Fülle von Informationen über die Welt des Unternehmens sind in diesem Gesamttext sozusagen »kodiert« und nur mit Hilfe eines Instrumentariums zugänglich: Die ihm inneliegenden Informationen müssen erst rekonstruiert werden. Vergleichbar ist die Vorgehensweise der Analyse bildhaft mit der Archäologie: Woher wissen wir eigentlich etwas über die Lebens- und Essgewohnheiten unserer prähistorischen Vorfahren, die uns keine Aufzeichnungen hinterlassen haben? Aus den Funden der Archäologen direkt nicht. Aber aus den Schlüssen, die man aus ihnen ziehen kann. So deutet eine bestimmte Abnutzung der Zähne eines Skeletts aus der Steinzeit auf die Ernährungsweise dieser Zeit hin und diese gibt wiederum Anhaltspunkte für die Beschaffenheit der Vegetation. Werkzeug bietet Rückschlüsse auf die handwerklichen Fähigkeiten der jeweiligen Völker. Die Grabbeigaben der Ägypter geben Aufschluss über die Vorstellungen dieser Kultur von dem, was sie nach dem Tod erwartet. Ein zunächst »banales« Fundstück wie ein geschnitzter Knochen oder ein Tongefäß ist also ein Informationsspeicher, man muss ihn nur »lesen« können.

Ähnlich komplex sind die Informationen, die eine Erzählung transportiert. Doch die Erzähler geben ihr Weltbild nicht explizit preis. Auf der Oberfläche des Textes befinden sich Äußerungen, die zunächst ebenso wenig bedeutend daherkommen wie der besagte Knochen, wenn ihn ein Spaziergänger ohne archäologische Ambitionen entdeckt.

 **Die giftigen Früchte**

Eine große Karawane mit vielen hundert Ochsenwagen und Eseln kam an den Rand eines großen Waldes. Der Karawanenführer befahl, Halt zu machen und rief alle Wagenlenker, Eselstreiber und Kaufleute zusammen. Er sagte: »Wir kommen jetzt in einen sehr großen Wald, in dem es viele giftige Pflanzen gibt. Ihr dürft nichts essen, auch wenn euch eine Frucht bekannt vorkommt, ohne mich vorher zu fragen.« Alle versprachen, nichts zu essen, ohne zu fragen.

Als sie wieder aufbrachen, ging eine kleine Gruppe den anderen voraus. Sie kamen zu einem Dorf, an dessen Rand ein Baum stand, der aussah wie ein Mangobaum, und auch die Früchte an ihm sahen haargenau wie Mangos aus. Einige hatten so großen Hunger, dass sie die Warnungen des Karawanenführers vergaßen und sich gierig über die Früchte hermachten. Als der Hauptzug der Karawane bei ihnen ankam, waren alle, die von den Früchten gegessen hatten, schon krank. Doch dem Karawanenführer, der gleich sah, dass dies ein giftiger

Baum war, gelang es mit einer Medizin zumindest diejenigen zu heilen, die nicht allzu gierig gewesen waren.

Die Bewohner des Dorfes, an dessen Rand der giftige Baum stand, kamen aus ihren Verstecken. Denn jedes Mal, wenn eine Karawane in den Wald kam, versteckten sie sich und warteten, dass alle von dem vermeintlichen Mangobaum aßen. Wenn dann alle tot waren, kamen sie heraus und verteilten die Tiere und die Ladung unter sich. »Woher hast du gewusst, dass dies kein Mangobaum ist?«, fragten sie den Karawanenführer. »Du musst ein sehr weiser, mit magischen Kräften begabter Mann sein.« »Nichts von alledem«, antwortete der Karawanenführer, »ich habe nur meine Augen aufgehalten. Dieser Baum steht am Rande eines Dorfes, er ist leicht zu erklettern, und er hängt voller schöner Früchte. Ich wusste daher sofort, dass mit diesen Früchten etwas nicht stimmen konnte – denn sonst wären sie längst von den Dorfbewohnern geerntet und gegessen worden.«

aus der indischen Jataka-Sammlung

Auch aus den Texten einer Storytelling-Analyse müssen die enthaltenen Informationen erst rekonstruiert werden. Das Instrumentarium hierfür ist die strukturale Zerlegung nach der von uns auf der Basis von Erkenntnissen der modernen semiotischen Kommunikations- und Erzähltheorie entwickelten Struktural-Analytischen Interpretation (SAI).

Im Folgenden wollen wir zeigen, was sich alles in den Erzählungen aus den Unternehmen »verbirgt« und an einigen Beispielen nachvollziehbar machen, wie man es »zu Tage fördern« kann.

Der Kontext

Was wird von allen oder vielen Erzählern eines Unternehmens in welchen Zusammenhängen (Kontexten) erwähnt, wie werden die Dinge kombiniert? Als Beispiel dafür, welche Informationen in der Kombinatorik und dem Kontext von Äußerungen liegen, hier eine kurze Filmszene:

Eine junge Frau sitzt im Zug aus der Provinzstadt nach Wien. Sie hat ein Stipendium für ein Theaterstudium in der Tasche. Ihren Beruf als Hauswirtschaftslehrerin hat sie aufgegeben. Ein älterer Mitreisender rät ihr von diesem Schritt ab:

> »Junge Frau, machen Sie sich nicht unglücklich mit der Theaterschule. Bleiben's in Ihrem Beruf, mit Pensionsberechtigung.«

»Aber ich bin glücklich beim Theater!«

»Ja, was haben's denn davon, wenn Sie glücklich sind?«

Szene aus dem Spielfilm: Die ganz großen Torheiten (D, 1937)

Zunächst kein aufregender Befund an der Oberfläche des kleinen Dialoges. Schaut man sich aber das von beiden verwendete Wort »glücklich« an, erhält man schon mehr Informationen.

junge Frau: glücklich =
                 – eine Aufgabe haben
                 – sich einen Traum erfüllen
                 – erstrebenswertes Gefühl
                 – zentraler Bestandteil des Lebens
älterer Herr: glücklich =
                 – momentanes Gefühl
                 – kein zentraler Bestandteil des Lebens

Auf die Frage »Sind Sie glücklich?« hätten wahrscheinlich beide mit »ja« geantwortet oder die Frau mit »ja«, er mit »nein«. Aus dem kurzen Dialog lassen sich aber mehr Informationen rekonstruieren: Grundannahmen über das Leben, etwa die hohe Wertigkeit von »intensiven« Lebensgefühlen bei der jungen Frau, die hohe Wertigkeit von »Sicherheit« und »Verlässlichkeit« beim älteren Herrn. Annahmen darüber, was wahrscheinlich ist im Leben, die Erwartung der Erfüllung eines Traumes bei der Frau, dagegen der Wunsch nach Absicherung der Lebensgrundlage durch ein solides Gehalt und Pensionsanspruch beim Mann, der aus der Perspektive seiner Lebenserfahrung spricht.

Metaphern und Tropen

Während sich der kurze Dialog auf ein gemeinsames großes System bezieht, das Leben, ist in den Texten der Mitarbeiter eines Unternehmens die Welt ihres Unternehmens das gemeinsame Bezugssystem. Als eine Möglichkeit der Rekonstruktion von Informationen dienen Äußerungen der Storyteller, die in ihrer Wortwahl sozusagen eine Sprache in Bildern darstellen. »Tropen«, das hat einerseits gar nichts mit Palmen und Urwald zu tun, andererseits aber doch. Denn das griechische Wort »tropos« bedeutet »Wendung«, und die Tropen sind das Gebiet, das zwischen dem »Wendekreis des Steinbocks« und dem »Wendekreis des Krebses« liegt. Die Tropen, um die es uns hier geht, haben ebenfalls etwas mit einer »Wendung« zu tun, und zwar mit einer sprachlichen Wendung, in der ein eigentlich gemeinter Ausdruck

durch einen uneigentlichen ersetzt wird. Wenn wir zum Beispiel jemanden
einladen, mit uns »ein Gläschen zu trinken«, so wollen wir ja keineswegs
flüssiges Glas konsumieren, sondern wir haben in unserer Einladung den
eigentlichen Begriff – sagen wir »Wein« – durch den uneigentlichen »Gläschen« ersetzt, den Inhalt durch die Verpackung. Viele solche uneigentlichen,
tropischen Redeweisen sind uns derart in Fleisch und Blut übergegangen,
dass wir es meist gar nicht mehr merken, wenn wir sie anwenden. Neben
solchen gewissermaßen schon in die normale Alltagssprache eingegangenen
Metaphern wie die vom »Gläschen« benutzen wir aber auch fast immer,
wenn wir erzählen, mehr oder weniger neue Metaphern. »Das war wie
Geburtstag und Weihnachten an einem Tag« sagen wir zum Beispiel, und
bebildern damit einen Moment großen Glücks.
Diese Sprechform in Bildern, die wir – meist ohne es zu merken – täglich anwenden, ist auch für die Analyse des Unternehmens im Kopf von großer Bedeutung.
Ein Storyteller, der in einem großen Unternehmen arbeitet, verwendet beispielsweise in seiner Erzählung gehäuft Metaphern aus dem Bereich Familie,
wenn er über seine Anfänge in der Firma und sein Verhältnis zu Vorgesetzten erzählt:

> »… bis man sich da mal durchlaviert hat, das dauert natürlich seine Zeit, aber
> ich hab 'ne gute Merkfähigkeit und muss sagen, ich konnt' bestimmt nach
> einem halben Jahr laufen …«

> »… und man hatte … einen Paten, … der ist die ersten drei Monate mit einem
> gegangen, der hat einen wie gesagt an die Brust genommen und einem die
> wesentlichen Anlaufstellen dort gezeigt, und hat einen dann auch in die
> Unternehmens-Kultur mit eingeführt, die damals herrschte …«

> »… also ich könnt' nicht bei jemandem arbeiten, den ich fachlich nicht aner-
> kenne beispielsweise. Also es muss 'ne sehr hohe fachliche Kompetenz vor-
> handen sein, damit man auch jemand in dem Sinn als Vorbild anerkennt …
> und diese Vorbildfunktion hab' ich da gefunden, ja, und es war auch, muss
> ich fast schon sagen, ein ausgesprochen gutes Vater-Sohn-Verhältnis beinahe
> schon …«

Laufen lernen, an die Brust genommen werden, einen Paten haben, ein
Vater-Sohn-Verhältnis, in dem der Vater als Vorbild fungiert – man möchte
meinen, hier ginge es eher um die Aufnahme in eine Familie als in einen
weltweit operierenden Konzern. Eine andere Mitarbeiterin meint am Ende
ihrer Erzählung über strukturelle Veränderungen desselben Unternehmens:
»So ändern sich die Firmen, was mal meine Familie war.«
Bedient sich ein Erzähler Metaphern aus einem Bereich, kann man auch die
mit diesem Bereich verbundenen Werte zur Analyse heranziehen. In diesem
Fall steht Familie in unserer Kultur etwa für Schutz, lebenslange, enge und
gesicherte Bindung, geordnete Rollenverteilungen (Vater, Kind), Entwick-

lungsmöglichkeiten im Laufe der Zeit (etwa: Kind-Jugendlicher-Vater-Großvater), Abgrenzung gegenüber der Außenwelt (nicht jeder gehört dazu). Überträgt man diese Werte aus der »eigentlichen« Familie auf den »uneigentlichen« Bereich der Arbeitswelt, ergeben sich Entsprechungen.

Familie	mein Unternehmen
• Schutz, lebenslange enge und gesicherte Bindung	• Arbeitsplatzsicherheit
• geordnete Rollenverteilungen mit Entwicklungsmöglichkeiten	• klare Hierarchie mit Aufstiegsmöglichkeiten
• Abgrenzung gegenüber der Außenwelt	• Abgrenzung zu anderen Firmen

Die Vorstellung dieser Mitarbeiter von ihrem Unternehmen, das von ihnen mit Merkmalen in Verbindung gebracht wird, die ursprünglich aus dem Bereich Familie stammen, hat ihren Ursprung in zurückliegenden Erfahrungen. Die familienähnlichen Strukturen haben in der Vergangenheit die Vorstellung der Mitarbeiter von ihren persönlichen Entwicklungsmöglichkeiten geprägt. Fördernde Vorgesetzte begleiteten den Weg der Mitarbeiter. Diese Beziehung zum Vorgesetzten ist durch eine Umstrukturierung im Unternehmen aufgebrochen worden: Abteilungen wurden aufgelöst oder zusammengelegt, die Fluktuation in der Belegschaft erhöht sich, Vorgesetzte wechseln, Organisationsformen ändern sich. All das erschwert den Aufbau von langfristigen Bindungen nach dem Modell »Vater-Sohn«. Zwei Beispiele aus den Mitarbeitererzählungen geben einen Einblick in die Welt des Unternehmens in den Köpfen der Mitarbeiter zur Zeit der Umstrukturierungen:

> »Aber dann ist wieder einmal eine Umorganisation angestanden, haben wieder einmal ordentlich durchgewürfelt, ... was letztlich darin mündet, dass aus dem großen Konzern ..., aus einem Schlachtschiff, viele kleine Fregatten werden ... Denn durch Umorganisationen werden die Leute wild umeinandergewürfelt dann ... Aber wenn die so oft rumwürfeln, dann gibt's die Connections, die früher sehr gut funktioniert haben ... die gibt's immer weniger.«

> »So, ja was machst du jetzt? Das ganze Unternehmen war in Bewegung, wo springst du jetzt hin, das sind lauter fahrende Züge, ... Und dann hab' ich gesagt: Mensch, du springst jetzt, du bist auf einem Zug, du weißt zwar nicht, wo der hinfährt, und jetzt springst auf einen anderen Zug. Es kann aber sein, dass der innerhalb kurzer Zeit an den Prellbock fährt, du weißt nicht, ob der durchfährt oder auf welchem Gleis der ist, das ist alles in Bewegung.«

Die Metapher des Würfelns ist ein Bild, das man mit Nicht-Berechenbarkeit, Zufall, Ungewissheit über den Fall der Würfel und mit Willkürlichkeit verbindet. Wenn die Würfel geschüttelt werden, ist der Ausgang ungewiss. Sowohl auf der Ebene der Umorganisation wird »ordentlich durchgewür-

felt« als auch auf der Ebene der Mitarbeiter »werden die Leute wild umei-
nandergewürfelt«. Die bisher verlässlichen Bindungen sind nicht mehr da,
die »Connections« funktionieren nicht mehr.
Ein anderer Mitarbeiter verwendet die Metapher der fahrenden Züge. Züge,
wie wir sie im Alltag erleben, fahren auch, aber sie halten an Bahnhöfen, es
gibt einen Fahrplan, sie bringen die Menschen von A nach B, man kann ein-
und aussteigen. In der hier verwendeten Redeweise fahren die Züge ohne
Plan, man muss aufspringen, das Ziel der Züge ist nicht bekannt, es könnte
sogar sein, dass sie an den Prellbock fahren, der in der Regel ein totes Gleis,
ein Abstellgleis abschließt.
Im Gegensatz zu der extrem sicheren Bindung, die »früher« in Form der Va-
ter-Sohn-Beziehung dargestellt wird, wird die Umorganisation als Zeit der
extremen Unsicherheit erzählt:

früher
• Sicherheit
• »Familie«
• Aufstiegsmöglichkeiten

Umorganisation
• Ungewissheit
• würfeln – fahrende Züge
• keine Connections – Prellbock

Für die Welt in den Köpfen der Mitarbeiter bedeuten die Umstrukturierungen etwas anderes als für die Strategen des Unternehmens: Verlust an Sicherheit, Erschwerung der Orientierung im Unternehmen.

Wiederh olungen (Rekurrenz)

Neben de n Verlust der persönlichen Orientierung, also dem individuellen
Weiterkommen in den neuen Strukturen des Unternehmens, tauchen in den
verschiedenen Stories wiederholt Beschreibungen ähnlichen Typs auf, die
das gemeinsame Thema »Orientierung im Unternehmen bezüglich der Strategie« haben.

> »… kaum hat man sich an irgend etwas gewöhnt, was ja an sich schon nicht
> mehr leicht war, wurde es schon wieder umgestoßen und dieser Wandel, auch
> in der Organisation, hat sicher nichts Gutes gebracht.«

> »… Und das hat eine ganze Menge Zeit und Kraft gedauert, hier eine Mann-
> schaft aufzubauen. Die wir leider inzwischen fast wieder zerschmettert haben
> und wieder neu aufbauen, weil sich der Bereich, zu dem wir ja jetzt inzwi-
> schen gehören, völlig neu aufgestellt hat.«

> »… eine langfristige (Strategie) lässt sich aus der vergangenen Vorgehensweise
> nicht ableiten.«

> »… wir treiben das gemeinsam voraus, haben ein Ergebnis, schlagen dieses
> Ergebnis vor und dann steht also bei der Präsentation jemand auf und sagt:

Ja, Freunde, was ihr da macht, das haben wir vor zwei Monaten schon ganz anders beschlossen.«

»Das Problem dabei ist, dass also die Dinge, die da geplant werden, immer sehr kurzfristig zu Maßnahmen führen, die aber aufgrund wie gesagt dieser Häufigkeit der rollierenden Planungen nie so richtig umgesetzt werden, weil eine Maßnahme ist aufgeschrieben, wird aber aufgrund dessen, dass man im nächsten Quartal wieder neu plant und plötzlich der Fokus woanders hingehört, wieder nicht realisiert, sondern es wird eine neue Maßnahme aufgestellt ...«

Auffallend sind hier wiederholte Wendungen wie »sich an etwas gewöhnen – umstoßen«, »aufbauen – zerschmettern«, »beschließen – anders beschließen«, »Maßnahme – nicht realisieren – neuer Fokus – neue Maßnahme«. Die strategischen Überlegungen der Unternehmensführung sind also im Unternehmen im Kopf nicht wirklich angekommen und nicht nachvollziehbar. Die Häufung der Gegensatzpaare nach dem Muster »aufbauen – zerschmettern« lässt den Schluss zu, dass die Umstrukturierungen als Wiederkehr von Veränderungen ohne erkennbare Zielrichtung erlebt werden. Ob solche strategischen Ziele dabei von der Unternehmensführung nicht oder nicht ausreichend oder sogar gut kommuniziert wurden, ist hier nicht von Bedeutung. Die Informationen sind jedenfalls nicht im Unternehmen im Kopf angekommen. Nun vermehrte Anstrengungen auf dem Gebiet der Kommunikation zu machen, würde auch nicht viel bewegen: Denn die Erfahrungen, die die Mitarbeiter mit den wechselnden Plänen in der Vergangenheit gemacht haben, waren prägend. Diese Prägung kann nicht durch andere oder mehr Informationen, sondern nur durch neue, andere Erfahrungen aufgehoben werden (mehr dazu finden Sie im Kapitel »Prägung: Verdichtete Erfahrungen«).

Was nicht erzählt wird: Nullpositionen

Wichtig für die Rekonstruktion des Unternehmens im Kopf ist manchmal aber nicht nur das, *was* erzählt wird, sondern auch, was *nicht* erzählt wird – worauf wir natürlich nur durch den Vergleich mit Beschreibungen des »offiziellen Unternehmens« kommen können. Hierzu ein Beispiel:

Das Medienunternehmen N. hatte schon vor sechs Jahren den gesamten technischen Produktionsbereich outgesourct und in einer Tochterfirma organisiert. Diese Produktionstochter B. hatte den klaren Auftrag, neben der Abwicklung von Produktionsaufträgen für das Mutterhaus als Dienstleister auf dem Markt aufzutreten und externe Kunden zu gewinnen, worum sie sich auch redlich, wenngleich mit mäßigem Erfolg, bemühte. Bei der Ana-

lyse der Erzählungen der Mitarbeiter von B. fiel uns auf, dass das Ereignis des Outsourcings und damit der Gründung der Tochtergesellschaft, das in der offiziellen Firmengeschichte als ein äußerst wichtiges Ereignis behandelt wurde, überhaupt nicht vorkam. Ja mehr noch – wenn diese Mitarbeiter von »ihrer Firma« sprachen, nannten sie immer den Namen der Mutter-gesellschaft N. Wenn wir also ihre Erzählungen ohne Zuhilfenahme wei-terer Quellen – also etwa der offiziellen Firmenchronik – analysiert hätten, hätten wir annehmen müssen, sie seien Mitarbeiter von N. und nicht von B. Erst durch den Vergleich wurde deutlich, dass in den Erzählungen etwas fehlt, etwas nicht vorkommt, was für das offizielle Selbstverständnis von B. von zentraler Bedeutung ist. Damit war klar, dass das Unternehmen B. im Kopf der Mitarbeiter ein anderes ist als das, das in den offiziellen Verlaut-barungen von B. kommuniziert wird: Nicht die Rolle von B. als selbststän-diger Player auf dem Markt der Medienproduktion ist in den Köpfen der Mitarbeiter verankert, sondern eher eine als »Technikabteilung« der Mut-terfirma N. Und bei dieser Struktur des Unternehmens im Kopf von B. war auch klar, weshalb die Akquisition von externen Kunden eher schleppend in Gang kam: Denn bei dem Selbstverständnis als »Technikabteilung« von N. setzten die Mitarbeiter ihre Energie natürlich vorwiegend dafür ein, die Bedürfnisse der Mutterfirma möglichst gut zu befriedigen – die Gewinnung externer Kunden spielte demgegenüber eine sehr untergeordnete Rolle.

Gerade das, was nicht in den Erzählungen vorkommt, zeigt hier also ein Problem des Unternehmens auf: Wenn man berechtigt erwarten könnte, dass der Erzähler auf einen bestimmten Punkt eingeht (etwa weil dieser Punkt ein entscheidendes Ereignis im offiziellen Unternehmen ist, oder weil viele andere Mitarbeiter diesen Punkt erwähnt haben), dann ist das Fehlen dieses Faktums ein zu analysierendes Merkmal der Erzählung.

Dies sind nur einige Beispiele für das Vorgehen bei der Analyse von Story-telling-Erzählungen. In den folgenden Kapiteln werden wir noch weitere Beispiele im Zusammenhang mit dem »Nutzwert« der Analysen für das Unternehmen genauer ansehen.

Spuren des Unternehmens im Kopf: Sprechweisen und Sprachformen

Wir alle kennen Menschen, die ganz bestimmte sprachliche Eigenheiten ha-ben. Den Freund etwa, der jeden dritten Satz mit einem »Okay?« beendet. Manchmal können solche Eigenheiten bis zur Karikatur getrieben sein; der Münchner Komiker Karl Valentin hat sich in einem Sketch über die »Gell-Sucht« lustig gemacht – jene vor allem im süddeutschen Raum verbreitete

Neigung, an das Ende jeden Satzes ein Zustimmung heischendes »gell?« zu setzen. Manche dieser sprachlichen Eigenheiten bestehen nur für eine bestimmte Zeit – etwa bei dem Kollegen, der gerade von einer Amerikareise zurückgekommen ist und seither Floskeln wie »by the way« und »my point is« in seine Äußerungen einstreut. Wir ertragen so etwas mit Geduld, da wir wissen, in ein paar Wochen, wenn der Eindruck der Reise verblasst ist, wird unser Kollege auch zu seiner »normalen« Art zu sprechen zurückkehren.

Meist werden uns solche Sprachmuster nur bewusst, wenn sie neu für uns sind oder wenn wir den Zeitgenossen, der ständig »okay?« sagt, gerade kennen gelernt haben. Haben wir dann in der Folge viel mit ihm zu tun, wird uns diese Eigenheit, die uns anfangs fast zum Lachen gereizt hat, gar nicht mehr auffallen.

Doch nicht nur einzelne Menschen haben solche sprachlichen Eigenheiten, sondern es gibt auch in jeder Gruppe, Institution und eben auch in jedem Unternehmen bestimmte sprachliche Wendungen, Sprech- und Sprachformen, die »typisch« sind. In manchen Unternehmen »älteren Typs« ist es beispielsweise üblich, dass man Kollegen, die man um die Mittagszeit auf dem Flur trifft, mit »Mahlzeit« begrüßt. In anderen Unternehmen würde eine solche Begrüßung Befremdung oder Erheiterung auslösen – für die Mitarbeiter des ersteren Unternehmens dagegen ist der »Mahlzeit«-Gruß so natürlich und normal wie das »Guten Morgen«, wenn man sich die Frühstücksbrötchen in der Bäckerei holt. Solche typischen Sprachformen können dann auch in ganz verschiedenen Kontexten gebraucht werden: Kommt ein Mitarbeiter um 10.00 Uhr ins Büro, während seine Kollegen alle schon seit 9.00 Uhr »am Platz« sind, wird er vielleicht mit einem lauten »Mahlzeit«, begleitet von einem sardonischen Grinsen der Kollegen, begrüßt. Die unternehmensspezifische Sprachregelung des »Mahlzeit-Grüßens« wird hier benutzt, um ironische Kritik am »Zuspätkommen« des Kollegen auszudrücken. In einem anderen Unternehmen, in dem andere Regeln des Grüßens gelten, wäre diese ironische Dimension nicht oder nur schwer verständlich.

Offizielle Sprachregeln

Neben solchen alltäglichen Sprachregeln, die sich irgendwann »eingeschliffen« haben, gibt es in vielen Unternehmen auch offiziell vorgeschriebene Sprachregeln. Solche irgendwann per Beschluss eingeführten Regeln haben häufig mit dem Produkt des Unternehmens und seiner Vermarktung zu tun. In einem Fernsehunternehmen beispielsweise wurde beschlossen, die bisher »Vorabend« genannte Programmstrecke von 18.00 Uhr bis 20.00 Uhr von nun an »Access Primetime« zu nennen. Grund für diese Umbenennung war vor allem, den Werbekunden zu signalisieren, dass der »Vorabend« in etwa so hochwertig ist wie die »Primetime« – also die Sendezeit zwischen 20.00

und 22.00 Uhr, die für die Werbewirtschaft die attraktivste Programmstrecke ist und in der folglich auch die höchsten Werbeerlöse erzielt werden.
In internen Meetings wurde von da an jeder, der das Wort »Vorabend« in
den Mund nahm, prompt von einem Kollegen verbessert: »Sie meinen die
Access Primetime«. Die Frage, ob sich Kunden durch derartige Umetikettie-
rungen wirklich beeindrucken lassen und in ihrer Folge einem bestimmten
Produkt eine höhere Wertigkeit als vorher zuschreiben, sei einmal dahinge-
stellt. Relativ unproblematisch ist die Einführung solcher offizieller Sprachregeln jedenfalls, wenn genügend kommuniziert wird, welchen Zweck sie
haben (»die Werbekunden zu überzeugen, dass am Vorabend hochwertiges
Programm läuft«) und weshalb sie auch in der internen Kommunikation angewendet werden sollen (»damit wir uns daran gewöhnen und uns das neue
Konzept in Fleisch und Blut übergeht«).

Widerstand gegen Sprachregeln

Ein Anzeichen für ein Problem wäre es jedoch, wenn eine größere Gruppe
im Unternehmen sich hartnäckig weigert, die neue Sprachregelung zu übernehmen. Hinter dieser Weigerung könnten sich tiefe Zweifel an dem neuen
Produktkonzept verbergen – nehmen wir einmal an, weil die Mitglieder dieser Gruppe aus ihren Erfahrungen zu wissen glauben, dass dieses Produktkonzept nicht den Wünschen der Kunden entspricht. Offenbar gibt es für
diese Gruppe im Unternehmen keinen »kommunikativen Raum«, in den sie
ihre Zweifel an dem neuen Produktkonzept einbringen können – und so
bleibt ihnen als einzige Ausdrucksmöglichkeit, hartnäckig weiterhin »Vorabend« anstatt »Access Primetime« zu sagen. Per »Dekret« oder »Rundschreiben« sind diese Zweifel natürlich nicht ausräumbar, sondern nur
durch eine offene Kommunikation, in der eine sachliche Auseinandersetzung
über das neue Produktkonzept für alle Gruppen, die in irgendeiner Weise
mit ihm zu tun haben, möglich ist.

Verballhornung von Sprachregeln

Ein weiteres Anzeichen für eine tiefer liegende Problematik im Unternehmen
ist es, wenn relevante Gruppen von Mitarbeitern offizielle Sprachformen
bzw. Sprachregeln des Unternehmens verballhornen, also ins Lächerliche
bzw. Groteske verdrehen.
Ein Unternehmen führte seine einzelnen Geschäftsgebiete unter den Kürzeln
»PP 1« bis »PP 10«. Als eine neue Stabsabteilung gegründet wurde, die
den Cultural Change des Unternehmens gestalten und voranbringen sollte,
nannte man diese Abteilung »PP Offensive«, als Kürzel »PP O« (O wie Of-

fensive). Schon nach relativ kurzer Zeit sprachen sogar Mitarbeiter dieser Stabsabteilung in witzigen Kommentaren oder informellen Gesprächen das Kürzel als »PP Null« aus – und kommunizierten damit alle negativen Assoziationen, die mit einer »Null« verknüpft sind, mit. Welche Rückschlüsse derartige Verballhornungen auf die Identifikation der Mitarbeiter dieser Stabsstelle mit ihrer Aufgabe zulassen, kann man sich leicht vorstellen.

Die bisherigen Beispiele für Sprech- und Sprachformen im Unternehmen lagen relativ an der Oberfläche: Es sind Redeweisen, die zumindest jeder (nicht »betriebsblinde«) Außenstehende sofort als eine Besonderheit dieses Unternehmens (oder eines bestimmten Typs von Unternehmen) wahrnehmen kann. Und wir haben gesehen, dass bestimmte Sprachregularitäten unproblematisch sind, Marotten wie die »Gell-Sucht« oder der »Mahlzeit«-Gruß. Andere Sprechformen, wie die Verballhornung »PP Null«, können jedoch durchaus Anzeichen für dahinter liegende Probleme sein. Allerdings kann man keine allgemeine Regel aufstellen, dass nun dieser Typ von Sprechform ein Anzeichen für ein Problem sei und jener nicht. Man muss sich immer das konkrete Unternehmen im Kopf in seiner Individualität ansehen, um dies beurteilen zu können.

Sprech- und Sprachformen unter der Oberfläche

Interessanter für die verborgenen Regularitäten des Unternehmens im Kopf sind diejenigen Sprech- und Sprachformen, die einem nicht schon beim ersten Hören auffallen, sondern erst, wenn man längere Äußerungen mehrerer Mitarbeiter eines Unternehmens genauer analysiert. Auch uns, wenn wir eine Storytelling-Untersuchung durchführen, fallen diese Sprechformen meist noch nicht bei den Erzählgesprächen mit den Mitarbeitern auf – erst wenn wir die Erzählungen abgetippt vor uns liegen haben und die Erzählungen mehrerer Mitarbeiter vergleichen können, stoßen wir auf die typischen Sprech- und Sprachformen einer Gruppe oder einer Abteilung.

Zum Verständnis des Folgenden möchten wir noch auf eines hinweisen: Es geht bei diesen Überlegungen niemals um den einzelnen, individuellen Mitarbeiter, sondern um Sprechformen, die man bei mehreren oder vielen Mitarbeitern eines Unternehmens findet und die damit etwas wie den »Sprachstil« des Unternehmens kennzeichnen. Aus der Perspektive des Unternehmens im Kopf ist es daher falsch, aus individuellen Sprechformen eines Mitarbeiters Rückschlüsse auf ihn zu ziehen – das wäre eine »Küchen-Psychologie«, wie sie leider nur allzu oft bei der Personalauswahl und -bewertung praktiziert wird. Wie die folgenden Beispiele zeigen werden, müssen solche Sprechformen immer in Beziehung zu weiteren Regularitäten des Unternehmens im Kopf gesehen werden, um ihre wirkliche Aussagekraft zu erkennen.

Aktiv – Passiv

Bei der Analyse der Mitarbeiter-Erzählungen im Rahmen einer Storytelling-Untersuchung fiel uns auf, dass einige Mitarbeiter ihren Karriereweg im Unternehmen immer im Passiv erzählten: »Dann wurde ich nach X versetzt«, berichteten sie, »dann kam ich in die Abteilung Y«, oder »dann holte mich ein anderer Chef zu sich«. Gemeinsames Merkmal solcher Sätze, die sich wie gesagt in den Erzählungen mehrerer Mitarbeiter häuften, ist, dass mit dem erzählenden Mitarbeiter immer »etwas passierte«: sie *wurden* versetzt, sie *kamen* irgendwohin, jemand *holte* sie. Nicht sie waren das aktive Element, sondern eine andere Person oder eine anonyme Größe schickten oder holten sie. Wir überprüften dann alle Erzählungen nochmals auf die Art und Weise, wie der Karriereweg beschrieben wird, und fanden bei anderen Mitarbeitern gehäuft aktive Formulierungen: »Dann habe ich mich anderswohin orientiert«, »ich habe mich dann dorthin beworben«, »dann beschloss ich, mir eine neue Aufgabe zu suchen«, oder »dann fragte ich Abteilungsleiter Y, ob ich zu ihm kommen könne« – in solchen oder ähnlichen Worten drückten diese Mitarbeiter ihren Weg durchs Unternehmen aus. Hier ist klar, dass diese Erzähler sich selbst – und nicht jemanden anderen – als das aktive Element sehen: sie *beschließen*, sie *suchen*, sie *bewerben sich*, sie *fragen*.

Die Frage war nun, ob sich in der Verteilung derjenigen Mitarbeiter, die ihren Weg im Aktiv erzählten, und derjenigen, die ihn passiv erzählten, irgendeine Regelmäßigkeit erkennen ließ, aus der wir Rückschlüsse auf das Unternehmen im Kopf ziehen konnten. Denn ohne eine solche Regelmäßigkeit wäre unser bisheriges Ergebnis ohne Aussagekraft für das Unternehmen im Kopf geblieben – wir hätten dann nur sagen können, dass es eben Menschen gibt, die ihrem Berufsleben eher aktiv, und solche, die ihm eher passiv gegenüberstehen, ähnlich wie es blonde und braunhaarige Menschen gibt. Die auf der Hand liegende erste Idee für eine Verteilung war natürlich, dass die aktivisch erzählenden Mitarbeiter eher dem Management bzw. der Führungsebene zugehörten, die passivisch erzählenden dagegen »einfache« Mitarbeiter waren, deren eingeschränkte Gestaltungsmöglichkeiten sich in den passivischen Formulierungen ausdrückten. Doch es zeigte sich, dass diese Idee nichts taugte: in beiden Gruppen fanden sich sowohl Führungskräfte als auch »einfache« Mitarbeiter. Schließlich stellte sich heraus, dass nahezu alle aktivisch erzählenden Mitarbeiter der Abteilung A angehörten und fast alle passivisch erzählenden der Abteilung B. Ein starker Beleg dafür, dass die von den einzelnen Mitarbeitern in ihren Erzählungen benutzten Sprachformen (Aktiv oder Passiv) etwas mit den Kulturen der beiden Abteilungen zu tun hatten. Zusammen mit anderen Analyseergebnissen auf der Basis von Äußerungen zu Kundenbeziehungen und der Einschätzung des Marktes konnten wir ein Kulturprofil erstellen, das für die Abteilung B eine stark fatalistische Kultur ergab – also eine Kultur, in der man sich relativ hilflos einem »Schicksal« ausgeliefert fühlte und sich nicht als aktiver Gestalter seines Geschäftes verstand.

Gleichsetzung

Ein weiteres Beispiel dafür, wie sich Regularitäten des Unternehmens im Kopf in Sprechformen der Mitarbeiter niederschlagen, fanden wir bei einem kleinen, aber sehr erfolgreichen Unternehmen. In den Erzählungen der Mitarbeiter stießen wir immer wieder auf Formulierungen wie zum Beispiel »der Kollege, der mich eingestellt hat«, »mein Kollege, also mein Vorgesetzter, mit dem ich in einem Zimmer sitze«, oder »mein Vorgesetzter in Anführungszeichen, eher mein Kollege, der der Teamleiter ist«. In diesem Unternehmen werden also offenbar die Begriffe »Kollege« und »Vorgesetzter« als nahezu austauschbar verwendet. Darüber hinaus kam auch der Begriff »Chef« häufig vor, der aber immer eindeutig nur für den Geschäftsführer verwendet wurde. Obwohl es in diesem Unternehmen mehrere Hierarchiestufen gab, war hier offenbar unter der Oberfläche eine Kultur der »Gleichheit«, die alle Mitarbeiter umfasste, etabliert, von der als einzige Führungskraft der »Chef« ausgenommen war. Auch hier wurde dieser Befund, den wir aus den Sprechformen, die in den Storytelling-Erzählungen vorkamen, durch weitere Merkmale bestätigt.

Auf Sprachformen achten

Neben den beispielhaft beschriebenen sollte man auch auf folgende Sprachformen achten:

Relativierungen:

Finden sich in den Äußerungen der Mitarbeiter häufig relativierende Floskeln wie »ein bisschen«, »vielleicht«, »quasi« etc.? »Wir haben ein bisschen umorganisiert«, »Dann haben wir sozusagen eine Neuerung eingeführt«, »Das war quasi ein Erfolg«. Eine Häufung solcher Formulierungen kann auf Unsicherheiten im Unternehmen bezüglich des Stellenwerts von Entscheidungen und Operationen hinweisen.

Personales oder apersonales Sprechen:

Benutzen die Mitarbeiter, wenn sie über Entscheidungen oder Handlungen des Unternehmens sprechen, eine Sprachform, die sie selbst miteinbezieht (»wir haben dann dies oder jenes gemacht«), oder wählen sie unpersönliche Formen (»die haben dann ...«, »man hat dann ...«). Eine Häufung apersonaler Formen kann auf Identifikationsprobleme

der Mitarbeiter mit den Entscheidungen der Führungsebene hinweisen – was wiederum ein Hinweis auf ein Kommunikationsproblem
zwischen Führung und Mitarbeitern wäre.

Ich oder Wir

Verwenden Mitarbeiter, wenn von Handlungen, Entscheidungen oder
Erfolgen die Rede ist, meist die Ich-Form (»ich habe…«), oder die
Wir-Form (»wir haben…«)? In diesen Fällen ist zu untersuchen, wie
die Kooperation im Unternehmen abläuf. Die häufige Verwendung der
Ich-Form kann ein Zeichen dafür sein, dass Teamarbeit im Unternehmen nicht honoriert wird, dass jeder im Unternehmen davon überzeugt ist, nur individuelle Erfolge würden karriereförderlich sein. Andererseits kann eine Häufung von Wir-Formen in Zusammenhängen
mit Problemen (»das haben wir falsch eingeschätzt«, »da müssen wir
besser werden«) ein Signal dafür sein, dass niemand die Verantwortung für Handlungen übernehmen möchte und man sich daher hinter
dem »Wir« versteckt. Aber natürlich kann die Wir-Form auch Ausdruck funktionierender Teamarbeit sein.

Konjunktiv oder Indikativ

Gehäufte Sprachformen des Konjunktivs (»wir hätten…«, »wir sollten…«, »wir könnten…« etc.) statt »wir haben…«, »wir tun…«,
»wir können…« geben Hinweise auf eine Umsetzungsproblematik: Es
wird mehr geplant, gedacht und gewünscht als gehandelt.

Wie wir wurden, was wir sind: Die Geschichte des Unternehmens im Kopf

Von den Erzählungen zur Geschichte

Erzählungen, haben wir gesagt, sind der Königsweg zur Entdeckung des Unternehmens im Kopf. Die Frage, die wir uns nun stellen wollen, ist: Was kann man alles entdecken, und welche Auswirkungen haben diese Entdeckungen auf das Handeln im Unternehmen?

Ein erster wichtiger Punkt ist die Geschichte des Unternehmens im Kopf. Dies liegt in der Natur der Sache: Denn Erzählungen nennt man auch »Geschichten«, und Geschichte im Sinne von Historie ist nichts anderes als eine Erzählung dessen, »was in Deutschland (Amerika, Italien, Bayern, Hamburg) bisher geschehen ist«. Und man beschäftigt sich mit dieser großen Erzählung, weil man wissen will, wo die Wurzeln liegen für das Heute, wie das, was wir als unsere kulturelle, politische oder ökonomische Realität kennen, entstanden ist. Warum sind die Menschen in Amerika so viel mobiler als die Deutschen, wechseln weitaus häufiger ihren Wohnsitz? In der unterschiedlichen Geschichte der beiden Länder finden wir eine mögliche Antwort darauf: Die amerikanische Kultur ist geprägt durch die Frontier-Mentalität der Eroberung neuer Räume, des »Go West« der Trapper und Siedlertrecks, die immer wieder aufbrachen, um neue Herausforderungen und Chancen zu suchen. Die Deutschen dagegen siedeln seit über tausend Jahren in ihren Gebieten; »Aufbruch zu neuen Ufern« ist nicht in der deutschen Mentalität verankert. Deshalb helfen auch all die Appelle, die Deutschen mögen doch so mobil wie die Amerikaner werden, nichts oder kaum etwas: Mentalitäten ändern sich eben nicht von heute auf morgen.

Vielleicht mag es Sie überraschen, dass wir hier Geschichte (im Sinne von Historie) als nichts anderes als eine Erzählung betrachten – in der Schule hat man Ihnen wahrscheinlich einen anderen Begriff von Geschichte vermittelt: Geschichte als Abfolge von Daten (Kaiserkrönung, Schlacht von Waterloo, Tod Friedrich II., etc.), die es auswendig zu lernen galt, wenn man gute Noten haben wollte. Lange Zeit hat man auch tatsächlich gedacht, man käme der Vergangenheit auf die Spur, wenn man nur sammelte, was alles auf höchster Ebene (in der Politik, im Leben der Herrscher) geschehen ist.

Inzwischen beginnt sich jedoch die Einsicht durchzusetzen, dass man nur in den *Verknüpfungen* dieser Ereignisse, wie sie in Erzählungen aufscheinen, so etwas wie den »Sinn« der Geschichte und damit auch des heutigen Zustandes erfassen kann. Bei der Geschichte von Unternehmen ist das nicht anders.

Die große Erzählung, die die Geschichte eines Landes oder eines Unternehmens wiedergibt, ist nicht die Erzählung einer Person oder einer Instanz, sondern setzt sich aus vielen kleinen Erzählungen aus verschiedensten Perspektiven zusammen. Die »wahre« Geschichte der DDR ließe sich beispielsweise auch nicht nur aus den Verlautbarungen der SED rekonstruieren; wenn man wissen will, was wirklich geschehen ist, muss man auch die Erzählungen von Regimekritikern, einfachen Parteimitgliedern, Flüchtlingen usw. miteinbeziehen. Erst alle diese Geschichten zusammen ergeben die ganze Geschichte.

Die offizielle Biografie und die Biografie im Kopf

Die Geschichte traditionsreicher Unternehmen ist in Zeitungen oder Büchern nachzulesen, sie wird bei runden Jahrestagen auf Hochglanz gedruckt, es gibt Bilder von Unternehmensgründern, alte Fotos der Fabrikanlagen, Bildbände über die Produkte und Produktionsbedingungen von früher und heute. Auch jüngere Unternehmen blicken gelegentlich zurück, feiern Jubiläen mit der Erinnerung an die Anfangsjahre.

Aber ähnlich wie bei Familienalben beschränkt sich diese Art des biografischen Erinnerns auf die Punkte, die festgehalten wurden. Gründung, erstes Fabrikgelände, erstes Produkt, alte Werbetafeln und so fort. Im Album einer Familie geht es nicht anders zu: Geburt, Taufe, Einschulung, Konfirmation, Hochzeit, dazwischen Geburtstage, Ausflüge, Urlaubsreisen. Lesen Sie doch mal Ihren Lebenslauf aus Ihren Bewerbungsunterlagen, blättern Sie die alten Alben durch, stöbern Sie in aufbewahrten Terminkalendern: Wo finden Sie die Erlebnisse, die Sie zu dem gemacht haben, was Sie heute sind, was Sie denken, gut finden oder ablehnen? Wo sind Ihre schönen und schlechten Erfahrungen dokumentiert? Im Fotoalbum findet sich weder ein Bild vom ersten Kuss noch von den Kämpfen mit einem ungerechten Lehrer, im Terminkalender kein Hinweis auf einen Ehestreit oder die vielen kleinen Erfolgserlebnisse und Niederlagen im (Arbeits)alltag. Ein Familienalbum ist voller Auslassungen, und es kennt nur eine Sichtweise: die »guten« oder zumindest »hohen« Tage einer Gruppe oder Gemeinschaft.

Die »offizielle« Unternehmensbiografie bleibt ebenso an der Oberfläche wie ein Album und ist genauso lückenhaft, was die Auswahl der in ihr tradierten Ereignisse betrifft. Im besten Fall gibt sie wieder, *was* passiert ist, doch auch dann fehlen die Zusammenhänge: wie kam es dazu, was war die Folge davon, was wurde *nicht* gemacht usw.

Bei einer Untersuchung des Unternehmens im Kopf stoßen wir in den erzählten Arbeitsbiografien einzelner Mitarbeiter auf die Erlebnisse und Erfahrungen der Erzähler, die sie im Lauf der Zeit im Unternehmen gemacht haben. Was erzählt wird, beschreibt das Alltägliche, das eingebettet ist in ein Vorher und Nachher. Aus den Einzel-Biografien der Mitarbeiter setzt sich schließlich das »Biogramm« des Unternehmens zusammen. Es stellt die Lebensläufe der Mitglieder einer zusammengehörigen Gruppe und die sich darin abspielenden Vorgänge dar.

Durch die Analyse dieses Biogramms wird die »Biografie des Unternehmens im Kopf« zugänglich. Diese Biografie ist mehr als die Summe der Erfahrungen der einzelnen Mitarbeiter. Sie erlaubt die Rekonstruktion dessen, was im Unternehmen aus jahrelangen Erfahrungen gewachsen ist: Verhaltensweisen und Mentalitäten, Werteskalen und Annahmen über die Zukunft. Denn in der Geschichte des Unternehmens im Kopf liegen die Erfahrungen verborgen, die die Grundlage dafür bilden, was in der Zukunft wahrscheinlich ist.

»Bei uns steht der Dienstleistungsgedanke im Vordergrund« ist schnell formuliert, »Im Team sind wir stark« und ähnliche Formulierungen sind einprägsam, aber Erfahrungen sind prägend. Und auf sie kommt es in der »Biografie im Kopf« an: Wer die Vergangenheit in seine Anstrengungen zur Veränderung mit einbezieht, kann Strategien entwickeln, um die Zukunft zu gestalten. Wer herleitet, wie es zur Gegenwart kam, kann aufbauen auf dem, was er vorfindet, Prozesse entwickeln und so die richtigen Ansatzpunkte finden für nachhaltiges Change Management.

 ### Das Kaninchen und die Mangofrucht

Ein kleines Kaninchen erwachte nach einem Mittagsschlaf von einem heftigen Donnerschlag. Es lief davon und rannte um sein Leben. Ein anderes Kaninchen hielt es an und fragte: »Warum rennst du weg?« »Die Erde bricht auseinander! Folge mir! Schnell!« Vor lauter Schrecken fing auch das andere Kaninchen an zu rennen.

Bald folgten dem Kleinen Hunderte von hoppelnden Kaninchen, ein Reh, ein Büffel, ein Tiger, ein Elefant und ein Rhinozeros. »Die Erde bricht auseinander«, schallte es durch den ganzen Wald.

Ein Löwe sah, dass die Tiere einer Klippe am Meer zurannten und hielt sie auf, damit sie nicht ins Meer stürzten. »Wovor lauft ihr davon?« »Die Erde bricht auseinander!«, riefen die Tiere. »Wer von euch sah die Erde auseinanderbrechen?«, fragte der Löwe. Niemand wusste etwas zu sagen. Schließlich meldete sich das kleine Kaninchen, »Ich habe gehört, wie die Erde auseinandergebrochen ist.« »Wo warst du, als das geschah?«, fragte der Löwe. »Ich habe unter einem Mangobaum geschlafen, als der Boden unter mir bebte, und ich einen dumpfen Schlag hörte.«

»Komm, Kaninchen, spring auf meinen Rücken. Wir wollen herausfinden, was du gehört hast. Ihr anderen bleibt hier und rührt euch nicht von der Stelle, bis wir zurückkommen.«

Mit großen Sprüngen eilte der Löwe den ganzen Weg zurück zu dem Mangobaum, unter dem das Kaninchen geschlafen hatte. »Lass mich runter!«, rief das Kaninchen. »Ich habe Angst, noch näher heranzugehen!«

Der Löwe ließ das Kaninchen herunterspringen und ging dann ohne Furcht auf den Mangobaum zu. Er schaute sich um und sah den Platz, auf dem das Kaninchen geschlafen hatte. Dort lag eine große Mangofrucht, die vom Baum gefallen war.

»Die Erde bricht nicht auseinander! Es war nur eine Mangofrucht, die vom Baum gefallen ist und dich so erschreckt hat«, sagte der Löwe zu dem Kaninchen. »Lass uns so schnell wie möglich zurücklaufen und den anderen erzählen, dass sie in Sicherheit sind.«

erzählt nach: Das kleine Kaninchen und die Angst. Dharma Publishing Deutschland: Münster 1994.

Vom »Vorher« zum »Nachher«: Das zentrale Ereignis

Was haben die Vertreibung Adams und Evas aus dem Paradies, der Brudermord Kains an Abel und die jungfräuliche Geburt Jesu durch Maria gemeinsam? All diese Geschehnisse hängen in einem Punkt zusammen: Würde jemand aus einem anderen Kulturkreis das erste Mal eine Bibel lesen, und in diesem Exemplar würden bestimmte Seiten fehlen, könnte er sich keinen Reim darauf machen, was hier eigentlich passiert. All diesen Episoden liegt ein zentrales Ereignis zugrunde: das »Essen vom Baum der Erkenntnis«. Ohne dieses zugrunde liegende zentrale Ereignis zu kennen, machen all die anderen Geschehnisse keinen Sinn.

Auch in unserer Biografie finden wir Ereignisse, die unsere persönliche Geschichte in ein Vorher und Nachher teilen: Wann zum Beispiel hat man sich das erste Mal »erwachsen« gefühlt? Die offizielle Grenze zum Erwachsenen, der 18. Geburtstag, wird trotz Wahlberechtigung und Auto-Führerschein bei den wenigsten Menschen in einer Erzählung so hervorgehoben werden wie ein Ereignis, das für ihn den Übergang zum Erwachsensein markiert. Das kann die erste Liebe sein, »das erste Mal«, eine Reise mit Freunden oder der erste Kuss: Es werden vielleicht noch viele weitere Küsse im Leben folgen, aber dieser bedeutet für den »betroffenen« Menschen das Überschreiten einer Grenze. Danach ist alles anders. Die Kindheit ist de facto zu Ende, man ist jetzt, auch wenn man vielleicht noch lange Eiscreme bevorzugt und natürlich im Haus der Eltern wohnen bleibt, dem Erwachsen-Sein näher als dem Kind-Sein. Die Eltern oder Tanten, die dieses zentrale Ereignis in der Regel nicht mitbekommen haben, behandeln die Person weiterhin als Kind oder Teenager, handeln sich aber nun zu ihrer Überraschung deren Widerwillen ein.

Auch die Biografie des Unternehmens im Kopf ist nicht nur ein Nacheinander nach dem »und dann«-Schema: Immer findet sich im Biogramm eines Unternehmens ein herausragendes, zentrales Ereignis, das die erzählte Geschichte in ein »Vorher« und ein »Nachher« teilt. Dieses Ereignis kann, muss aber nicht auch in der offiziellen Biografie des Unternehmens eine Rolle spielen.

Ein zentrales Ereignis steht hierarchisch höher als andere und schlägt sich auf das Gesamtgefüge und alles was folgt nieder. Weitere erzählte Ereignisse ordnen sich dem zentralen Ereignis unter. Sie sind entweder Geschehnisse, die erklären, wie es zu dem zentralen Ereignis gekommen ist, oder sie sind direkte oder indirekte Folgen dieses zentralen Ereignisses.

Dass es immer ein zentrales Ereignis gibt, hängt mit der Biografie als Erzählung zusammen. Wenn wir erzählen, erzählen wir immer einen Prozess der Veränderung: vorher war es so, nachher so. Vorher haben sie sich nicht gekannt, nachher waren sie ein Liebespaar; vorher war die Welt in Ordnung, dann ist ein Mord geschehen; vorher war Friede, nachher war Krieg. Achten Sie doch einfach einmal darauf, wenn Sie selbst Ihren Freunden etwas erzählen: Immer ist es die Geschichte einer Veränderung, eines Übergangs von einem vorherigen zu einem nachherigen Zustand. Das liegt daran, dass wir nur erzählen, wenn sich etwas verändert; »Erzählung« und »Geschichte/Historie« sind Synonyme für das Rekapitulieren von Veränderungsprozessen. Und da wir im erzählenden Rekapitulieren der Vergangenheit alle Veränderungen, von denen wir erzählen, nach ihrer Wichtigkeit ordnen, auch wenn uns das beim Erzählen nicht bewusst ist, gibt es immer ein wichtigstes, ein zentrales Ereignis, das die Geschichte des Unternehmens im Kopf prägt. Interessant dabei ist, dass die Mitarbeiter eines Unternehmens in ihren Erzählungen zu einem sehr großen Prozentsatz die erzählten Ereignisse in ähnlicher Weise nach ihrer Wichtigkeit ordnen: In einer Untersuchung des Unternehmens im Kopf zeigt sich meist schon nach wenigen Erzählungen, was das zentrale Ereignis in der Biografie des Unternehmens ist.

Ein Beispiel:

Bei einem mittelständischen Unternehmen wurde von den Mitarbeitern die Gründung durch fünf Gesellschafter erzählt. Im Laufe der Zeit verließen drei dieser Gründer das Unternehmen. Nach deren Ausscheiden wurde die Firma über einen längeren Zeitraum von einer Doppelspitze geleitet.

Schließlich schied auch Herr L. aus diesem Führungsduo aus und das Unternehmen hatte nur noch einen Chef. Interessant war, dass in jeder Mitarbeitererzählung dieses Ausscheiden von Herrn L. vorkam, auch bei den Mitarbeitern, die es gar nicht mehr erlebt hatten, weil sie erst seit kurzer Zeit im Unternehmen waren. Der Weggang der drei anderen, schon früher ausgeschiedenen Gesellschafter wurde dagegen nur sehr vereinzelt bei wenigen Mitarbeitern am Rande erwähnt.

Die offizielle Funktion von Herrn L. war es, den Vertrieb zu leiten. Nach seinem Weggang brauchte man also einen neuen Vertriebsleiter. Doch die Suche nach einem geeigneten Mann gestaltete sich den Erzählungen nach als äußerst schwierig:

> »… also dann haben wir einen Nachfolger für den Herrn L. gesucht, hatten den auch schon im Unternehmen, der war dann ein halbes Jahr da … Und dann hatte das dem Herrn K. aber nicht gefallen dessen Arbeit, dann hat er jemanden anders wieder geholt, der dann wieder für alles zuständig war, und der hat dann seinen Nachfolger selber gesucht, … Dann kam jemand, der war dann fünf Monate da und dann hat man wieder ein halbes Jahr einen Nachfolger gesucht und jetzt ist also der Herr S. da seit einem halben Jahr. … Also insofern ist der Herr L. unersetzbar.«

Das Abwechseln der Nachfolger wird als »der hat nicht gepasst«, »den mochte der andere Geschäftsführer nicht« etc. beschrieben. Für die Mitarbeiter teilte sich die Geschichte des Unternehmens ganz klar in eine Zeit vor dem Weggang von Herrn L., in dem relative Konstanz im Unternehmen geherrscht hatte, und in eine Zeit nach seinem Weggang, die bis »heute« andauert und sich durch Fluktuation auszeichnet. Das Ausscheiden von Herrn L. gliederte alle Erzählungen in ein »Früher« und ein »Jetzt«, was uns zeigte, dass dies das zentrale Ereignis in der Unternehmensgeschichte war.

Warum war es nun so schwierig, einen neuen Vertriebsleiter zu finden? Warum konnten sich auch bewährte Fachleute nicht lange in diesem Job halten? Denn es war höchst unwahrscheinlich, dass man gleich so oft bei der Besetzung dieser Position »Nieten« gezogen hatte.

Die Tatsache, dass Herr L. für die Mitarbeiter offenbar so wichtig gewesen war, dass sein Weggang zum zentralen Ereignis der ganzen Geschichte des Unternehmens im Kopf geworden war, führte uns bei der Analyse der Erzählungen auf die richtige Spur. Vielleicht, so überlegten wir, sucht das

Unternehmen ja in Wirklichkeit nicht nur einen neuen Vertriebsleiter, sondern einen »zweiten Herrn L.«. Und das war natürlich eine Position, die niemand, wie gut er auch im Vertrieb war, ausfüllen konnte, denn Herr L. verkörperte für die Mitarbeiter eine ganze Reihe von Qualitäten:

> »... beim ersten Mal hat es nicht gepasst, und ich denke auch der erste Nachfolger von Herrn L. konnte nur danebenliegen, also jetzt im Nachhinein wenn man das so sagt: einfach jemand, der so charismatisch und so in die Welt auch gedrängt hat, und vorangetrieben hat usw.; und dann der Nachfolger zu sein ist natürlich jetzt eine schwierigere Aufgabe.«

> »Was eigentlich gefehlt hat oder was letztendlich die Geschichte, die der Herr L. irgendwann mitverkörpert hatte, war ein Typ, also jemand der powert, der puscht und Dinge voranbringt. Es ist (der jetzige Nachfolger) jemand, der powert und vorangeht und von der Seite jemand, der das Spektrum (der Firma) durchaus bereichert, auf der anderen Seite bringt er Faktoren mit rein, ... da bin ich im Augenblick nicht gerade so ganz glücklich damit, weil er auch, und das unterscheidet ihn auch von Herrn L., neben anderen Dingen, jemand ist, der relativ kalt den Leuten gegenüber agiert.«

Herr L. war also jemand, der charismatisch den Spirit des Unternehmens nach außen trug und ihn auch nach innen verkörperte. Er war für die Mitarbeiter, mit denen er auf warme, menschliche Art umging, gewissermaßen die Fleisch gewordene Unternehmensphilosophie. Damit erklärt sich auch, warum sein Weggang das zentrale Ereignis darstellt: Seit diesem Weggang fehlt die Kommunikation und die Präsenz des Spirits im Unternehmen. Das »Früher« unterscheidet sich also vor allem durch folgende Merkmale vom »Jetzt« ohne ihn:

Zentrales Ereignis

»früher«	»jetzt«
• Präsenz von Charisma	• Absenz von Charisma
• Kommunikation der Unternehmensphilosophie nach innen und außen	• Unternehmensphilosophie wird kaum kommuniziert

»Unersetzbar« ist Herr L. also, was die Kombinatorik der Merkmale betrifft, die er in seiner Person vereinte: Er hat das Unternehmen nach außen gepuscht, er hat den Mitarbeitern Anerkennung und Motivation vermittelt und den Vertrieb geleitet. Als Nachfolger wird an der Oberfläche zwar eine Person für seine *offizielle* Funktion als Leiter des Vertriebs gesucht – doch unbewusst sucht man genau die Merkmale, die Herr L. repräsentierte, wieder in *einer einzigen Person* vereint. Und das kann natürlich der beste Vertriebsmann nicht leisten.
Als man sich im Unternehmen dieser Zusammenhänge bewusst wurde, ver-

stand man plötzlich, warum es diese große Fluktuation bei den Vertriebs-leitern gab. Man wird sich in Zukunft auch mit einem Vertriebsleiter an-freunden, der eben nur das ist. Und man wird es aufgeben, einen »zweiten Herrn L.« zu suchen, und statt dessen darüber nachdenken, wie die Qualitä-ten, die Herr L. neben seiner Vertriebstätigkeit für das Unternehmen reprä-sentiert hatte, auf andere Weise in der Unternehmenskultur institutionali-siert werden können.

Auf der Basis unserer Analyse entwickelte dieses Unternehmen einen Pro-zess, in dessen Verlauf man die Philosophie und die Werte des Unterneh-mens, die man bisher nur in der Person des Herrn L. verkörpert sah, sich »bewusst« machte und niederschrieb. Das Unternehmen wird durch diesen Prozess »erwachsen«, weiß selbst, was sein Handeln bestimmt und muss nicht länger dem »verlorenen Vater Herrn L.« nachtrauern.

In der Geschichte versteckte Probleme

Die guten Gärtner

Wie schön	Ich klaube Raupen ab
dass wir Hand in Hand	Du bringst ihm Wasser!
in den Garten gehen	Wie grün er wäre
und unseren jungen Baum	wenn wir ihm nicht
begießen	die Wurzel
	abgehackt hätten

Erich Fried: Liebesgedichte. Berlin: Wagenbach 1979, S. 31

Der Baum in diesem Gedicht von Erich Fried will nicht mehr grünen, ob-wohl sich Profis um ihn kümmern: Die guten Gärtner tun alles, was not-wendig ist, doch ohne Erfolg. Die Ursache dafür erfahren wir am Ende des Gedichts: Wenn ein Baum keine Wurzel mehr hat, nützt alles hegen und pflegen nichts. Das unter der Erde und in der Geschichte des Baumes »ver-steckte« Erfolgshemmnis macht alle Bemühungen an der »Oberfläche« des sichtbaren Baumes zunichte. In dem zitierten Gedicht ist bereits Hopfen und Malz verloren, das Problem der fehlenden Wurzel lässt sich nicht mehr lösen. Den Vergleich wollen wir deshalb nur auf das versteckte Problem beziehen, das man erkennen muss, wenn man die an der Oberfläche ent-standenen Folgen beseitigen will.

Ein Hemmnis, das in der Geschichte verborgen ist und der möglichen Lö-sung eines in der Gegenwart aufscheinenden Problems im Wege steht, sehen wir am Beispiel eines »heruntergekommenen« Viertels in einer norddeut-schen Stadt:

Seit den siebziger Jahren ist in dieser Stadt das Bahnhofsviertel ein Problem: Zwielichtige Kneipen siedeln sich an, die Mietshäuser sehen schäbig aus, Familien sind längst weggezogen, die Geschäfte gehen nach und nach ein, stattdessen entstehen Spielhöllen oder dubiose Läden. Die Stadtverwaltung sieht das als Problem und möchte seit einigen Jahren etwas dagegen tun. Verschiedene Maßnahmen, unter anderem die Errichtung attraktiver Einkaufspassagen und schöner Grünflächen, greifen aber nicht wie gewünscht. Die Geschäfte werden nicht angenommen, die Grünflächen liegen öde da und stehen bald im Ruf, dass dort Drogen gehandelt werden und ähnliches. Warum greifen die Maßnahmen der Stadt nicht? Weil sie nicht da ansetzen, wo die Ursache des Problems liegt: In den Siebzigern hatte die Stadt eine vierspurige Umgehungsstraße gebaut, weil die Straßen ständig verstopft waren. Diese Stadtautobahn schneidet seitdem das Bahnhofsviertel von der übrigen Stadt ab. Im Lauf der Jahre haben sich Bahnhof und Stadt in den Köpfen der Bürger vollkommen getrennt, zum Bahnhof fährt man nur mit dem Auto oder dem Bus, wenn man zum Zug will. Das Stadtleben spielt sich dort für die Einwohner nicht mehr ab. Das Viertel gehört nicht mehr »dazu«. Die Verwahrlosung des Viertels könnte also nur auf Dauer rückgängig gemacht werden, wenn man den Bahnhofsbereich wieder ins Stadtleben integrieren würde.

An diesem Beispiel sieht man auch, dass planvolle Maßnahmen in dem einen Bereich (hier der Straßenverkehr) oft in ganz anderen Bereichen ungeplante Auswirkungen haben. Führen diese Auswirkungen dann zu Problemen, ist die eigentliche Ursache oft kaum mehr rekonstruierbar. Mit Peter Senge (»Die fünfte Disziplin«) könnte man auch sagen: Die Lösungen von heute sind oft die Probleme von morgen.
Auch in der Geschichte des Unternehmens im Kopf liegen oft solche versteckten Erfolgshemmnisse verborgen. Wenn weder Führungskräfte noch Mitarbeiter die zugrunde liegenden Regularitäten eines an der Oberfläche sichtbaren Problems wirklich kennen, setzen Lösungsversuche immer nur an den sichtbaren Folgen an. Die richtigen Hebel- und Ansatzpunkte für konstruktive Veränderungen und langfristige Verbesserungen liegen aber auf der Ebene der »versteckten« Ursache.

Die schmutzigen Nester

Eine Taube wechselte ständig ihr Nest. Der scharfe Geruch, den die Nester im Laufe der Zeit entwickelten, war für sie unerträglich. Darüber beklagte sie sich bitter bei einer weisen, alten, erfahrenen Taube. Diese nickte mehrmals mit dem Kopf und sagte: »Durch ständigen Wechsel der Nester änderst du nichts. Der Geruch, der dich stört, kommt nicht von den Nestern, sondern von dir selbst.«

aus dem Persischen, zitiert nach: Nossrat Peseschkian, aus: Der Kaufmann und der Papagei. © Fischer Taschenbuchverlag GmbH, Frankfurt am Main, 1979.

Ein Manager, der erst seit relativ kurzer Zeit im Unternehmen ist, berichtete uns, dass seine Mitarbeiter extrem umsetzungsschwach seien. Auch die Mitarbeiter, die an einer Storytelling-Analyse teilnahmen, beschrieben den Bereich als umsetzungsschwach. Insofern könnte man sagen, dass alle Beteiligten das Problem erkannt haben. Die »Lösung« des Managers sah nun so aus, dass er auf vermehrten Druck setzte, um gegen die »Umsetzungsschwäche« in seinem Bereich anzugehen – allerdings bis dahin mit relativ wenig Erfolg.

Die Analyse des Unternehmens im Kopf zeigte nun, dass die »Umsetzungsschwäche« auf einer Regularität beruhte, die sich den Mitarbeitern durch jahrelange Erfahrung eingeprägt hatte. Sie hatten es in der unmittelbaren Vergangenheit mit einer Vielzahl von neuen Konzepten zu tun gehabt. Jedes Mal hatten sie sich an die Umsetzung gemacht, doch ihre Anstrengungen waren auch jedes Mal wieder unterbrochen worden, sobald ein neues Konzept vorlag. Jahrelang wechselten die Konzepte, keines wurde wirklich bis zum ursprünglich angepeilten Ziel durchgezogen.

Bei den Mitarbeitern hatten diese jahrelangen Erfahrungen Spuren hinterlassen. Ihre scheinbare Umsetzungsschwäche beruhte auf einer Regel im Unternehmen im Kopf, die in etwa lautete: »In unserem Unternehmen führen Versuche, etwas zu verändern, stets ins Leere.«

Als nun der neue Manager kam, konfrontierte er die Mitarbeiter ebenfalls mit einem neuen Plan, mit dem er den Bereich nach vorne bringen wollte. Dass niemand sich sofort begeistert an die Umsetzung machte, konnte er sich nur mit »Umsetzungsschwäche« erklären: er kannte die Vorerfahrungen der Mannschaft nicht. Durch Druck oder durch Appelle ist das Problem nicht zu lösen. Es bedarf deutlicher Signale, dass der jetzige Plan auch durchgehalten wird. Die fatale Regel kann sich dann durch neue, andere Er-

fahrungen auflösen. Gerade an diesem Beispiel wird deutlich, dass Erfolgshemmnisse oft in der Geschichte des Unternehmens im Kopf verborgen
sind. Erst aus den Erzählungen der verschiedenen Mitarbeiter konnten sie
erschlossen werden. Natürlich hätte der neue Manager sich auch zunächst
umhören können, welche Erfahrungen in diesem Bereich bisher mit Plänen
und ihrer Umsetzung gemacht wurden, bevor er einen neuen Plan ansetzte.
Voraussetzung dafür wäre aber erstmal überhaupt eine Sensibilität dafür,
dass Vorerfahrungen das Verhalten der Mitarbeiter in der Gegenwart prägen.

Nur noch nach vorne schauen

»Lassen wir die Vergangenheit ruhen; jetzt gilt es, in die
Zukunft zu schauen.« Diesen Satz kann man oft von
Managern zu hören bekommen, wenn es darum geht,
Veränderungen zum Besseren im Unternehmen herbeizuführen.
Sicher ist es unbedingt nötig, eine Vision davon zu haben, wie die Zu-
kunft aussehen sollte, Ziele zu kommunizieren, die man erreichen
möchte. Aber eine »Stunde Null« gibt es nicht, und die Vergangenheit
lässt sich nicht durch den Aufruf, ab jetzt sollten alle nach vorne
schauen, auslöschen.
Die »Nach-vorne-Blicker« machen meist geltend, dass sich durch technische Innovationen, Konkurrenzdruck oder »die Globalisierung« die
Lage so grundlegend verändert habe, dass die gemachten Erfahrungen
und die bekannten Strukturen nun völlig veraltet seien.
Diese Argumentation ist ein zweischneidiges Schwert: Denn entweder
glaubt man tatsächlich, dass sich heutzutage die »Welt da draußen«
über Nacht radikal verändern kann – dann werden Zukunftsstrategien
sinnlos. Oder man muss folgern, dass das Management diese umfassenden Veränderungen viel zu spät wahrgenommen und die ersten Anzeichen des Wandels verschlafen hat – dann ist das Vertrauen in die
Kompetenz der Führung erschüttert.
Es führt kein Weg daran vorbei, sich der Geschichte zu stellen, die dazu geführt hat, dass etwas geändert werden muss. Es gilt zu sondieren,
was sich bewährt hat, wo Fehler gemacht wurden, und herauszufinden, an welchem Punkt einer Entwicklung man sich gerade befindet,
wenn Wandel Erfolg haben soll. Etwas »neu« und »besser« tun kann
man nur vor dem Hintergrund dessen, was man bisher getan hat und
wie man es getan hat. Es gibt keinen Wandel vom Nullpunkt aus und
keine Zukunft ohne Vergangenheit und Gegenwart.

Was die Mitarbeiter bisher erlebt haben, führte zu tief verwurzeltem Erfahrungswissen, das heute das Tagesgeschäft mitsteuert. Wer neu ins Unternehmen kommt, neigt dazu, das als »Stunde null« zu begreifen: jetzt die Ärmel hochkrempeln und den Bereich mit neuen Maßnahmen nach vorne bringen. Ob die Mannschaft der neuen Führung vertraut, ob sie mitzieht, ob sie wirklich glaubt, dass es sich lohnt, mit dem »Neuen« an einem Strang zu ziehen, hängt davon ab, was sie bisher mit Führungskräften und Plänen erlebt hat. Wenn man diese Erfahrungen kennt, kann man am richtigen Punkt ansetzen und Fehler vermeiden.

 ### Die eigene Geschichte »nachkalkulieren«

»Einen Fehler machen und ihn nicht korrigieren – das erst heißt wirklich einen Fehler machen.«

Konfuzius

Wem erst einmal die Bedeutung der eigenen Geschichte für das Unternehmen im Kopf klar geworden ist, der kann anfangen, diese Geschichte aktiv in die Steuerung des Unternehmens mit einzubeziehen.

Das grundlegende Instrument dafür ist eine regelmäßige Nachkalkulation der eigenen Geschichte.

Einmal im Jahr sollten sich die Leitungsgremien der verschiedenen Bereiche oder gemischte Gruppen quer durch die Hierarchien für einen solchen – sinvollerweise professionell moderierten – Workshop Zeit nehmen. Die Phase unmittelbar nach dem Geschäftsjahresabschluss bietet sich hierfür an.

Die Teilnehmer tragen auf einer Zeittafel, die das (Geschäfts-)Jahr abbildet, zunächst ein, was aus ihrer Sicht die wichtigsten Ereignisse des Jahres waren.

Danach werden die verschiedenen Nennungen nach Kategorien geordnet:
• Welche externen Ereignisse wurden als wichtig wahrgenommen (Veränderungen auf dem Markt, beim Kunden, bei der Konkurrenz etc.)?
• Welche internen Veränderungen waren bedeutsam (Weggang von Kollegen, Führungsfiguren, Experten; Wandel in der Stimmung; Innovationen; Probleme; Strukturwandel)?
• Welche davon beruhten auf aktiven Entscheidungen? Auf welche Ereignisse hat man wie reagiert?

Die nächste Phase gilt den Entscheidungen. Es wird gemeinsam analysiert:

- Wann haben wir Entwicklungen und Handlungsbedarf erstmals wahrgenommen?
- Wann haben wir entschieden?
- Warum haben wir diesen Weg gewählt und nicht den anderen? Mit welchem Ergebnis?
- Sehen wir heute Alternativen, die wir damals nicht gesehen haben?
- Wie sieht im Rückblick die Begründung aus? Gelten diese Begründungen noch?
- Würden wir heute Entscheidungen anders begründen?

Ein wichtiger Aspekt dabei ist die offene Reflexion der Prozesse. Die Teilnehmer müssen sich ehrlich fragen, was sie damals dachten, welche Einwände, Beurteilungen ihnen durch den Kopf gegangen waren, die sie damals nicht geäußert hatten, an welche Szenarien und Prognosen sie damals glaubten etc.

Der Prozess endet mit einem kritischen Abschluss-Check: Die Konsistenz mit dem eigenen Leitbild und die Stringenz der eigenen Entscheidungen im Hinblick auf die gesetzten Ziele wird überprüft.

Die Aufzeichnungen aus dieser regelmäßigen Nachkalkulation der eigenen Geschichte können – etwa in einer entsprechenden Datenbank – archiviert werden und bilden eine wichtige Orientierungshilfe für das Unternehmen: Welche Entscheidungen, die »eigentlich« schon einmal getroffen wurden, stehen wieder an? Sie können zeigen, ob in gewissen Bereichen ein Schlingerkurs gefahren wird, ob das Unternehmen eher proaktiv als reaktiv agiert, welchen Stellenwert Unternehmenskultur und Leitbild haben etc. Neue Führungskräfte erhalten einen schnellen Überblick über Maßnahmen und Entwicklungen der letzten Jahre und den internen Kurs. Und nicht zuletzt ist eine solche Nachkalkulation der Geschichte ein wichtiges Instrument, um Fehler aufzuspüren, Fehlerkorrekturen sichtbar zu machen und die Wiederholung von Fehlern zu vermeiden.

In der Geschichte verborgene Chancen

Einen wirklichen Ansatz zur Lösung eines versteckten Problems gefunden zu haben, bedeutet die Chance auf eine langfristige und dauerhafte Verbesserung. So gesehen kann man auch die Möglichkeit zur Entdeckung versteckter Probleme zu den versteckten Chancen zählen. Manchmal liegen die

Erfolgsfaktoren einer Firma aber teilweise ebenso unerkannt im Dunkeln wie im oben angeführten Beispiel das Problem.

Ein seit über zehn Jahren erfolgreiches Unternehmen der IT-Branche hat vor seinem Börsengang eine Analyse des Unternehmens im Kopf durchführen lassen. Bevor die mit der AG-Gründung zu erwartende Vergrößerung und Erweiterung anstand, sollte festgehalten werden, welche Faktoren das Unternehmen bisher geprägt hatten. Die Analyse erbrachte unter anderem als identitätsstiftenden Faktor im Unternehmen, dass alle Bereiche und Gruppen der Firma bisher ihren Anteil am Erfolg gesehen haben. Die Zusammenarbeit aller war für die Mitarbeiter ein wesentlicher Faktor für Motivation, Selbstbewusstsein und Bindung an das Unternehmen. Im Rahmen der AG-Gründung wurde nun auch eine Veränderung der Vertriebsphilosophie gefordert. Ein Konzept nach amerikanischem Modell sah vor, dass alle anderen Bereiche im Unternehmen dem Vertrieb als »Speerspitze« zuarbeiten sollten. Diese Forderung, das bisher sehr erfolgreiche Modell des Zusammenarbeitens durch ein neues Modell des »Zuarbeitens« zu ersetzen, löste aber bei der Mehrzahl der Mitarbeiter erhebliche Irritationen aus. Die Umsetzung dieses Konzeptes, so war abzusehen, würde Folgen haben, die nicht nur den Vertrieb betreffen, sondern das gesamte Unternehmen: das bisherige Gleichgewicht in der Firma würde erheblich erschüttert. Auch die Folgen auf der Ebene der Motivation und der Mitarbeiterbindung an das Unternehmen waren absehbar (was um so schwerer wog, als das Unternehmen eine Vielzahl gesuchter Spezialisten beschäftigte). Die für viele Mitarbeiter attraktive Unternehmensidentität, die bisher wesentlich auf einer Kooperations-Philosophie des gemeinsamen Erfolgs und einem egalitären Miteinander beruht hatte, würde auf diese Weise untergraben werden. Die Veränderung auf der Ebene des Vertriebes würde also Folgen im gesamten Unternehmen nach sich ziehen. Der »unverwechselbare« Spirit, der das kleine Unternehmen mit seinen etwa 50 festen und vielen freien Mitarbeitern bei den Kunden so erfolgreich gemacht hatte, würde verloren gehen. Die Analyse machte die Erfolgschance, die in der Kultur der gleichberechtigten Zusammenarbeit verborgen lag, deutlich; das neue Vertriebsmodell wurde daraufhin nochmal überdacht.

Gleichzeitig wurde sehr deutlich, dass der Vertriebsleiter sein Ziel, dem Vertrieb neue Energie und Ressourcen zu geben, durch die Art seiner Kommunikation selbst torpedierte. Je eindringlicher er forderte, alle anderen müssten sich der »Speerspitze Vertrieb« unterordnen, desto mehr Widerstand löste er aus – selbst bei den eigenen Vertriebsleuten. Denn auch sie identifizierten sich noch mit der alten Kooperationskultur des Unternehmens. Beim Abschluss-Workshop zur Studie konnte dem Vertriebsleiter vermittelt werden, dass nur eine Argumentation im Sinne der Core Values des Unternehmens (»Wir müssen dem Vertrieb helfen ...«) zum Erfolg führen würde.

Prägung:
Verdichtete Erfahrungen

Was ist Prägung?

»Das hat mich geprägt« – eine Geschichte mit dieser Überschrift hat wohl jeder zu erzählen. Gemeint ist in der Regel ein Mensch, ein Lebensabschnitt oder ein Erlebnis. Ganze Generationen verhalten sich ähnlich und teilen die Einstellung zu bestimmten Dingen, weil sie von der gleichen Zeit und vergleichbaren Erfahrungen geprägt wurden: Prägungen sind nichts anderes als ein unausgesprochenes, erworbenes Konzept, das dem Verhalten zugrunde liegt. Und Erfahrungen sind die Basisdaten für dieses Konzept: Großmutter und Enkel etwa sind von völlig anderen Erfahrungen bezüglich Brot, Geld und Kleidung geprägt.

	Großmutter	Enkel
Brot:	wertvolles, zeitweise rares Grundnahrungsmittel	eine Variation von Essen
Geld:	schwer verdientes Gut	Zahlungsmittel
Kleidung:	Gebrauchsgut	Mittel der Selbstdarstellung

Kein Wunder also, wenn sie sich diesen Dingen gegenüber auch verschieden verhalten: kein Brot wegwerfen, altes Brot aufbrauchen bevor man neues kauft, Geld sparen, Anschaffungen planen, Kleidung pflegen und auftragen und andere Weisheiten der Oma wird der Enkel kaum verstehen. Essen stehen lassen und dann einen Burger holen, das Konto für einen Spontankauf überziehen, Markenkleidung kaufen, obwohl der Schrank schon übervoll ist: darüber regt sich die Großmutter auf.

Prägungen bestimmen unser Verhalten aber oft weit über den Zeitraum hinaus, in denen wir das Konzept für unser Verhalten gebildet haben und entziehen sich hartnäckig Veränderungsversuchen durch Worte.

Geld

Unsere Situation in Deutschland ist etwas heikel ... Ich beziehe mich auf die finanzielle Erziehung der Familie. Kein Brasilianer bückt sich, um eine Münze vom Boden aufzuheben. Meine Kinder benutzen Münzen zum Beispiel nur, um Türen zu stoppen, damit zu rasseln, Ausgüsse zu verstopfen oder einander zu bewerfen. Aber jetzt sind wir in Deutschland ... und Geld (ist) hier Geld ...

Die unvermeidliche Erziehungskampagne, die wir in Angriff nahmen, war zu Beginn recht schwierig. Zu brüllen »das ist Geld, das ist Geld!« erwies sich als unnütz, denn selbst übersetzt bedeutet Geld in Brasilien gar nichts. Wir veranstalteten also verschiedene häusliche Erziehungsseminare, um mehr Achtung vor einem Pfennig einzuflößen, aber es half nichts. Wir beschlossen, jeder Münze einen Namen zu geben. Das hier ist Frau Wein, die Lehrerin unseres Sohnes Bento ... Diese hier, das ist Marc, dein Freund aus der Schule, willst du Marc etwa aus dem Fenster werfen? ... Neulich, als die Kassiererin im Supermarkt mich um ein Fünfzigpfennigstück bat, ... (protestierte) Benno: Nicht Frau Wein ...! Ich stimmte zu, verwahrte sorgfältig Frau Wein und tat sie zurück auf den Münzhaufen, den ich in meinem Arbeitszimmer habe, zu Ute, Marc, Michi, ... und all den anderen deutschen Freunden.

zitiert nach: Joao Ubaldo Ribeiro, aus: Ein Brasilianer in Berlin. Ü: Ray-Güde Mertin. © Suhrkamp Verlag Frankfurt am Main 1994, S. 29 ff.

Die Kinder in der obenstehenden Geschichte nahmen die prägenden Erfahrungen mit den durch die Inflation wertlos gewordenen Münzen aus Brasilien mit nach Deutschland. Dort gehen sie mit dem wertvollen 5-DM-Stück genauso um, wie früher mit den Münzen in Brasilien, weil sie dort gelernt und erfahren haben, dass man sich für Münzen nichts kaufen kann. Man könnte sie haufenweise sparen, es wäre nicht genug, um sich einen Herzenswunsch zu erfüllen. Erst wenn die Kinder dann mit ein paar Groschen ein Eis kaufen oder für ein 5-DM-Stück ein Comic-Heft und eine Tafel Schokolade bekommen, werden sie Münzen so schnell nicht mehr aus dem Fenster werfen. So wie hier elterliche Hinweise auf den »Wert« des Geldes nichts fruchten, wird sich niemand von seinem Verhalten einfach lösen, wenn er nur *gesagt* bekommt, dass sich etwas verändert hat. Man muss es selbst wiederholt erleben, bis sich aus den neuen Erfahrungen wiederum ein neues Konzept herausbildet, das die Grundlage für ein neues Verhalten wird.

Das Erleben, die Erfahrungen, die das Unternehmen im Kopf prägen, haben dieselbe »Beharrungskraft«. Wer etwas verändern möchte, sollte sich dafür interessieren, welche Auswirkungen diese Prägungen auf den Unternehmensablauf haben. Vor allem dann ist es wichtig, die Vorerfahrungen der Mitarbeiter zu kennen, damit ein Wandel eingeleitet werden kann, der auch wirklich im Unternehmen im Kopf ankommt. Denn die schnellen Wechsel, wie sie Umstrukturierungen oder Strategieänderungen mit sich bringen, überrollen nicht selten das Erfahrungswissen der Menschen in den Unternehmen. Was auf dem Strategiepapier noch so einleuchtend war, scheint dann in der Realität oft nicht effektiv zu sein. Nicht unbedingt, weil die Maßnahmen falsch waren, sondern weil das Unternehmen im Kopf nicht durch Worte und Absichten zu verändern ist, sondern nur durch das Ermöglichen von neuen Erfahrungen.

Prägungen bestimmen den Fokus der Wahrnehmung

Neue Erfahrungen können die zurückliegenden bestätigen, irritieren oder widerlegen. Ersterer Fall ist der wahrscheinlichste: »genau«-Erlebnisse scheinen ständig zu bestätigen, was wir schon wissen. *Was* wir wahrnehmen, *wie* wir etwas wahrnehmen und was wir aus dem Wahrgenommenen schließen, hängt sehr mit unseren bisherigen Erfahrungen, der Prägung in einer Kultur, einer Gruppe, einem Unternehmen zusammen. Denn unsere Wahrnehmung von »Realität« hängt von Vorannahmen und Einstellungen ab, die von bisherigen Erfahrungen beeinflusst sind. Ein Italien-Fan sieht überall nur dolce vita und heitere Gelassenheit, wenn er gen Süden reist. Dem Kritiker fallen dagegen sofort die unzuverlässige Stromversorgung, die chaotischen Autofahrer oder die langsame Bedienung auf.

Der Axtdieb

Ein Mann hatte seine Axt verloren und vermutete, dass der Sohn des Nachbarn sie ihm gestohlen hätte. Er beobachtete ihn daher genau: Sein Gang, sein Blick war ganz der eines Axtdiebes. Alles, was er tat, sah nach einem Axtdieb aus. Einige Zeit später fand der Mann zufällig das Beil unter einem Bretterhaufen. Am nächsten Tag sah er den Sohn des Nachbarn: Sein Gang war nicht der eines Axtdiebes, auch sein Blick war nicht der eines Axtdiebes.

unbekannter Verfasser, China, zitiert nach: Schwarz auf weiß. Hannover: Schroedel 1979, S. 85.

Auch in der Welt des Unternehmens bestimmen Prägungen die Wahrnehmung. Die Handlungen und Äußerungen der Geschäftsleitung, Maßnahmen
und Veränderungen werden auf der Basis der Erfahrungen wahrgenommen,
die die Mitarbeiter bisher gemacht haben.
Eine Mitarbeiterin kommt in eine neue Abteilung. Bisher hat sie sich sehr
engagiert eingesetzt, damit aber folgende Erfahrung gemacht:

> »Wir haben eine Art Handlungsmatrix aufgestellt in Zusammenarbeit mit
> den Projektleitern. All die Problemkinder waren da aufgezeichnet. Das durf-
> ten wir dann auch vorm Bereichsvorstand vortragen, das kam also gut an.
> Und an der Ecke kommt jetzt ein bisschen ein trauriger Touch rein: es wurde
> vorgetragen, es wurde akzeptiert, es wurde genickt und es ist dann nichts pas-
> siert. Das ist jetzt Jahre her, es hat sich einfach nichts verändert. Und wir sind
> da rausgegangen mit einer irrsinnig hohen Erwartung, und es ist nichts pas-
> siert. Und das ist relativ häufig passiert, dass man Zusagen bekommen hat,
> dass man in Besprechungen ist und dass man den Eindruck kriegt, okay, alle
> sagen, dass wir da was ändern müssen, also wird sich auch was ändern. Und
> dann passiert doch nichts.«

Die wiederholte Erfahrung, die diese Mitarbeiterin in der bisherigen Abtei-
lung gemacht hat, ist:
• Erkannte Probleme werden nicht gelöst.
• Vermehrte Anstrengungen haben keine Auswirkungen.
• Vorgesetzte halten Zusagen nicht ein.

Die Mitarbeiterin hat inzwischen jedes vermehrte Engagement aufgegeben,
sie zieht sich zurück und leistet nur noch »Dienst nach Vorschrift«. Auch in
einer neuen Abteilung, in die sie sich wegbeworben hat, verhält sie sich weiter so, wie sie es inzwischen »gelernt« hat. Über die Situation in ihrer neuen
Abteilung erzählt sie Folgendes:

> »Und ähnlich war es auch in der nächsten Abteilung. Da wurden Studien er-
> stellt, Regionalstrategien, Wettbewerbsstrategien: manchmal wurden Sachen
> extrem schnell und konsequent umgesetzt und manchmal passierte am Ende
> gar nichts und man wusste irgendwie nicht, was ist jetzt los. Und dann, muss
> ich zugeben, hat sich bei mir so 'ne, also das war jetzt Anfang fünftes Berufs-
> jahr: man wird ein bisschen verbittert, misstrauisch, verbittert.«

In der neuen Abteilung ist es nach ihrer Schilderung eigentlich wesentlich
besser als in der alten. Hier werden Dinge manchmal »extrem schnell« umgesetzt. Die Mitarbeiterin nimmt aber vor allem diejenigen Geschehnisse
wahr, die in etwa nach den Strukturen ablaufen, die sie jahrelang erlebt hat.
In ihren Augen bestätigen sich ihre bisherigen schlechten Erfahrungen, was
die Umsetzung betrifft. Doch sie variiert oder ändert ihr Verhalten nicht,
indem sie sich nun beispielsweise wieder vermehrt einbringt, sondern sie
antwortet mit Verbitterung und Misstrauen auf die neue/alte Erfahrung
»manchmal passierte am Ende gar nichts«.

Um wiederholte Erfahrungen zu irritieren oder gar zu widerlegen, braucht es Zeit und eine gewisse Häufigkeit und Konstanz von neuen Erfahrungen, die dazu geeignet wären: Der Wirbel um das Umkippen der Autos der neuen A-Klasse etwa hat zwar für allgemeine Schadenfreude gesorgt, zu großen Vertrauenseinbußen der Kunden gegenüber der Marke Mercedes hat der missglückte Elchtest aber nicht geführt. Denn das Vertrauen in die Sicherheit eines »Mercedes« ist seit Jahrzehnten in der Öffentlichkeit so gefestigt, dass es durch ein einmaliges Ereignis nicht erschüttert wird. Das Image der Zuverlässigkeit wurde sogar noch bestätigt durch die Reaktion der Firma, die nun beste und teure Technik einbauen ließ, bevor die A-Klasse (zum alten Preis) ausgeliefert wurde.

Etwas anders ging es da der Deutschen Bahn: Erst das für europäische Verhältnisse unglaubliche Ausmaß des Unglücks von Eschede, dann gehäuft Berichte über Pannen, ständige Vorfälle, die den Mythos »Pünktlichkeit« torpedierten, Wirrwarr im Tarifsystem. Unsere Wahrnehmung ist so geschärft für jede Neuigkeit in die negative Richtung, dass man nur ein Gespräch über die Bahn zu beginnen braucht, um neue schlechte Erfahrungen zu hören. Dabei ist in letzter Zeit bei der Bahn natürlich nicht alles schief gelaufen: Tausende Züge fahren Tag für Tag pünktlich und sicher von A nach B. Aber eben nicht mit der zuverlässigen Pünktlichkeit, die jetzt notwendig wäre, um den »Virus« des Misstrauens zu kurieren.

Auch im Fall der erwähnten Mitarbeiterin waren die Erfahrungen in der neuen Abteilung nicht zuverlässig konstant: Manchmal wurde umgesetzt, aber manchmal eben auch nicht. Und ihre durch Prägung »geschulte« Wahrnehmung erkannte in erster Linie das Nicht-Umsetzen, was ihre bisherigen Erfahrungen scheinbar bestätigte.

Um Prägungen aufzulösen, bedarf es aber vor allem der Konstanz und Zuverlässigkeit von neuen Erfahrungen. Andernfalls bleibt das dem Verhalten zugrunde liegende Konzept gleich. Dies gilt natürlich nicht nur für einzelne Mitarbeiter, sondern verstärkt noch für Gruppen, Abteilungen oder ganze Unternehmen. Denn die Mitarbeiter tauschen sich natürlich über ihre Erfahrungen aus und versorgen sich dadurch gegenseitig noch mit »Belegzitaten« für ihre Prägungen – die Wahrnehmungsmuster vieler Einzelner werden so zum Wahrnehmungsmuster eines ganzen Unternehmens.

Prägung als Beschränkung

Warum handeln wir so und nicht anders? Weil wir davon ausgehen, dass das, was wir tun, Erfolg haben wird. So schwört der eine bei Erkältungen auf Schwitzkuren, der andere auf Vitamin C, der nächste auf eine Mixtur aus Whisky und Honig, und so weiter. Die Richtigkeit einer einmal gewählten Strategie hält der jeweilige Mensch deshalb für wahrscheinlich, weil es bisher eben »funktioniert« hat, der Schnupfen also irgendwann vorbeiging. (In Wirklichkeit ist gegen den Schnupfen, wenn man ihn erstmal hat, bekanntlich noch kein Kraut gewachsen.) Ob man mit einer einmal gewählten Strategie wirklich richtig liegt ist aber so lange unwichtig, wie sie »funktioniert«. Und was bisher eine »erfolgreiche« Strategie war, wird wieder angewendet.

Der Kommunikationsforscher Paul Watzlawick hat einen aufschlussreichen Versuch zur Ausprägung von vermeintlichen Erfolgsstrategien beschrieben:

Prägung und Verhalten

Mit bekanntermaßen lernbereiten Ratten wurde ein Versuch durchgeführt: die Nager sollten durch einen Gang laufen, und am Ende des Ganges öffnete sich dann eine Futterbox. Aber nur dann, wenn sie nach genau zehn Sekunden dort erschienen. Das fanden die Tiere schnell heraus. Da sie zum Durchqueren des Ganges lediglich zwei Sekunden brauchten, musste jede Ratte in der verbleibenden Zeit notgedrungen etwas machen: Die eine lief nochmal zurück, die andere drehte sich im Kreis, die dritte vollführte einen Sprung und ähnliches. Wenn man nun die Tiere ein weiteres Mal in den Gang schickte, vollführte jedes wieder genau das Verhalten, das seiner Erfahrung nach zum Öffnen der Futterbox geführt hatte (also zurücklaufen, springen, drehen etc). Und prompt öffnete sich die Futterbox. Jedes einzelne Tier sah sich also in seiner »Strategie«, an das Futter zu gelangen, bestätigt und behielt sie bei, da sie ja offenbar »erfolgreich« war.

Beispiel nach Paul Watzlawick: Wie wirklich ist die Wirklichkeit?, München: Piper 1978, S. 59 f.

Auch unsere Reaktionen auf Dinge, die wir schon wiederholt erlebt haben, laufen oft nach einem Handlungsmuster ab, das wir in zurückliegenden Erlebnissen erprobt und bestätigt haben.

Und jedes weitere »erfolgreiche« Handeln nach diesem Muster zementiert, was wir schon »wissen«, bestätigt unser Konzept, das wir über das Funktionieren unserer Welt haben, und unsere angewendeten Strategien im Umgang mit ihr. So entstandene Muster werden in der Regel nicht mehr überprüft. Und Alternativen sind damit verbaut.

Wenn ein Manager sagt: »Ich mache Druck, damit Zug entsteht«, verhält er sich nach einem »bewährten« Handlungsmuster, das er ebensowenig hinterfragt wie die Nager ihre Kunststücke, die scheinbar erfolgreich waren.

Auch der umgekehrte Fall kann prägen und damit zu einem negativen Handlungsmuster führen: wenn ein Verhalten wiederholt erfolglos war, setzt man es nicht mehr ein. Man bildet die Hypothese, dass es so eben nicht geht: Die Folge ist Nicht-Handeln und Resignation (hilft ja nichts), Fatalismus (was soll man machen?) oder Widerstand (das greif ich nie wieder an).

Die Mitarbeiterin, die wir oben schon zu Wort kommen ließen, hat erlebt, dass Einsatz und Engagement nichts bringen, dass Zusagen von oben nichts bedeuten und dass man nichts ändern kann. Über Jahre hat sich bei ihr ein Handlungsmuster eingeprägt, das heißt: nicht mehr handeln. Über ihre jetzige Einstellung zum Job erzählt sie:

> »Also wenn mir heute jemand sagt, wir machen da jetzt was, dann schaue ich mir den fünfmal an ... ich trau ihm erst mal ehrlich gesagt nicht.«

Man hält sie in der neuen Abteilung wahrscheinlich für wenig engagiert. Ihr neuer Vorgesetzter oder ihre Kollegen können sich ihre unambitionierte Einstellung sicher nicht erklären, höchstens mit Bequemlichkeit oder Faulheit. Ihr Verhalten scheint nicht begründet zu sein, für sie ist es aber die »logische« Konsequenz aus ihren bisherigen Erfahrungen.

»Falsche« Schlussfolgerungen

Eine einzelne Maßnahme kann, je nachdem, welche Vorerfahrungen das Unternehmen im Kopf geprägt haben, bei der Belegschaft zu verschiedenen Schlussfolgerungen führen.

Für das Unternehmen im Kopf spielt es keine Rolle, welche Gründe es für die Maßnahme gibt. Es kann auch sein, dass die Schlussfolgerung »falsch« ist. Entscheidend ist also nicht, wie eine Maßnahme begründet und gemeint ist, sondern wie sie im Unternehmen im Kopf ankommt und warum.

Vergleichbar ist das vielleicht am ehesten damit, wenn eine Ehefrau sich heftig über die herumliegenden Socken des Partners aufregt. »Gut, dann werfe ich sie eben in den Wäschekorb« kann der Ehemann anbieten. Geklärt ist die Sache damit noch nicht, denn es geht um etwas ganz anderes. Lässt er sich auf eine Auseinandersetzung ein, wird er wahrscheinlich erfahren, was dahintersteckt: etwa »du hältst deine Arbeit für wichtiger als meine, du behandelst mich wie deine Putzfrau« etc. Die Socken waren der Aufhänger, der Platzhalter, über den man reden kann. Hat er nur den Wäschekorb verfehlt, war die Schlussfolgerung der Frau zwar »falsch«. Existiert aber ein dahinter liegendes Problem wirklich, wird es auf diese Weise sichtbar, auch wenn es (so) nicht ausgedrückt werden sollte.

Im Gegensatz zu Partnerschaften gibt es in Unternehmen selten die Möglichkeit, solche etwaigen (falschen oder richtigen) Schlussfolgerungen zur Sprache zu bringen. Kristallisationspunkte für dahinter liegende Konflikte und Problemfelder sind auch hier scheinbar banale, marginale Dinge. Oberflächlich betrachtet so bedeutungslos, wie es ein Tropfen Wasser zu sein scheint, wenn er nicht gerade ein Fass zum Überlaufen bringt.

In einer relativ jungen Firma wurde eine Mitarbeiterbefragung für die Vorbereitung eines Leitbildes durchgeführt. In der Sparte »sonstige Anmerkungen« äußerten sich viele Mitarbeiter verärgert über die Kantine – nicht etwa über das Essen, sondern über die Lage: Das Unternehmen hatte sich vergrößert, und die Kantine war in den Neubau zwei Straßen weiter verlegt worden, wo auch neue Mitarbeiter untergebracht waren.

»In die Kantine zu kommen kostet mich die Hälfte meiner Mittagspause«; »Es ist ärgerlich, dass die Kantine nicht mehr im Haus ist«; »Früher haben auf dem Weg zur Kantine Gespräche stattgefunden, heute ist alles so hektisch«; »Wieso haben die Neuen eine Kantine, und wir nicht?«

Die Firma richtete daraufhin einen Shuttle-Bus vom alten Firmensitz zur Kantine ein.

Schauen wir uns das Kantinen-Problem mal unter dem Gesichtspunkt des Unternehmens im Kopf an: Warum wird ausgerechnet die Kantine zum Stein des Anstoßes in einer Befragung, in der es doch um ein Leitbild geht?

Auf Gründe dafür kommt man bei genauerer Betrachtung der weiteren freien Anmerkungen in den Fragebögen. Die Mitarbeiter der ersten Stunde berichteten von ständiger Überlastung, die sich nach der Gründungsphase unabsehbar fortsetzte. Sie beklagten mangelnde Kommunikation mit dem Chef, bei dem sie früher einfach mal ins Büro kommen konnten, sie monierten fehlende Informationen über die Geschäftserweiterung und dass ihnen einfach neue Mitarbeiter vor die Nase gesetzt wurden.

Die Kantinengeschichte war für die Belegschaft ein Indiz dafür, dass sie nicht (mehr) die Wertschätzung bekommt, die ihr für den großen Einsatz in der anstrengenden Aufbauphase der Firma ihrer Meinung nach zusteht. Die Unternehmensleitung hatte diese Bedeutung zwar nicht intendiert, als sie die Kantine verlegte. Aber es wurde so »verstanden«, weil die Vorerfahrungen der Mitarbeiter dies nahelegten.

Was für die Mitarbeiter also praktisch der Tropfen war, der das Fass zum Überlaufen brachte, wurde von der Leitung als »technisches« Problem angegangen. Mit ihrer pragmatischen »Lösung« reagierte die Geschäftsleitung aber nur auf die Symptome einer Krankheit, nicht auf die Ursache: Den Bustransfer einzurichten kommt einer Behandlung gleich, die eine Creme gegen Pickel verschreibt, wenn jemand eine Allergie hat.

Statt dass beide Seiten ihre Energie in die Kantinenfrage stecken, wäre es sinnvoll, hier mit Sensibilität die Aufmerksamkeit auf das dahinter liegende Problemfeld zu richten.

Gerade wenn in einer Abteilung oder einem Team ein Thema, das scheinbar unwichtig ist, ständig hochkommt, sollte man aufmerksam werden. Denn scheinbare Kleinigkeiten sind oft die Platzhalter und Kristallisationspunkte für tieferliegende Probleme: Hinter dem Gerangel verschiedener Abteilungen um zugeteilte Firmenparkplätze verbirgt sich vielleicht eine latente Wertschätzungsverschiebung im Unternehmen, Meckern über komplizierte Formulare kann auf mangelnde Freiheitsgrade der Mitarbeiter hindeuten, eine ständig unaufgeräumte Kaffeeecke steht vielleicht für einen unausgesprochenen Teamkonflikt.

Signale erkennen

Die Sensibilität für das Unternehmen im Kopf kann bei der Wahrnehmung und Hinterfragung solcher Signale beginnen:

1. Signale wahrnehmen

Registrieren, wenn scheinbar Nebensächliches gehäuft und von verschiedenen Mitarbeitern thematisiert wird.
Raum schaffen, in dem solche Dinge zur Sprache kommen können, z. B. durch gelegentliche »Zeitfenster« bei Teamsitzungen.

2. Zusammenhänge erkennen

Aufmerksamkeit dafür entwickeln, in welchem Zusammenhang solche Themen immer wieder auf den Tisch kommen.
Überlegen, welche besonderen Ereignisse, Veränderungen, Phasen dem Auftauchen solcher Themen vorausgingen.

3. Die unmittelbare Interpretation in Frage stellen

Nach anderen Erklärungen suchen als der, die einem spontan einfällt (»So war diese Abteilung immer schon.« »Der Mensch ist eine Gewohnheitstier und wehrt sich immer erst gegen jede Veränderung« etc.).
Sich fragen, warum dieser Punkt aus der Perspektive der Mitarbeiter so wichtig sein könnte. Gibt es Prägungen, »Gewohnheitsrechte«, Erfahrungen, die durch diesen Punkt berührt, in Frage gestellt werden?

4. Den Dialog suchen

Keine »Lösung« an der Oberfläche des Problems anbieten, sondern die Betroffenen auffordern, Lösungsvorschläge zu machen. Dabei kommen oft die eigentlichen Deutungen, Zusammenhänge und Hintergründe zur Sprache.

Gute Zeichen, schlechte Zeichen

Wer zu Hause im Arbeitsalltag steckt, schaut selten zum Himmel. Ist man aber im Urlaub, und es regnet seit Tagen, wird man zum Experten für Wolkenbeobachtung und registriert jeden Silberstreif am Horizont aufmerksam. Man deutet alles, was am Himmel geschieht, hört jedem zu, der etwas zum Wetter zu sagen hat, verspricht sich von jeder Wolkenlücke Besserung und argwöhnt beim geringsten Windhauch, dass ein Tief aufzieht. Die Angst vor einem verregneten Jahresurlaub macht aus kühlen Diagnostikern Propheten.

Das Geben, Empfangen und Bewerten von Zeichen, die Fähigkeit des Menschen, Zeichen zu »verstehen« (auch: misszuverstehen), spielt auch im Arbeitsalltag eine Rolle. Kommt ein Vorgesetzter zu einer Präsentation zu spät oder blättert nebenbei in Akten, wird das als mangelnde Wertschätzung verstanden. Wird man bei einem Kunden mit Billig-Gebäck aus dem Kaufhaus abgespeist oder lädt der Vorstand nach dem Meeting zum gepflegten Essen ein, so wird man dies im ersten Fall als ein Anzeichen der Missachtung werten, im zweiten Fall als eines der Wertschätzung – gleichgültig, ob dieser Kunde diese Bedeutungen so intendiert hat oder nicht.

Auch jenseits der individuellen Ebene sind Zeichen in der Welt des Unternehmens im Kopf eine Informationsquelle und ein Teil der Kommunikation. Sie ergänzen und ersetzen Worte aber nicht nur, sie können ihnen auch widersprechen und führen nicht selten ein (unbeachtetes) Eigenleben. Denn in den Unternehmen scheinen die Kommunikationsanstrengungen durch die Ausnutzung der vielfältigen technischen Möglichkeiten zur Informationsvermittlung bereits ausgeschöpft. Soll man da auch noch auf Zeichen achten? Dabei haben sie gerade dann, wenn Krisen oder Veränderungen im Schwange sind, und die Bereitschaft für das Deuten unheilvoller oder guter Zeichen im Unternehmen wächst, Auswirkungen auf das Unternehmen im Kopf: »Gute« Zeichen heben nicht nur die Stimmung, sie tragen auch zu Motivation, Zusammenarbeit und Leistung bei. Und »schlechte« Zeichen können bei den Mitarbeitern Demotivation und Fatalismus fördern.

Zeichen können bewusst gesetzt werden, doch auch Handlungen und Äußerungen, die nicht als Zeichen gedacht waren, werden als solche verstanden, wenn die Aufmerksamkeit dafür entsprechend geschärft ist.

In einem Unternehmensbereich hatte die Geschäftsleitung wegen der angespannten Geschäftslage einen strikten Sparkurs verordnet. Die Devise wurde ausgegeben, dass ab sofort in allen Bereichen drastisch eingespart werden müsse.

Wenig später machte eine Anekdote in der Belegschaft die Runde: in der Kantine, auf den Gängen und in den Büros erzählten sich kopfschüttelnde Mitarbeiter ein Vorkommnis, das sich zum Sinnbild für die Arroganz und

Unbelehrbarkeit der Unternehmensführung entwickelte und als Zeichen aufgefasst wurde für:
• Die Führung hält sich selbst nicht an ihre Vorgaben.
• Im Kleinen anzufangen bringt nichts.
• Initiative der Mitarbeiter wird ignoriert.

Was war geschehen?

Ein Mitarbeiter hatte sich in der Hauszeitschrift mit einem konkreten Vorschlag zur Umsetzung des Sparziels zu Wort gemeldet. Er regte an, das Blatt doch nicht mehr auf Hochglanzpapier in Vierfarbdruck herauszugeben, sondern schlicht in schwarz-weiß. Dadurch könnten 17 000 DM pro Ausgabe gespart werden, was etwa 50 % der Herstellungskosten entspricht.

Die nächste Ausgabe des Blattes (in Farbe, auf Hochglanz) enthielt eine kurze Antwort des Geschäftsführers: Vielen Dank, das sei ein netter Vorschlag, bringe aber nichts: es gehe hier schließlich um Millionenbeträge, da fielen 17 000 DM Einsparung wirklich nicht ins Gewicht.

Dieses Zeichen der Geschäftsleitung fiel in eine ausgesprochene Schlechtwetterlage, also in eine Krisenzeit, in der Zeichen erhöhte Aufmerksamkeit bekommen.

Bei der vergebenen Chance auf Einsparung von 17 000 DM bleibt es in so einem Fall nicht: Man kann sich unschwer vorstellen, wie die Mitarbeiter sich in Zukunft verhalten werden, wenn von ihnen Anstrengungen verlangt werden, um den Sparkurs einzuhalten.

Stellen wir uns einmal vor, der Vorschlag wäre aufgegriffen worden: Der Einspareffekt wäre weit über den »kleinen« Betrag von 17 000 DM hinausgegangen. Die Geschichte hätte sich, ohne großen Aufwand, zum Signal für eine gemeinsame Anstrengung zur Lösung der Probleme entwickeln können, zu einem Motivationsschub durch die Erfahrung, dass in schwierigen Zeiten Geschäftsführung und Mitarbeiter an einem Strang ziehen:
• Die Führung hält sich an ihre Vorgaben.
• Im Kleinen anzufangen bringt etwas.
• Wir strengen uns gemeinsam an, jeder kann etwas tun.

Der negative Effekt auf das Unternehmen im Kopf, den die Geschichte hatte, war nicht gewollt und nicht gewünscht. Trotzdem wirkt dieses Ergebnis mangelnder Sensibilität im Unternehmen noch lange weiter und prägt sich ein.

In wichtigen Situationen – Umbrüchen, Veränderungen oder Krisen im Unternehmen – ist die exzellente Kommunikation doppelt bedeutsam. Über präzise Information hinaus geht es darum, das Unternehmen im Kopf anzusprechen, den richtigen Ton zu treffen und vor allem, Zeichen zu setzen: Gesten, die das Unternehmen im Kopf nachhaltig ansprechen und für alle sichtbar und erinnerbar machen, um was es geht, wie ernst es einem damit ist.

Für gelungene Kommunikation durch das Setzen von Zeichen gibt es berühmte historische Beispiele:
Denken Sie etwa an Willy Brandts Kniefall in Warschau: Ein Bild, das um die Welt ging und mehr zum Verständigungsprozess zwischen Deutschen und Polen beigetragen hat, als es unzählige Diplomatentreffen oder wortreiche Beteuerungen gekonnt hätten. Ähnlich John F. Kennedys legendäre Berliner Rede, die mit dem Satz endete: »Ich bin ein Berliner!« Die Symbolkraft lag dabei weniger in der Bedeutung dieses Satzes denn in der Tatsache, dass der Präsident ihn auf deutsch sagte, dass er also buchstäblich die Sprache seiner Zuhörer sprach – eine überraschende Geste, die dem Inhalt seiner Rede zusätzliche Glaubwürdigkeit verlieh.
Gutes Zeichen-Management besteht darin, zum geeigneten Zeitpunkt für alle wahrnehmbare Handlungen zu vollführen, die Symbolcharakter haben können.

Zeichen-Management

So sehr gelungene Zeichen und symbolträchtige Handlungen von der Intuition des Augenblicks und vom Geschick des Einzelnen abhängen – es lassen sich doch einige Regeln ableiten, die für gelungenes Zeichen-Management gelten:

1. Es kommt darauf an, wer die Geste macht – man kann sie nicht delegieren.
   Brandt hätte keinen Staatssekretär mit dem Kniefall beauftragen können und Kennedys Satz hätte nie diesen Effekt gehabt, wenn er ihn vom Dolmetscher hätte übersetzen lassen.
2. Die Geste muss überraschend sein, sie muss Ereignischarakter haben: Eine angestammte Regel muss überraschend aufgehoben, eine alte Gewohnheit gebrochen, eine allgemeine Erwartung produktiv enttäuscht werden, wenn das Zeichen wirken soll.
   »Gespart wird doch immer nur bei uns da unten, nie bei denen da oben!«, »Veränderungen betreffen immer nur uns!« – Solche und ähnliche Annahmen und Regularitäten sind das Zielgebiet für wirklich aussagekräftige Zeichen im Unternehmen.
3. Die Geste muss den Nerv des Unternehmens im Kopf treffen: Sie muss signalisieren, dass etwas erkannt wurde und ernst genommen wird, was den Menschen wichtig ist.
   Es geht bei solchen Zeichen immer darum, Gemeinsamkeit zu signalisieren und dadurch Vertrauen aufzubauen – zu zeigen, dass man mit betroffen ist, vorangeht, sich aktiv mit einbezieht.

4. Die Geste muss durch entsprechende Nachfolgemaßnahmen gestützt und bestätigt werden.
Selbstverständlich sollte man die Finger von symbolischen Handlungen lassen, wenn man sie nicht ernst meint. Eine Geste, deren
Bedeutung in der Realität durch nichts bestätigt wird, gerät zur
hohlen Phrase und die Glaubwürdigkeit ist auf lange Zeit untergraben.

Wortmagie gegen Erfahrungswissen

Genauso wie beim Wissen nicht ständig völlig andere und unzusammen-
hängende Dinge aufgenommen werden, ergänzt sich auch im Bereich der
Erfahrungen das Vorhandene jeweils nur um einen neuen Aspekt, eine Va-
riante, einen Erfahrungs-Zuwachs eben. Wer seine Job-Qualifikation aus-
baut, soll das bisher Gelernte ja auch nicht vergessen, sondern darauf aufbauen. Diese Mischung aus Basis-Wissen und darauf aufsetzendem neuen
Wissen ist die unausgesprochene Voraussetzung für Lernen überhaupt. Und
so wie wir beim Wissens-Zuwachs nicht ständig bei Null anfangen, baut
auch der Erfahrungs-Zuwachs auf unseren bisherigen Erfahrungen auf. Die
Grundannahme beim Lernen ist, dass sich Situationen, die wir erlebt haben,
beim Wiederholen genauso abspielen werden wie beim letzten Mal. »Das
gebrannte Kind scheut das Feuer« bedeutet, es nimmt an, dass es sich aber-
mals verbrennen wird, wenn es wieder an die heiße Herdplatte greift. Wie
schwer ist es beispielsweise, einem Kind, das schlechte Erfahrungen mit einem Hund gemacht hat, der es angeknurrt oder gezwickt hat, wieder Vertrauen in einen Hund einzuflößen! »Der tut nichts« zu sagen, hilft da wenig.
Erst wenn es sieht, wie der Vater den Hund streichelt, wie andere Kinder
mit dem Hund spielen, wagt es vielleicht eine Berührung, zuckt aber sofort
zurück, wenn der Hund nur eine Bewegung in seine Richtung macht.
Auch Erwachsenen, die dem Wort mehr vertrauen als Kinder, fällt es
schwer, einen Weidezaun anzufassen, von dem der Bauer sagt: »Da ist kein
Strom drauf.« Und wer könnte sich ohne Adrenalinstoß eine Pistole an die
Schläfe halten und abdrücken, auch wenn ihm versichert wird, dass sie nicht
geladen ist?
Genauso schwer, wie die Worte »der tut nichts« oder »da ist kein Strom
drauf« gegen das Erfahrungswissen ankommen, tun sich Formulierungen,
die in Unternehmen kommuniziert werden, wenn sie nicht in den Erfahrungen des Unternehmens im Kopf verankert sind oder sogar im Widerspruch
dazu stehen: »Wir sind ein Dienstleistungsunternehmen«, sagt die Post. Der
ehemalige Postbeamte, jetzt Dienstleister, sagt: »Kreditkarten nehmen wir

nicht, das ist Ihr Problem, wenn Sie kein Bargeld dabeihaben.« Oder: »Da könnte ja jeder kommen und um fünf vor sechs noch einen Nachsendeauftrag haben wollen.«

Wenn ein Wort nicht aufgefüllt ist mit Inhalten, reden wir von einer »Leerformel«, wir sagen, da steht nichts dahinter, das ist nur leeres Gerede. Ein Wort ist ein Ausdruck, es drückt aus, was existiert. Das Wort »Apfelbaum« ist ein Ausdruck für die wirklich existierende Pflanze. Anders ist es mit Worten wie Verlässlichkeit, Stärke, Kompetenz, Flexibilität, Vertrauen etc. Sie haben ihren konkreten Bezug zur Wirklichkeit nicht durch ein Objekt (zum Beispiel Apfelbaum), sondern sie sind durch Erfahrungen aufgefüllt. Wann immer solche Worte gebraucht werden, wird dieser Schatz an Erfahrungen wieder abgerufen.

Nehmen wir das Wort »Vertrauen«: Das Vertrauen in andere Personen, in eine Firma, eine Marke, eine Währung oder eine Börsennotierung wächst in der Regel aus jahrelangen Erfahrungen im Umgang mit diesen Größen. Schon unsere Alltagssprache zeigt, dass Vertrauen auf wiederkehrenden Erfahrungen beruht und Zeit braucht: es heißt nicht umsonst, dass man Vertrauen »aufbauen« muss, Vertrauen »gewinnen« oder »herstellen« sollte. Man kann es nicht beschließen oder verordnen, wie man an folgendem Beispiel sehen kann:

In einem Unternehmens-Bereich funktioniert die Kooperation zwischen den in einem Projekt zusammenarbeitenden Abteilungen nicht. Man arbeitet gegeneinander, kommuniziert nicht rechtzeitig, schiebt sich gegenseitig Fehler in die Schuhe. Um dem abzuhelfen, sollen die Mitarbeiter der verschiedenen Abteilungen nun in Workshops zusammenkommen unter dem Motto »Ich vertraue dir«.

> »Wir haben so 'ne Devise ausgegeben, ›ich vertraue dir‹. Sind extra Workshops veranstaltet worden, jeder hat dem anderen gesagt, ich vertraue dir oder vertrau dir nicht. Das Ergebnis war, dass wohl die meisten gesagt haben, ich vertrau dir, weil der andere ja vielleicht doch misstrauisch werden könnte, also hat das auch wenig Sinn gehabt, aber es wurde zumindest geprägt, ich vertraue dir. Aber die Handlungen nachher, daraus kam rüber, ich glaub dir aber nichts. ... Also ist es ein bisschen ein Spiel gewesen, ohne viel Ehrlichkeit. ... Früher war man ehrlich, heute ist man nicht mehr ehrlich. Man sagt immer ›wir wollen ehrlich miteinander umgehen‹, ... wenn sie dann aber anders handeln, dann ist das Vertrauen hin. Das passiert mir einmal, ein zweites Mal, dann sage ich, ›was spricht der von Vertrauen?‹«.

Den Satz »Ich vertraue dir« sprechen wir normalerweise nur aus, wenn eine Fülle von Erfahrungen dahintersteht, die unser Vertrauen rechtfertigen. Steht das, was kommuniziert wird, in einem Spannungsfeld zu den Erfahrungen der Mitarbeiter, wird das Wort zur »Leerformel«.

Die Benutzung solcher »Worte ohne Erfahrung« ist nicht nur sinnlos, sie verändert auch die Bedeutung der Worte: In Zukunft wird in diesem Unternehmen keiner mehr das Wort »Vertrauen« hören können, ohne insgeheim zu lachen. Vertrauen ist zur lächerlichen Vokabel geworden – es ist wie bei einer Inflation: zu viel Geld im Umlauf entwertet es.

»Leitbildformulierungen oder Visionen sind ja in die Zukunft hinein gedacht, wenn man nur auf den Erfahrungen der Menschen aufbauen würde, bliebe ja immer alles gleich!«, werden Sie vielleicht einwenden. Ziele müssen natürlich sein. Trotzdem genügt es nicht, sie einfach hinzuschreiben und so zu »kommunizieren«, wie das heute so schön heißt. Die Erfahrungen, die das Unternehmen im Kopf geprägt haben, bestimmen über Erfolg oder Misserfolg, also über die Umsetzung der formulierten Ziele. Und selbst wenn mit flankierenden Maßnahmen wie Seminaren oder Workshops gearbeitet wird, kommt die Botschaft nicht unbedingt an. Der Widerspruch, ein normalerweise »unausgesprochenes« Gefühl wie Vertrauen auf Geheiß auszusprechen, ohne die notwendige echte Grundlage dafür zu haben, wird aus der Erzählung eines Mitarbeiters deutlich:

> »Das war früher so: da wurde nicht drüber gesprochen, da hat man einfach vertraut. Das hat man gelebt, heute wird's nur erzählt und nicht gelebt. Früher wurde da gar nicht drüber gesprochen. Das ist gewachsen, Vertrauen wächst ja, das kann man doch nicht diktieren.«

Die Mitarbeiter vertrauen sich nach diesem Workshop nicht mehr als vorher. Es hat sich aber trotzdem etwas Entscheidendes verändert: Der Zustand B »kein Vertrauen« ist abgelöst worden durch Zustand C »nicht gelebtes, diktiertes Vertrauen«.

Zustand A	Zustand B	Zustand C
Vertrauen früher:	kein Vertrauen	»Vertrauen« heute:
• nicht formuliert		• formuliert
• gelebt		• nicht gelebt
• gewachsen		• diktiert

Und ein neuer Konflikt ist zum Spannungsverhältnis zwischen den Abteilungen hinzugekommen: zwischen Führung (sie verlangt etwas, was die Mitarbeiter nicht einhalten können) und Mitarbeitern (sie lösen nicht ein, was die Führung erwartet).

Erfahrungsmanagement

In diesem Fall wurde ein Ziel gesetzt (Verbesserung der Zusammenarbeit) und ein »Weg« dorthin sollte die Ablösung von Misstrauen (Zustand B) durch Vertrauen (Zustand C) sein. Doch das Wie bleibt offen. »Ich vertraue dir« bleibt eine Worthülse, die nicht durch Erfahrungen aufgefüllt wird. Der Zustand C wurde damit zwar relativ schnell erreicht, doch der heißt jetzt »wir sollen vertrauen (aber wir vertrauen nicht)« und nicht »wir vertrauen«. Die Zielsetzung der verbesserten Zusammenarbeit – und den damit verbundenen Hoffnungen auf mehr Effizienz – wurde nicht erreicht.

Wortmagie:

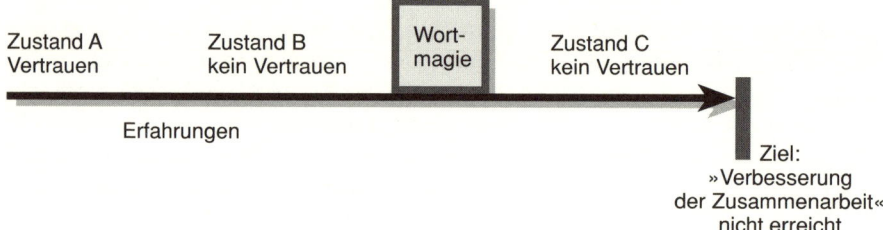

Statt auf Wortmagie zu setzen, sollte man hier auf Erfahrungsmanagement bauen. Das bedeutet, die Vorerfahrungen der Menschen zu berücksichtigen und den Weg über das Erleben der Mitarbeiter zu gehen: Denn ebenso wenig, wie die Mitarbeiter dieser Abteilungen die Möglichkeit zur vertrauensvollen Zusammenarbeit an einem Tag verloren haben, werden sie diese an einem Tag wiederfinden. Vielfältige Erfahrungen haben zur jetzigen Situation geführt, und nur durch die Möglichkeit, neue und beständige Erfahrungen zu machen, lässt sich die bestehende Prägung wieder auflösen.

Konkret könnte das in diesem Fall heißen, die agierenden Personen an einen Tisch zu holen und die jeweiligen Vorbehalte zu ergründen. Schon dieser Prozess der Ursachenfindung kann dabei zu ersten Schritten aufeinander zu führen. Dann sollten die Betroffenen neu definieren, was ein *gemeinsamer* Erfolg für die Abteilungen sein kann und wie man die Zusammenarbeit auf beiden Seiten in der Praxis gestalten könnte. Gesteckte und realisierte Ziele könnten von einem kleinen Team beider Seiten weiter begleitet, Fortschritte dokumentiert und kommuniziert werden.

Erfahrungsmanagement:

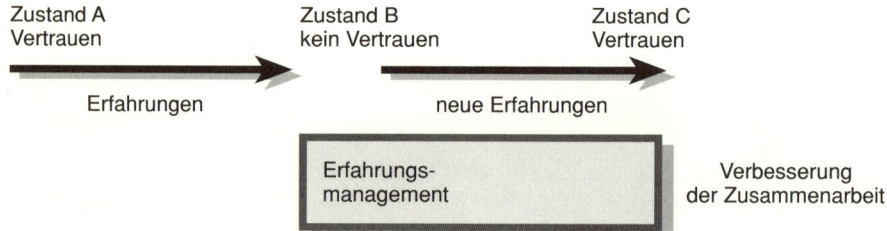

Auf diesem Weg ist man zwar etwas länger unterwegs, aber, und das ist ja wohl das Entscheidende, man kommt dabei dem gesteckten Ziel, hier der effizienten Kooperation, wirklich näher.

Erfahrungsmanagement

Mit Erfahrungsmanagement schafft man zunächst die Voraussetzungen für geplante Veränderungen. Die Umsetzung erfolgt in den notwendigen Schritten, berücksichtigt Vorerfahrungen der Mitarbeiter und ermöglicht es der veränderten Struktur, sich über die Erfahrungen der Menschen im Unternehmen im Kopf zu verankern. Die neuen Erfahrungen der Mitarbeiter arbeiten so für das gesteckte Ziel. Der Prozess des Erfahrungsmanagements sollte soweit als möglich von den Betroffenen gestaltet und getragen werden: Wenn die Zielsetzungen und Zeitvorgaben aus den Abteilungen selbst heraus entwickelt werden, ist auch nicht mit den internen Widerständen zu rechnen, die von oben »aufgesetzte« Maßnahmen oft behindern.

Konkrete Schritte:

1. Ursachen finden
Zunächst geht es darum herauszufinden, welche Typen von Erfahrungen für Mitarbeiter negativ prägend waren (zum Beispiel durch Dialoge, Storytelling-Untersuchung, Workshops).

2. Ursachen abstellen
Klar erkennbare Ursachen für solche Erfahrungen (zum Beispiel »Belohnungssysteme« für falsches Verhalten, unklare Aufgaben- und Verantwortungszuweisungen, problematisches Kommunikationsverhalten von Führungskräften, Doppelgleisigkeiten in der Organisation etc.) müssen abgestellt werden.

3. Ziele vereinbaren
Vereinbarte neue Ziele müssen verbindlichen Charakter haben. Die Gründe dafür sollen nachvollziehbar sein und die Schritte dorthin klar definiert. (Etwa: wir müssen zwischen den Abteilungen A und B eine engere Zusammenarbeit erreichen, damit der Produktionsprozess besser läuft. Deshalb vereinbaren wir folgende Schritte: …)

4. »Wortmagie« vermeiden
Stellen Sie sicher, dass sich nicht unter der Hand der alte Trott wieder einspielt, offiziell aber von einer positiven Veränderung gesprochen wird.

5. Eigenzeit beachten
Lassen Sie dem Prozess seine Eigenzeit: die Zeit, die nötig ist, damit die neue Erfahrung im Unternehmen im Kopf ankommen kann.

Wechsel oder Wandel

Im Alltag der Unternehmen kann man oftmals beobachten, wie eingeführte Veränderungen von Seiten der Mitarbeiter scheinbar blockiert oder »ausgebremst« werden. Wo die Manager Flexibilität erwarten, stoßen sie oft auf eine gewisse Sturheit oder Unbeweglichkeit in den Abteilungen. Dann ist schnell die Rede von Umsetzungsschwäche oder mangelnder Bereitschaft, sich auf Neues einzulassen. Zum einen liegt das an der Heterogenität des Unternehmensalltags selbst. Wenn es um die Einführung von Neuerungen geht, scheinen Führungskräfte von der Vorstellung geleitet zu sein, sie bräuchten einen Stall voller nervöser Rennpferde, die schon mit den Hufen scharren, bevor das erlösende Startsignal ertönt. Im Alltag danach sind dann aber wieder ganz andere Qualitäten gefragt, zu denen auch Beharrlichkeit, Durchhaltevermögen, Ausdauer, langer Atem und Beständigkeit gehören.
Dass die Mitarbeiter nicht mitziehen, kann aber auch tiefer liegende Gründe haben, die nicht auf den ersten Blick sichtbar und ihnen auch selbst nicht wirklich bewusst sind.
Aus mangelnder Kenntnis dessen, welche Strukturen und Vorstellungen die Mitarbeiter bisher geprägt haben, und welche Zeit es braucht, bis Veränderungen im Unternehmen im Kopf wirklich ankommen, wird für die Implementierung von Neuem, für die Umsetzung von Reorganisationen oft mit unrealistischen Zeitvorgaben gearbeitet, bei denen die betroffenen Mitarbeiter nicht mithalten (können).
Denn Prägungen führen zu einer gewissen »Trägheit« der Masse, die in Familien und sozialen Gruppen dafür verantwortlich ist, dass sich die Gegebenheiten nicht allzu schnell ändern. Von den Vorstellungen der jungen Generation, die gegen das Althergebrachte aufbegehrt, bleiben im Lauf der Zeit nur einige Dinge erhalten und prägen wiederum die nachkommende Generation, die wieder alles ändern will, und so weiter. Das hat auch seinen

Sinn. Andernfalls wäre ein allzu schneller Wechsel eine Gefahr für die Stabilität, die Identität und den Zusammenhalt der Gemeinschaft.
Wandel braucht Zeit und die nötigen Voraussetzungen. In der Regel werden in Unternehmen aber nicht erst die Voraussetzungen geschaffen, die einen Wandel ermöglichen, sondern es wird ein Wechsel vorgenommen, verbunden mit dem Glauben, dass sich dann alles von alleine ergibt.

Wandelprozesse

Der wesentliche Unterschied zwischen Wechsel und Wandel ist der, dass es beim Wechsel nur zwei Zustände gibt, die einander ablösen, während beim Wandel zwischen dem Ausgangs- und dem Zielzustand eine Phase der Transformation liegt.
Es gibt Veränderungen, bei denen es sinnvoller ist, sie im Sinne eines Wechsels durchzuführen. Will man beispielsweise ein neues Verkehrszeichen anstelle eines alten einführen – sagen wir, das Schild für »Einbahnstraße« soll in Zukunft kreisförmig mit einem weißen »E« in der Mitte sein –, dann ist es sicherlich nicht ratsam, einen langsamen Veränderungsprozess zu initiieren und Tag für Tag das längliche Einbahnstraßenschild ein wenig mehr der Kreisform anzugleichen. Hier ist es sicherlich sinnvoller, über Nacht die alten Schilder gegen die neuen auszutauschen.
Alle Veränderungen dagegen, die Mentalitäten, menschliches Verhalten und gewachsene Strukturen betreffen – also die Mehrheit aller Veränderungen in Unternehmen – können erfolgreich nur nach dem Modell des Wandels durchgeführt werden: Man analysiert den Ausgangszustand, definiert das Ziel und überlegt sich dann, in welchen Schritten der Transformationsprozess hin zum Ziel durchgeführt werden soll. Das geht natürlich nicht von heute auf morgen. Dennoch ist die Angst vor der »Langsamkeit«, die viele Manager zunehmend befällt, nicht gerechtfertigt: Wandel ist kein mangelhafter Zwischenzustand vor Erreichen des Ziels, sondern ein flexibler Transformationsprozess der zunehmenden Verbesserung hin zum Ziel. Und wenn man den Wandelprozess richtig managed, ist er so schnell wie nur irgend möglich.

Auch »richtige« und erforderliche Neuerungen sind dann in der Praxis wenig erfolgreich, wenn Veränderungen einen Punkt mitbetreffen, der für das Unternehmen im Kopf wichtig und unverzichtbar ist.
Ein Beispiel dafür ist der Schritt eines Unternehmens zu einer flacheren Hierarchie. Die erhofften positiven Effekte dieser Umstrukturierung blieben weit

hinter den Erwartungen zurück. Bei einer unserer Analysen stellte sich heraus, dass an das bisherige Führungsmodell für das Unternehmen im Kopf viel mehr geknüpft war, als der Unternehmensleitung offensichtlich bewusst war. Folgendes Bild von Führung hatte die Mitarbeiter bisher geprägt:
Sie beschrieben als wichtiges Merkmal ihrer Beziehung zu Vorgesetzten deren fachliche Überlegenheit und Vorbildfunktion, das Gefordert- und Gefördertwerden in einer Zweierzelle zwischen Vorgesetztem und Mitarbeiter. Alle positiven Erlebnisse, die die Mitarbeiter erzählten, fußten auf dieser Basis-Zelle »Ich und mein Chef«.

> »... ich hatte einen Chef, mit dem ich ziemlich gut auskam, und der mich wirklich gefordert hat, gefordert und gefördert.«

> »... der Chef ist der gute Hausvater, die Kinder dürfen spielen, aber wenn sie nicht mehr weiterwissen, können sie zu ihm hinkommen, sich ausheulen und er findet eine Lösung: genauso lief das früher.«

> »... ich bin danach gegangen, was der Vorgesetzte kann, was der studiert hat, ob man von dem in der einen oder anderen Beziehung fachlich was lernen kann.«

> »Dann hat sich zu dem Zeitpunkt, als die Aufgabe beendet war, ergeben, dass der vorherige Chef, der damals schon mal was für mich tun wollte, wieder Leute gesucht hat, ein neues Projekt gekriegt hat, und aufgrund meines Know-hows hat er mich dann auch sehr gern genommen.«

Mit der vorgenommenen Strukturveränderung im Unternehmen wurde die Basis-Zelle »Ich und mein Chef« aufgelöst, in der die Mitarbeiter bisher ihre Erfahrungen gemacht hatten:

Der Chef ...   • schätzt mein Know-how und setzt es ein.
                 • kennt mich und fördert mich.
                 • gibt Sicherheit.
                 • ist unmittelbarer Ratgeber.
                 • ist wichtigster Faktor in meiner Karriere.

Der neue Führungsstil wird nun als defizitär erlebt, was die eigene Karriere, die fachliche Anerkennung und Entwicklungsmöglichkeit und die Orientierung im (Hierarchie-)Gefüge der Firma betrifft.

> Es gibt jetzt auch weniger so planbare Karrieren, dass man sagen kann: ich bin jetzt bei diesem Vorgesetzten, ich kenne den, der drüber kennt mich, und der über dem kennt mich auch, hab da einen guten Eindruck hinterlassen, ... die Connections, die früher sehr gut funktioniert haben, die gibt's immer weniger.

Mit der Auflösung der Zweierzelle »Ich und mein Chef« fallen für die Mitarbeiter entscheidende Faktoren weg, die daran gebunden waren. Damit wurde ein Element, das bisher zur Orientierung von größter Wichtigkeit für die Mitarbeiter war, aus dem Gesamtgefüge herausgenommen. Und die Strukturveränderung hat im Unternehmen im Kopf eine Lücke hinterlassen, die aus Sicht der Mitarbeiter in der neuen Führungsstruktur nicht ersetzt wird. Die fachliche Entwicklungsmöglichkeit, Karriereförderung und Orientierungsmöglichkeit für die Mitarbeiter müsste also in diesem Fall ebenfalls neu definiert, an andere Strukturen gekoppelt und im Unternehmen kommuniziert werden.

Berücksichtigt man weiterhin, dass es in dem Unternehmen Mitarbeiter mit verschieden langer Betriebszugehörigkeit gibt, ist klar, dass nicht alle Mitarbeiter den neuen Führungsstil gleich erleben: Jüngere beziehungsweise erst seit kurzer Zeit im Unternehmen tätige Mitarbeiter haben wahrscheinlich kein Problem mit der neuen Struktur. Für Mitarbeiter, die länger im Unternehmen arbeiten, bedeutet die Auflösung der bisherigen Führungsstruktur Probleme der Orientierung und mit der eigenen Identität im neu geordneten Gefüge des Unternehmens. Hier macht sich eine Schere im Unternehmen auf, die zu Unterschieden führt, die sich einige Jahre später kaum mehr jemand erklären kann.

Schnelligkeit

»Nicht die Großen fressen die Kleinen, sondern die Schnellen die Langsamen!« – So lautet einer der Sprüche, die von den Geschwindigkeitsjüngern im Management gerne zitiert werden. Ein Management, das auf sich hält, wirft sich beschlussfreudig in den Kreislauf der Veränderungen. Man muss schnell reagieren, schnell umsetzen, schnell Erfolge proklamieren.

»Speed«, so ließ sich kurz nach der Mega-Fusion der Daimler-Chrysler-Manager Eaton vernehmen, »Speed ist die Lösung für alles!« Also beides: ganz groß und ganz schnell – egal bei was?

Ein Formel-1-Rennfahrer, bei dessen Job es ja nun wahrlich um Schnelligkeit geht, würde einen solchen Spruch sicher nicht unterschreiben. Er weiß, dass es darauf ankommt, *wo* man schnell ist, und *wann* man schnell ist – wenn man überleben *und* gewinnen will. Seine Mechaniker-Crew muss beim Boxenstop superschnell sein, innerhalb von Sekunden auftanken und die Reifen wechseln. Aber die Crew muss sorgfältig arbeiten, wenn im Training der Wagen abgestimmt wird, wenn vor dem Rennen die Bremsen eingestellt und die Elektronik gecheckt wird. Auch hier geht es um den Erfolg, aber »Speed« um jeden Preis hat dabei nichts zu suchen. In der Abstimmung und Vorbereitung sind Sorgfalt, Übersicht und Fingerspitzengefühl die Tugenden, auf die es ankommt.

Im Gegensatz zum Rennfahrer hat der Manager allerdings ein unvergleichlich geringeres Risiko – er zahlt nicht mit seinem Leben, wenn er zum falschen Zeitpunkt und an der falschen Stelle mal schnell umplant, schnell umorganisiert und schnell »erneuert«:

Die Folgen solcher »Zeitersparnis« müssen später oft mühsam, mit hohem Kosten-, Personal- und Energieaufwand (und wieder »schnell«?) repariert und nachgebessert werden. Diejenigen Entscheidungsträger, die die Karre an die Wand gefahren haben, gehen inzwischen nicht selten schon an anderer Stelle »eine neue Herausforderung« an oder werden mit »golden handshake« unauffällig weggelobt.

Solche »Nach mir die Sintflut-Mentalität« im Management, die kurzfristige und schnelllebige Entscheidungen hervorbringt, darf nicht auch noch belohnt werden – ebenso wenig wie unausgegorene Schnelligkeits-Sprüche. Ein effizienter Wandel gelingt nur, wenn das Gesamtgefüge des Unternehmens berücksichtigt wird und wenn an den richtigen Stellen das richtige Tempo gewählt wird. Bleifuß ist out.

Der Virus im Unternehmen im Kopf

Auf einer Autobahn mit dichtem Berufsverkehr geht ein Fahrer von 80 auf 60 km/h herunter, beim nachfolgenden Auto leuchten die Bremslichter auf, der Hintermann bremst erschrocken ab und so weiter, am Ende steht der Verkehr auf zehn Kilometern, keiner weiß, warum.

Wenn große Probleme auftauchen, sucht man in der Regel auch nach einer ebenso großen Ursache. Der Grund muss aber nicht unbedingt ein herausragendes Ereignis sein, das der eingetretenen Folge an Bedeutung ebenbürtig ist. Ebenso gut können bereits minimale Abweichungen der Richtung den gigantischen Scherbenhaufen verursacht haben, den man am Ende vorfindet. Noch vor 20 Jahren war man sich in unserer Gesellschaft beispielsweise einig, dass eine Ehescheidung eine konkrete Ursache haben muss. Der Ehemann war untreu, er hat seine Frau betrogen, er ist schuld, die Betrogene ist das unschuldige Opfer seiner Untreue. Bis in die Rechtssprechung hinein spiegelte sich die Vorstellung, dass eine Ehe »zerbricht« an den Folgen einer einzigen, klar auszumachenden Ursache. Bei der Scheidungsverhandlung wurde der Schuldige festgestellt. Inzwischen hat sich die Sensibilität dafür erhöht, dass eine Ehe nicht an einem Tag scheitert, sondern dass viele kleine, zunächst nicht so bedeutsame Dinge dazu beitragen. »Wir sind nicht mehr alleine ausgegangen, alles hat sich nur noch um das Haus gedreht, wir haben uns nicht mehr füreinander interessiert, wir haben viel zu wenig miteinander geredet, wir haben uns auseinandergelebt.« – So oder ähnlich hat sich das zusammengebraut. Was schließlich zum »Bruch« geführt hat, war vielleicht ein Liebhaber oder eine Geliebte. Aber kein Scheidungsgericht fragt heute mehr danach.

In der Wirtschaft spricht man gerne von Crash, Einbruch, Fall, Sturz – doch auch diese »plötzlichen« Ereignisse haben in der Regel eine längere Vorgeschichte. In einem Unternehmen kam es vor einiger Zeit zu einem solchen »katastrophalen Ergebnis«: Die angestrebte »schwarze Null« musste von heute auf morgen ins bodenlose Minus korrigiert werden. Offiziell wird dafür die geänderte Marktsituation verantwortlich gemacht: der Einbruch internationaler Mitbewerber in den deutschen Markt.

In den Erzählungen der Mitarbeiter stellt sich das aber anders dar: Hier werden Probleme Jahre früher verortet, in einer Zeit, als der Bereich noch »boomte«.

»Und das waren richtige Boomjahre. Und dann auf einmal weniger. Durch die Allgemeinprobleme Preisverfall, und dann vielleicht auch hat man den Fehler gemacht, dass man um jeden Preis Aufträge haben wollte. Und ich denke, es ist verloren gegangen, die vernünftig zu kalkulieren. Es wurde nicht beachtet: Was kommt überhaupt am Schluss dabei raus? Sondern man wollte eigentlich nur Marktanteile.«

»Da sind Aufträge angenommen worden für 120 Millionen Auftragseingang – und 240 Millionen Kosten! Nur weil da einer auftragseingangs-geil war, und hat also erklärt: ›Den Auftrag nehm ich!‹, und nach seiner Auftragseingangs-Statistik war für ihn ja der Fall erledigt.«

»… wenn man Aufträge reinholt, koste es, was es wolle, … wenn man nicht zu diesem explodierenden Geschäftsvolumen parallel und qualifiziert den Personalstand hochfahren kann, dann kommt eben irgendwann der Krach.«

Angesichts der großen Überraschung, welche nach der Veröffentlichung des katastrophalen Ergebnisses im Unternehmen herrschte, könnte man meinen, alle seien monate- und jahrelang der Täuschung arglistiger, hintertriebener Menschen aufgesessen, die in unverantwortlicher Weise die Zahlen manipuliert hatten. Oder die Führung habe zwar alles kommen sehen, die arglose Belegschaft aber im Unklaren gelassen.
Eine Erklärung ganz anderer Art kam bei der Analyse des Unternehmens im Kopf zutage: im Unternehmen gab es eine Art der Kommunikation über Zahlen und Fakten, die dazu führte, dass aus schlechten Nachrichten weniger schlechte wurden, aus weniger schlechten normale und aus normalen gute. Jedes Ergebnis, jede Zahl, die von unten nach oben kommuniziert wurde, unterlag dieser unausgesprochenen Regel. Auf jeder Ebene wurde ein Fakt ein bisschen positiver dargestellt, ein klein wenig geschönt, die »Zahlen in Ordnung gebracht«, bis schließlich auf dem Weg nach oben die eigentliche Nachricht nicht mehr wiederzuerkennen war. So war das Unternehmen nicht nur immun gegen schlechte Nachrichten, es war im Nachhinein für die einzelne Abteilung oder den einzelnen Mitarbeiter auch nicht mehr nachvollziehbar, wie es zu einer so krassen Abweichung zwischen faktischer und kommunizierter Realität kommen konnte. Jeder hatte ja nur eine ganz kleine Veränderung vorgenommen. Aber in der Summe hatte sich so eine Katastrophe zusammengebraut, an deren Höhepunkt das filigrane »Lügengebäude« zusammenbrach. Die kleinen Ereignisse hatten sich nach und nach akkumuliert, bis es zum großen Crash kam. Nur indem man den Weg zurückgeht, kann man sehen, was eigentlich der Auslöser dieses vermeintlich überraschenden Ereignisses war.
Die »Regel« für die Informationsweitergabe in unserem Beispiel war nicht verordnet oder irgendwo festgeschrieben. Sie setzte sich aus kleinen Zeichen zusammen, die gegeben und empfangen wurden. Berichtet man dem Vorgesetzten von Problemen, und er reagiert nicht nach dem Tenor »Na gut, da müssen wir offensichtlich etwas unternehmen, haben Sie Vorschläge?« son-

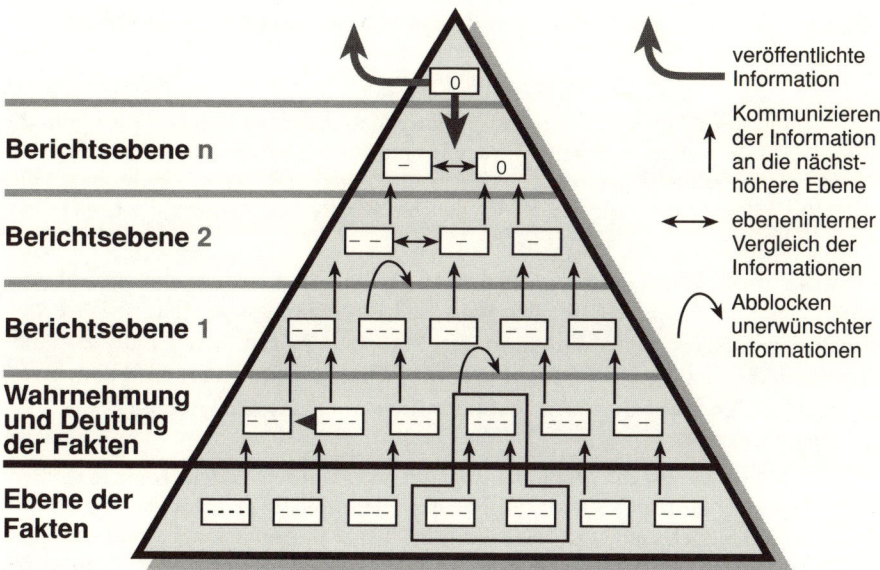

Berichtsebene n

Berichtsebene 2

Berichtsebene 1

Wahrnehmung
und Deutung
der Fakten

Ebene der
Fakten

veröffentlichte
Information

Kommunizieren
der Information
an die nächst-
höhere Ebene

ebeneninterner
Vergleich der
Informationen

Abblocken
unerwünschter
Informationen

dern die Atmosphäre »Was? Damit kann ich mich oben nicht sehen lassen, das können Sie so nicht stehenlassen!« herrscht vor, dann prägt sich das ein und bestimmt auf die Dauer das Handeln in ähnlichen Situationen.

> »... und wenn Sie also hier rumhören, es ist im Moment hier eine miese Stimmung. Und das liegt nicht daran, dass Vorgesetzte die miese Stimmung hier reinbringen, sondern einfach, weil man aus Gesten, die passieren, das entnimmt: halt besser die Klappe.«

> »... und die erfahrenen Leute aus der Belegschaft sagen, um Gottes willen, das kann doch wohl nicht sein, ist wohl nicht ganz richtig. Und wenn die dann darauf aufmerksam machen, kriegen die gesagt, früher beim Bund haben wir gesagt, Schnauze halten, weiter dienen. Nicht so drastisch, aber ganz klar, was die dann das nächste Mal machen. Dann heißt das Motto: ›Lasst die doch mal machen, die werden schon sehen, was die davon haben‹«.

> »Dann rennt man in das eine Zimmer rein mit 40 Millionen, wird ins nächste Zimmer geschickt und kommt mit 20 Millionen wieder raus, was natürlich für alle Beteiligten netter ist, aber was überhaupt nicht mehr der Wahrheit entspricht. ... Man hat zum einen die Loyalität zum Werk, man will ja, dass es eher ein bisschen sanfter abgehandelt wird, andererseits weiß man ganz genau, die Bombe wird platzen.«

Der Vorgesetzte wiederum wiegelt den Mitarbeiter auch nicht ohne Grund ab, auch er reagiert nach einer unbewussten Strategie, die er bei Meetings oder in Vorstandspräsentationen als erfolgreich erlebt und »gelernt« hat.

Auch er ist wieder nach oben verantwortlich und weiß, was da von ihm erwartet wird.

> »… dann kam diese ziemlich heiße Phase mit vielen Repressalien so in Richtung: ›Bring' Deine Zahlen in Ordnung‹ und ›das geht so nicht. Ihr könnt die Zahl nicht hinschreiben!‹. Und wir sind auch mal aus einer Vorstandsaussprache rausgeflogen, sprich schlicht und ergreifend haben wir die erste Folie aufgelegt, dann sagt der X: ›Gehen Sie wieder raus. Das will ich gar nicht sehen‹«.

Obwohl diese Regel nicht verordnet war, kam sie trotzdem von »oben«. Denn Zeichen dafür, wie mit der Wahrheit umgegangen werden soll, werden top-down ausgesendet: Will man die Wahrheit hören, wird man zu einer Atmosphäre beitragen, die den Fluss der Wahrheit befördert und somit erst ermöglicht. Entsteht diese Atmosphäre nicht, hat das Auswirkungen auf den Informationsfluss.

> »… ich hab' mir die Methoden angeschaut mit denen da dem Topmanagement reportet wird und wie das Topmanagement mit solchen Informationen umgeht. Und ich stelle fest, die sind ja noch viel unprofessioneller als wir unten das waren. Da sind noch viel mehr Annahmen und es spielen Emotionen, Eitelkeiten eine Rolle, die Leute überlegen sich gar nicht: ›wie bringe ich die Wahrheit rüber‹, sondern ›was ist noch verträglich, was darf man noch erzählen?‹«

Der verwegene Hofnarr

Der König hatte ein Pferd, das war ihm so lieb, dass er sagte: »Ich weiß nicht, was ich tue, wenn das Pferd mir stirbt. Aber den, der mir von seinem Tod die erste Nachricht bringt, den lass ich auch gewiss henken.« Item, das Rösslein starb doch, und niemand wollte dem König die erste Nachricht davon bringen.
Endlich kam der Hofnarr. »Ach, gnädigster Herr«, rief er aus, »Ihr Pferd! Ach, das arme, arme Pferd! Gestern war es noch so…« – das stotterte er, und der erschrockene König fiel ihm ins Wort und sagte: »Ist es gestorben? Ganz gewiss ist es gestorben, ich merk's schon.« – Ach, gnädigster Herr«, fuhr der Hofnarr mit noch größerem Lamento fort, »das ist noch lange nicht das Schlimmste.« – »Nun, was denn?« fragte der König. »Ach, dass Sie jetzt noch sich selber müssen henken lassen. Denn Sie haben's zuerst gesagt, dass Ihr Leibpferd tot sei. Ich hab's nicht gesagt.«
Johann Peter Hebel: Der verwegene Hofnarr, in: Werke. München: Hanser 1954.

Im Fall unseres Beispiels hat der Einzelne nicht die Möglichkeit, der Struktur zu entgehen. Die Macht dieser Struktur liegt im Zusammenspiel aller. Hier liegt auch die Chance einer Veränderung: Die Struktur muss da aufgelöst werden, wo sie ihre Wurzel hat: bei den Signalen top-down, die die Haltung zur Wahrheit ausdrücken. Nicht gute Nachrichten belohnen, sondern offene und schnelle Information, Erwartungen an den konkreten Möglichkeiten ausrichten, erkannte Probleme als Chance zur Verbesserung ansehen: Wenn eine solche Atmosphäre herrscht, funktioniert der Informationsfluss wieder, ohne dass groß darüber geredet werden muss.

Genauso wie eine kleine Drehung am falschen Rad am Ende zu einer gigantischen Abweichung vom Kurs führen kann, reicht manchmal eine kleine Drehung am richtigen Rädchen, um ein Problem zu lösen.

Ressource Kommunikation

Was haben Ameisen mit Unternehmenskommunikation zu tun?

Bereits so »primitive« Lebewesen wie Ameisen oder Bienen verfügen über grundlegende Möglichkeiten zu kommunizieren, und nur deshalb gelingt es ihnen, komplexe Strukturen aufzubauen.

Schon die Tatsache, dass wir diese Insektengemeinschaften als »Staaten« bezeichnen und dass wir diejenige Ameise oder Biene, die allein in der Lage ist, Nachkommen zu erzeugen, »Königin« nennen und den Rest der Ameisenwelt als Arbeiterinnen abtun, zeugt davon, dass die Menschen sich eine solche Organisationsleistung, ein so offenkundiges gemeinsames Schaffen und Bauen vieler nicht anders als von »oben« gesteuert vorstellen können. Aber die junge Wissenschaft der Soziobiologie, die das Verhalten staatenbildender Insekten eingehend erforscht hat, belehrt uns eines Besseren: Es ist eben keineswegs so, dass Termiten, Ameisen und Bienen eine »Monarchie« haben, bei der die Königin als Majestät »befiehlt« und die anderen die Botschaft »verstehen« und befolgen: Es ist vielmehr die Fähigkeit jedes Einzelnen dieser Insekten, mit jedem anderen zu kommunizieren, die das »Volk« insgesamt dazu befähigt, seine Leistungen zu vollbringen. Der Ameisenstaat wird nicht »geleitet«, sondern er entsteht nur aufgrund von Selbstorganisationsprozessen. Es gibt keine Individuen in diesen Insektenvölkern, die das Ganze überblicken oder gar einen »Plan« haben. Jede einzelne Biene oder Ameise für sich genommen hat nur begrenzte, festgelegte Fähigkeiten und Verhaltensmöglichkeiten: Die Intelligenz steckt im System. Die einzelnen Insekten sind das Kommunikationsnetz: Sobald eines das andere trifft, wird »kommuniziert«, werden Botenstoffe ausgetauscht, die darüber Auskunft geben, ob »man« dazugehört, was man gerade tut (Nahrung sammeln, Feinde abwehren etc.), aus welcher Richtung man kommt und in welche Richtung man will. Der Rest ist »adäquates« Verhalten.

Kommunikation ist ein zentraler Aspekt für jegliche Organisation. Ohne die Fähigkeit zur Kommunikation kann es kein koordiniertes Handeln der Einzelnen geben, können keine überindividuellen Strukturen geschaffen und erhalten und keine gemeinsamen Ziele und Zwecke erreicht werden. Wenn wir also Honigwaben oder Termitenburgen bestaunen, sollten wir uns vor Augen halten, dass die Voraussetzung für all diese faszinierenden Leistungen die Fähigkeit der Einzelnen ist, jederzeit miteinander zu kommunizieren.

Die Botschaft hör' ich wohl …

Die Vorstellung, dass Organisationen sozusagen naturgemäß aus »geborenen Entscheidern« und »geborenen Befolgern« bestehen, ist die Ursache dafür, warum sich Unternehmen manchmal so schwer tun, ihre Kommunikationskultur und -effizienz grundlegend zu verbessern. Wenn das »Unternehmen im Kopf« der Führungsmannschaft solche Überzeugungen enthält, dann ist von vornherein klar, dass Kommunikation sich weitgehend in der Einweg-Kommunikation des Informierens erschöpfen muss. Denn innerhalb dieser Wirklichkeitskonstruktion macht es im Grunde keinen Sinn, dialogisch zu kommunizieren. Wenn dennoch zugelassen oder gar erwünscht ist, dass in Besprechungen und Planungsrunden jenseits der jeweiligen Fachbeiträge jeder zu strategischen und konzeptionellen Themen seine Meinung äußern darf, dann ist das oft bloß ein Zugeständnis an die angestrebte Modernität des Führungsstils und den Goodwill der Mitarbeiter.

In unserem Verständnis muss ein Dialog aber mehr sein. Dialogisch kommunizieren heißt so zu kommunizieren, dass dabei etwas Neues entsteht: dass man eine Lösung findet oder einer Lösung näher kommt, dass neue Ideen entstehen, Vereinbarungen auf Gegenseitigkeit getroffen werden. Eine solche Kommunikation stärkt die Bindung und das Commitment aller.

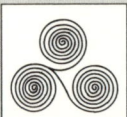

Informieren = kommunizieren

Bei unserer Arbeit haben wir wiederholt die Erfahrung gemacht, dass Manager dazu neigen, Probleme, die wir bei unseren Analysen des Unternehmens im Kopf diagnostiziert hatten, auf »Kommunikationsdefizite« zurückzuführen. Wenn bestimmte Strukturen, Konzepte, »Weltbilder« des Unternehmens im Kopf mit der Version des »offiziellen Unternehmens« – also mit den Vorstellungen und »Weltbildern«, die von der Führungsebene nach außen vertreten werden – nicht übereinstimmen, dann ist die erste Reaktion häufig der Entschluss: »Wir müssen das also noch intensiver kommunizieren!«

Zuweilen wird auch überrascht festgestellt: »Aber das haben wir doch alles ausführlich kommuniziert!« und zum Beweis wird ein Stapel Broschüren und anderes Infomaterial hervorgeholt.

Hinter beiden Reaktionsweisen steht dieselbe Annahme: Kommunikation wird hier im Grunde mit Information bzw. dem Informieren der Mitarbeiter gleichgesetzt. Und wenn eine Entscheidung, eine Veränderung, eine strategische Neuausrichtung als besonders wichtig angesehen wird, dann trägt man dem Rechnung, indem man die »Kommunikationsanstrengungen« erhöht – und das heißt in der Regel, dass man so kommuniziert, wie man immer kommuniziert, aber mit intensiverem Einsatz der »erprobten« Mittel. Mit anderen Worten: Es werden noch mehr Meetings abgehalten, es werden mehr Texte, Charts und Diagramme produziert, es gibt mehr Aushänge, Memos und Rundschreiben, die Botschaft wird über alle zur Verfügung stehenden Medien »gesendet«: Man verbreitet das Thema im Intranet, man vergibt Sonderseiten in der Mitarbeiterzeitung, man organisiert Informationsveranstaltungen. Und nicht zuletzt erhöht man die Taktfrequenz: Die wichtige Neuerung wird wieder und wieder verbreitet.

Im Gegenzug für diesen Informations-Einsatz wird von den Mitarbeitern erwartet, dass sie ihre Holschuld begleichen und das vielfältige Material auch wirklich rezipieren. Und weil man sich um »Verständlichkeit« bemüht hat, erwartet man darüber hinaus, dass die Botschaft nach dem »Empfang« auch verstanden wurde – und ab da kann die Umsetzung beginnen.

Wenn dann der Erfolg ausbleibt, Missverständnisse auftreten, »anders« umgesetzt wird als erwartet, dann ist oft eine tiefgehende Enttäuschung über die »Mannschaft« zu spüren. »Warum«, so fragt man sich, »ziehen so viele nicht mit, obwohl doch alle gut informiert wurden?« Die Antwort ist, dass man Information mit Kommunikation gleichgesetzt hat und deshalb eine Kluft bestand zwischen dem, was im Unternehmen im Kopf ankam und dem, was offiziell verlautbart wurde.

Die Antwort auf die Frage, weshalb »gut gemeinte« Kommunikationsoffensiven häufig nichts bewirken, wird bei unterschiedlichen Unternehmen unterschiedlich ausfallen. Dennoch werden einige Grundmuster sichtbar, die auf weit verbreiteten Denkgewohnheiten über Kommunikation im allgemeinen und insbesondere in Unternehmen zurückzuführen sind.

Das Wichtigste wurde bereits erwähnt: Kommunikation wird – übrigens von Mitarbeitern aller Stufen – häufig mit »Informieren« gleichgesetzt. Informieren ist aber allenfalls ein Sonderfall von Kommunikation, *eine* Art und Weise zu kommunizieren unter vielen anderen. Und in der Regel ist mit bloßem »Informieren« noch lange keine Verständigung zu erreichen.

Der zweite Punkt betrifft eine Annahme, die womöglich noch tiefer im Denken vieler Menschen verwurzelt ist, und über die im Normalfall – wenn alles seinen »geregelten Gang geht« – kaum jemand reflektiert. Es wird selbstverständlich davon ausgegangen, dass die Bedeutung einer Aussage, einer Nachricht, einer Botschaft »klar« ist, dass sie sich »von selbst versteht«. Leben wir nicht alle in derselben Welt, in derselben Unternehmenswirklichkeit, und sprechen wir nicht alle dieselbe Sprache? Wieso ist es dann schwierig, etwas »richtig« zu verstehen, was in dieser Welt gesagt wird? Wenn ein Unternehmensziel, eine Planung, eine Vorgabe verkündet wird und die Angesprochenen das dann nicht entsprechend umsetzen (obwohl man weiß, dass sie die Fertigkeiten und Fähigkeiten dazu haben) – muss man dann nicht annehmen, dass hier Widerstand im Spiel ist?

Ein weiterer Punkt schließlich ist gerade im Zeitalter der Informations- und Kommunikationstechnologie von besonderer Relevanz. Es geht um die neuen Kommunikationsmedien, die neuen medialen Möglichkeiten. Ihr Siegeszug ist universell, auch und vor allem in den Unternehmen, und es knüpfen sich hohe Erwartungen an ihren Einsatz. Erwartungen auch hinsichtlich einer wesentlich effizienteren internen Kommunikation, die in der Praxis nicht immer erfüllt werden. Viele Klagen, die auch bereits vor Einführung von Intranets und E-Mail-Systemen hinsichtlich der Zuverlässigkeit und Effizienz der Kommunikation in Firmen zu hören waren, klingen danach noch genauso – ergänzt um das Stöhnen über die kaum mehr zu bewältigende tägliche »Info-Flut« (»Wann soll ich denn das alles lesen?«). Offenkundig lassen sich die Vorteile der neuen Medien nur nutzen, wenn sie insgesamt in eine funktionierende Kommunikationskultur eingebettet sind – fehlt sie, sind auch die besten elektronischen Infosysteme keine Lösung.

… allein mir fehlt die Zeit

Die Kommunikationswoge überrollt derzeit fast jeden: Meetings und Pre-Meeting-Meetings, Abstimmungs-, Planungs- und Lenkungsrunden häufen sich ebenso wie Memos, E-Mails, Protokolle, Broschüren. Nach neuesten Befragungen verbringen Führungskräfte bis zu 65 % ihrer Arbeitszeit ausschließlich in Sitzungen und Besprechungen, andere Mitarbeiter immerhin noch bis zu einem Viertel (vgl. Süddeutsche Zeitung vom 15. 9. 99). Immer wieder erlebten unsere Gesprächspartner in Unternehmen diese Entwicklung als äußerst negativ – die gängige Art der Kommunikation erscheint vielen als etwas, was sie von der »eigentlichen« Arbeit abhält. Hier nur zwei repräsentative Beispiele:

»Und dann kommt halt zusätzlich, und das ist das, was ich anfangs auch schon mal gesagt hab, dass wir unsere Prozesse ja optimieren sollen, müssen, und dass es dafür halt auch ein Meeting nach dem anderen gibt, wo wir sagen ...: ›Was und wo können wir uns denn verbessern?‹ Und das ist genau das, wo ich sage, damit allein wäre ich eigentlich schon ausgelastet (lacht), wenn ich das sauber machen wollte.«

»Heute sitzen die fähigsten Leute in Besprechungen, en masse, sie glauben gar nicht, wie viele Besprechungen wir am Tag haben. Und dann, sie haben Handy, und dann müssen sie es abschalten und sind tot: sind ja für den Mitarbeiter nicht erreichbar. Der Mann hat aber eine Frage. Sie sitzen aber in einer Besprechung.«

Die Häufung solcher »Kommunikationserlebnisse«, wie sie hier deutlich wird, hat neben anderen negativen Effekten noch eine gravierende Nebenwirkung: Im Unternehmen im Kopf setzt sich der Eindruck fest, dass Kommunikation, miteinander reden, sich abstimmen »nichts bringt«. Dieser prägende Eindruck wird noch verstärkt, wenn in demselben Unternehmen Mitarbeiter immer wieder erleben, dass einerseits Abstimmungsfehler auftreten, andererseits das, was besprochen wurde, nicht umgesetzt wird:

»Also da werden oft unkoordiniert Aktivitäten angeleiert. Das kann jetzt damit zusammenhängen, dass ein großer Konzern mit so vielen Mitarbeitern diese Doppelgleisigkeit nicht verhindern kann, dass das organisationstheoretisch gar nicht anders geht, kann aber auch damit zusammenhängen, dass wirklich kommunikative Barrieren da sind.«

Beide Aspekte – die Vielzahl der Meetings und die Erfahrung ihrer »Nutzlosigkeit« – führen dazu, dass die Mitarbeiter in Kommunikationszusammenhängen zum einen immer passiver werden: Manche Mitarbeiter werden sich in sich selbst zurückziehen und ihre Zeit in Meetings mehr oder weniger absitzen, Ideen, Einwände und Know-how nicht mehr einbringen. Andere werden mit einem eher »schlampigen« oder zynischen Kommunikationsverhalten reagieren, ohne sich darüber Rechenschaft abzulegen: Denn wenn das, was ich sage, ohnehin keine Relevanz hat, ist es letztlich gleichgültig, was ich sage. Zum anderen wird solche »Kommunikation« für die Beteiligten zu einer erheblichen Belastung. Denn nach der neueren Stressforschung sind genau solche Situationen extrem energieraubend, die als sinnlos erlebt werden, vor denen man aber gleichwohl nicht »fliehen« kann. Auf diese Weise werden wertvolle Mitarbeiterpotenziale also gleich doppelt verschwendet.
Völlig zutreffenderweise wird das Management anhand der aufkommenden Probleme – »Doppelgleisigkeiten«, Koordinationsprobleme und deren Folgen – erkennen, dass auf dem Felde der internen Kommunikation etwas unternommen werden muss. Leider ist die Folge solcher Initiative dann häufig, dass »mehr von demselben« getan wird und man in einen Teufels-

kreis hineingerät: Wegen der vielen Besprechungen leidet die Kommunikationskultur und -disziplin der Mitarbeiter, worauf mit einer weiteren Ver-
mehrung der Meetings reagiert wird. Solche fatalen positiven Rückkop-
pelungen hat Peter Senge für eine Reihe von Prozessen in Unternehmen
beschrieben – auf dem Gebiet der Kommunikation sind sie offenbar besonders häufig.

 **Mehr**

Ein Schüler kam zu einem Meister der Kampfkunst. »Ich
will deine Kunst erlernen, wie lange dauert es, bis ich
sie beherrsche?« Der Meister antwortete: »Zehn Jahre.«
»Aber ich will sie schneller erlernen«, meinte der Schüler ungeduldig.
»Ich werde auch hart trainieren, jeden Tag üben, zehn oder mehr Stunden, wenn es nötig ist. Wie lange dauert es dann?« Der Meister über-
legte einen Augenblick: »20 Jahre.«

nach einer japanischen Zen-Geschichte

Um aus dem beschriebenen circulus vitiosus herauszukommen, muss offenkundig an einer anderen Stelle angesetzt werden. Anstelle des *Was* (Zu
welchem Thema brauchen wir Besprechungen?), des *Wer* (Wer muss bei
den entsprechenden Meetings dabei sein?) und des *Wie oft* (In welcher
Frequenz müssen die Beteiligten zusammenkommen?) muss die Frage nach
dem Wie in den Vordergrund rücken. Auch hier wird in der Tat manches
unternommen: Kommunikation soll »offen« sein, »vertrauensvoll«, »klar«
und »professionell«. So oder ähnlich sehen es viele Unternehmensleitbilder
vor. An Seminaren und Tools zu diesen Aspekten herrscht kein Mangel
und manche davon sind tatsächlich nützlich. Nur können solche Maßnahmen erst greifen, wenn vorher die Probleme an der Wurzel gepackt und
an der Basis bereinigt werden. In einem Unternehmen wie dem oben
geschilderten wird es nichts nützen, wenn man Meetings professioneller
moderiert und besser strukturiert. Im Gegenteil: Mitarbeiter, die aufgrund
ihrer Prägung skeptisch gegenüber »Kommunikation« sind und unterstel-
len, dass Offenheit, Sich-Einbringen, Ausdiskutieren von Problemen selten
erkennbar positive Folgen hat, werden formale Verbesserungen und Pro-
fessionalisierung von Meetings als bloße Kosmetik und unnötigen Ballast
empfinden.

Kommunikative Einbahnstraßen

In dem beschriebenen Fall stellte sich heraus, dass Besprechungen in Wirklichkeit reine Informationsveranstaltungen waren: In Wahrheit dienten sie dazu, dass die Führungskräfte einerseits ihre Ziele und Richtlinien an den Mitarbeiter brachten, umgekehrt war es die Funktion der Mitarbeiter, zu berichten, den Stand der Dinge zu schildern, zu »rapportieren«. Als Gruppe kam man deshalb zusammen, weil damit die für ein Projekt zuständigen Personen eben auf einen Schlag informiert werden konnten. Ein tatsächlicher Austausch über Ideen, Möglichkeiten, Pros und Cons fand dabei aber zumeist nicht statt. Bei solchen Treffen sitzt man zwar in einer »Runde« zusammen, die Kommunikation läuft aber auf zwei parallelen Einbahnstraßen: die eine Einbahnstraße verläuft von oben nach unten, auf ihr wird top down verkündet, was das Management entschieden und geplant hat und was es fordert. Der andere Weg verläuft als kommunikatorischer Muli-Pfad von unten nach oben: Hier wird berichtet und vorgetragen. Jede Abweichung der Mitarbeiter von diesem System erweist sich als wenig erfolgversprechend, wenn nicht gefährlich:

> »Ich sage es mal ganz global, hier werden Entscheidungen getroffen, von denen ein großer Teil der Belegschaft weiß, dass das so zumindest Probleme macht. Und wenn man darauf aufmerksam macht, … dann sind solche Meinungen nicht gefragt, im Gegenteil: dann wird demjenigen ziemlich deutlich gemacht, dass er sich gefälligst um seinen Kram kümmert.«

> »Ich habe also versucht, einen Termin zu kriegen, hat er mir auch zugesagt den Termin. Wie ich reinkam und das Thema anschnitt, hat er schon den Allerwertesten auf dem Stuhl hin und her gerutscht, also er hatte wenig Zeit. Dann habe ich ihm das erläutert, aber das wollte er gar nicht hören.«

So deutlich wie hier beschrieben wird die Eingleisigkeit der Kommunikation in der Regel nicht gemacht. Vielmehr scheint das Management häufig sein »Interesse« an der Meinung der Mitarbeiter zu signalisieren und zum Austausch von Meinungen und Standpunkten aufzufordern:

> »Ja, sagt doch mal Euere Meinung! Ich sage: Wer will die denn hören? Ja wir. Ich sag' nee, … guckt doch mal, alle die mal eine andere Meinung hatten, die gibt es doch bei uns alle nicht mehr. Wie, die gibt's nicht mehr? Dann habe ich aufgezählt: der und der, bekannte Namen, die also einen Ruf in dem Bereich hatten.«

> »… die hören ja gar nicht mehr zu, die sagen zwar: ›Gib' mal deine Meinung!‹, hören aber nicht zu, wollen einem im Grunde genommen nur ihre Meinung aufdrücken, also dafür bin ich mir zu schad'.«

> »Manchmal sind … die Leute die da am Anfang den Finger gehoben haben … gar nicht mehr da.«

Die Mitarbeiter interpretieren also die Dialogbereitschaft von »oben« eher als vorgetäuscht, ja sogar als Falle, vor der man sich hüten muss. Dem Management wird unterstellt, dass es zum Teil gar nicht ernsthaft an den Einwänden und der Kritik der Mitarbeiter interessiert ist, auch wenn dies behauptet wird, oder aber, dass eine solche behauptete »Offenheit« nur ein Trick ist, um die Dissidenten im Unternehmen entlarven zu können. Entsprechend stellen die meisten ihr eigenes Kommunikationsverhalten um. Sie finden sich wohl oder übel mit der Rolle des Berichterstatters, des Boten, ab und kalkulieren darüber hinaus noch das Risiko jeglicher Informationsweitergabe.

Angebote zu kommunikativer Offenheit werden also von den Mitarbeitern erst gar nicht mehr angenommen. Ob zu Recht oder zu Unrecht, spielt an diesem Punkt bereits keine Rolle mehr. Offenkundig genügt es, dass viele Mitarbeiter zu gewissen Zeiten mit einer Reihe von Führungskräften entsprechende Erlebnisse hatten: Ist dann ein bestimmter Schwellenwert erst einmal erreicht, rechnen die Mitarbeiter diese prägende Erfahrung hoch und misstrauen der Führung pauschal. Einzelne Führungskräfte und Manager, die vielleicht ernsthaft einen kooperativeren Arbeits- und Kommunikationsstil verwirklichen wollen, werden in einem bestimmten Maße von dieser Situation mitbetroffen sein.

Und auch die Verlautbarung neuer Kommunikations- und Führungsleitlinien wird kurzfristig an diesem Zustand nichts ändern können, solange die Kommunikationsregularitäten des Unternehmens im Kopf von den offiziell verkündeten Kommunikationsregeln meilenweit abweichen. Gute Vorsätze allein können hier nicht mehr helfen: »Offiziell« ist die Meinung der Mitarbeiter gefragt, »offiziell« wollen Führungskräfte zuhören, »offiziell« wird nicht autoritär geführt – die Mitarbeiter beobachten jedoch das Verhalten der Führungskräfte mit skeptischer Aufmerksamkeit und interpretieren *alle* Aspekte der Kommunikation und ihren Zusammenhang: Welche non-verbalen Signale sendet das Management aus, welche Folgen hat ein bestimmtes Kommunikationsverhalten, wie passen Äußerungen und Verhalten zusammen?

> »Es ist das Querdenken, die freie Meinungsäußerung, was im Grunde genommen eingeschränkt wurde. Eigentlich nicht die freie Meinungsäußerung, die können Sie auch heute noch tätigen, aber mit dem Touch negativ. Also: ›Den wollen wir gar nicht fragen, der hat ja nur was zu bemängeln‹, so empfinde ich es.«

> »Aber von oben wurde es diktiert, aber dann nicht gesagt: ›Ich diktiere es‹, ... weil er dann auch wieder dazu stehen müsste, mit allen Konsequenzen. Nee, nee, wischiwaschi.«

Der Holzhacker und der Fuchs

Von Hunden verfolgt, kam ein Fuchs an eine Hütte, vor welcher ein Holzhacker stand und einen eichenen Klotz spaltete. Er bat ihn dringend: Vergönne mir einen Schlupfwinkel nur so lang, bis die Jäger vorbeigezogen sind, ich werde dir ewig dafür dankbar sein!« – »Hier ist«, antwortete dieser aus Mitleid, »meine Hütte, geh hinein, da bist du sicher.« Nun erst fiel ihm aber ein, dass dieses Tier allgemein schädlich sei; er sagte deshalb zu den Jägern, die ihn nach dem Fuchs fragten, er wisse nichts von ihm; mit dem Finger aber zeigte er nach dem Orte hin, wo er versteckt lag. Diese merkten den Wink nicht und gingen schnell vorbei.

Als der Fuchs sah, dass die Jäger vorbeizogen und für ihn keine Gefahr mehr sei, ging auch er fort, aber ohne von dem Holzhacker Abschied zu nehmen.

Da ihm nun dieser seine Undankbarkeit vorwarf, so wandte sich der Fuchs um und antwortete:

»Glaube mir, dass ich dir gewiss sehr dankbar gewesen wäre, wenn die Sprache deiner Finger mit der deines Mundes übereingestimmt hätte.«

unbekannter Autor, Quelle: Projekt Gutenberg.

Für das Unternehmen im Kopf ist demnach klar, dass man dem, was in Besprechungen, Meetings und in der Kommunikation zwischen »oben« und »unten« gesagt wird, nicht unmittelbar trauen kann. Und dies gilt für das ganze Unternehmen: Die Führungskräfte haben – nicht zu Unrecht – den Eindruck, dass die Mitarbeiter ihnen nicht die (ganze) Wahrheit sagen. Die Mitarbeiter wiederum glauben, dass die Angebote der Führung zu offener Kommunikation nicht ehrlich gemeint sind. Was bleibt, ist die oben geschilderte Doppel-Einbahnstraße, über die lediglich Informationen ausgetauscht werden, die dann noch nicht einmal verlässlich sind: Die Mitarbeiter überprüfen ihre Äußerungen im Vorfeld auf »Verträglichkeit«, die Führung ändert ihre Entscheidungen immer wieder um.

In dieser Situation kommt es zu dem scheinbaren Paradox, dass im selben Unternehmen, in dem Mitarbeiter ein Zuviel an Kommunikation beklagen, andere gleichzeitig den Mangel an Kommunikation für Probleme im Unternehmen verantwortlich manchen:

> »... es kommt nur von oben runter ja, hier wird zu wenig kommuniziert, hier werden Symptome verstärkt bekämpft ... ohne die Ursache zu berücksichtigen. ... Es wird zu wenig koordiniert. Und das ist für mich eigentlich ein ganz

ein wesentliches Thema, ein schwarzer Punkt, wenn ich es so sagen darf, im Unterschied zu einer überschaubaren Firma.«

Dieses Paradox löst sich aber augenblicklich auf, wenn man die Qualität, das Wie der Kommunikation mit auf die Rechnung setzt. Das Unternehmen im Kopf sagt hier sehr deutlich aus: Bei uns gibt es viel zu viel von der »falschen« Kommunikation und viel zu wenig von der »richtigen«. Gleichzeitig herrschen – aufgrund der prägenden Erfahrungen – insgesamt tiefe Zweifel daran, ob die »richtige« Kommunikation im eigenen Unternehmen überhaupt erfolgreich praktizierbar ist.

Wir haben uns diesem Beispiel deshalb so ausführlich gewidmet, weil an ihm einige grundlegende Kommunikationsregularitäten erkennbar werden. Das Beispiel mag einen relativ extremen Fall darstellen, auch haben wir hier, um die Problematik zu verdeutlichen, solche Zitate ausgewählt, die sozusagen die sichtbare Spitze des Eisbergs darstellen. In der Tendenz kommen aber ähnliche Konstellationen in vielen Firmen vor.

 ### Meetings effizient planen und durchführen

Meetings und Besprechungen werden häufig ohne große Überlegungen angesetzt: Taucht irgendein Problem oder ein Thema auf – schon steht ein Meeting im Terminkalender. Es können jedoch sehr viel Zeit und Ressourcen gespart und Frustrationen vermieden werden, wenn man vorher folgende Punkte durchdenkt:

1. Was soll erreicht werden?

Welches Thema, welches Problem steht an? Welcher Typ von Ergebnis wird angestrebt? Soll das Problem am Ende genau definiert sein? Oder soll bereits eine Lösungsstrategie definiert sein? Oder will man, dass alle Betroffenen über ein Thema informiert sind?

2. Der Weg zum Erreichen des Ziels:
Informieren oder kommunizieren?

Häufig werden Meetings angesetzt, deren einziger Zweck der ist, dass jemand die anderen Teilnehmer über ein bestimmtes Thema informiert. In diesem Fall ist zu überlegen, ob es nicht weitaus effizienter wäre, diese Informationen per E-Mail weiterzugeben. Meetings sollten den Themen vorbehalten bleiben, zu denen dialogische Kommunikation nötig ist: Ideenentwicklung, Lösungsvorschläge sammeln, Strategien oder Vorgehensweisen gemeinsam entwickeln, etc.

3. Meetings klar strukturieren

Von Anfang an muss allen Teilnehmern klar sein, was der Sinn eines Meetings ist und was am Ende dabei herauskommen soll. Der Status der Besprechung muss gleich am Anfang kommuniziert werden: Geht es um ein Brainstorming, um Sondierung vorliegender Lösungsvorschläge oder um die Planung konkreter Schritte?

In diesem Zusammenhang ist auch zu fragen, ob alle Teilnehmer so »im Thema drin« sind, dass im Meeting effizient gearbeitet werden kann. Häufige Klagen hört man über Führungskräfte, die völlig unvorbereitet in eine Besprechung kommen; eine Menge Zeit wird dann damit vertan, die »blanke« Führungskraft ins Bild zu setzen.

4. Klare Vereinbarungen für die Weiterarbeit

Sehr wichtig ist es, am Ende des Meetings klare Committments für die einzelnen Schritte der Weiterarbeit zu vereinbaren: Wer übernimmt Verantwortung für welchen Schritt? Bis wann erledigt er seine Aufgabe? Wer gibt wem Feedback?

Kommt dieser Punkt zu kurz, stellt sich bei den Teilnehmern der Reich-Ranicki-Effekt ein: »Der Vorhang ist zu – und alle Fragen sind offen.« Sie gehen dann mit dem Gefühl aus dem Meeting, wieder einmal ein paar Stunden überflüssig »versessen« zu haben.

Die vier Felder der Kommunikation

Vergegenwärtigen wir uns nochmals die wichtigsten Dimensionen der Kommunikationsrealität in unserem Fall: Hier wird in Besprechungen, Meetings und Gesprächen zwischen Führungskräften und Mitarbeitern »Kommunikation« vornehmlich als »Informieren« praktiziert. Das bedeutet, auch in formalen Kommunikationsformen, in denen eigentlich ein Austausch, ein Dialog, stattfinden sollte, wird eine Ein-Weg-Kommunikation betrieben: und zwar top down ebenso wie bottom up. Zwar werden Meinung, Kritik, Vorschläge der Mitarbeiter eingefordert – sie werden aber nicht im Dialog beantwortet. Eine konstruktive Auseinandersetzung über wichtige Fragen und Perspektiven (etwa die fachliche) kommt in den Meetings und Gesprächen zwischen Mitarbeitern und Managern nicht vor und wird ab einem bestimmten Punkt von den Mitarbeitern auch nicht mehr eingebracht.

Wenn wir die verschiedenen Möglichkeiten der Kommunikation zwischen den Hierarchieebenen im Unternehmen in ein Koordinatensystem eintragen, so ergeben sich vier Felder:

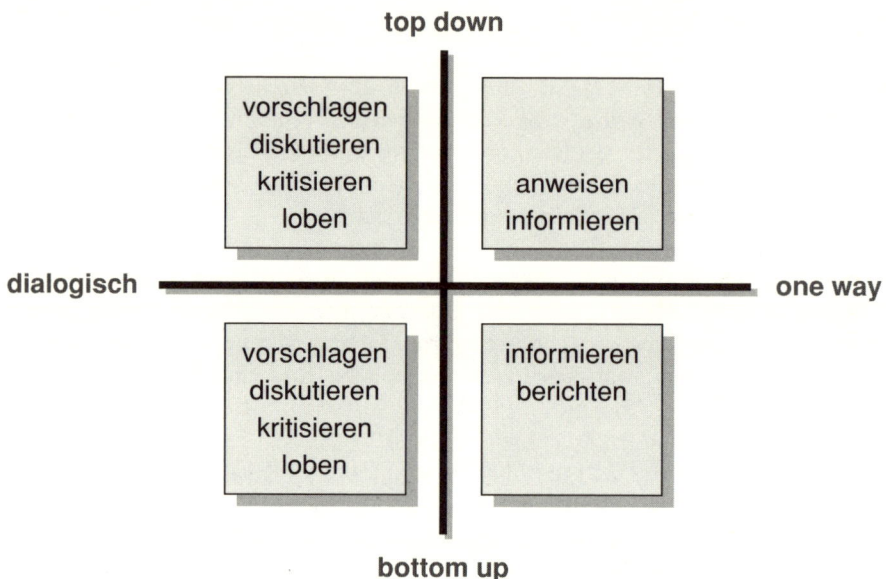

Die rechte Seite der Grafik deckt den Bereich der »One-way-Kommunikation« ab. Hier werden rein informatorische Äußerungen ausgetauscht: Anweisungen und Aufträge an Mitarbeiter, Information über wichtige Entscheidungen oder über Probleme, Berichte über den Stand der Umsetzung und die geleistete Arbeit. Es ist klar, dass in diesem Feld deutliche Unterschiede zwischen Mitarbeitern und Führungskräften auftreten müssen: Mitarbeiter können ihren Führungskräften keine Weisungen erteilen oder dem Topmanagement keine neue Strategie verkünden.

Ganz anders sieht das in den beiden übrigen Feldern aus: Auf der linken Seite, auf der die dialogische Kommunikationsform angesiedelt ist, gelten bottom up wie top down die gleichen Regeln. Hier geht es darum, Erfahrungen, Meinungen, Wissen und Ideen auszutauschen und zu diskutieren. Hier zählt die Ausschöpfung der Möglichkeiten und Perspektiven aller Beteiligten, die gemeinsame Suche nach dem besten Weg.

Selbstverständlich braucht jede Organisation Kommunikation in jedem der vier Quadranten. Es gibt zahlreiche Fakten, die Mitarbeiter oder Führungskräfte wissen müssen, ohne dass es sinnvoll wäre, sie zu »diskutieren«. Dazu gehören viele geschäftspolitische und strategische Entscheidungen, Informationen über wichtige Entwicklungen auf dem Markt oder beispielsweise der Start einer neuen Werbekampagne. Dass ein neuer, wichtiger Kunde gewonnen wurde, ist für die gesamte Mannschaft eine wichtige Information – ein Anlass zu Besprechungen wäre es allenfalls, wenn es darum ginge, Ideen zu entwickeln, wie dieser Kunde optimal »gepflegt« werden kann.

Mitarbeiter werden ihre Führungskräfte umso eher über den Stand ihrer Arbeit und die Entwicklung ihrer Projekte informieren, je mehr sie wissen, dass diese ihrem Engagement und Know-how grundsätzlich vertrauen und nicht jedes Detail in Frage stellen oder regulieren wollen.

Ein Unternehmen, das seine Kommunikation ganz auf Dialog, ganz auf die linke Seite des Schemas einstellen wollte, wäre eine ineffiziente »Quatschbude«, in der zwar ständig Ideen produziert, aber kaum welche umgesetzt werden.

Wenn aber umgekehrt das dialogische Prinzip in der Unternehmenskommunikation unterrepräsentiert ist oder gar fehlt, bedeutet dies die Vergeudung von vorhandenen sozialen und geistigen Ressourcen, die sich ein Unternehmen im heutigen Wirtschaftsumfeld eigentlich nicht mehr leisten kann. Es sind drei Hauptfaktoren, die die Bedeutung der linken, dialogischen Felder ausmachen:

- *Erstens* erweist es sich, dass Lösungen, die – zumindest partiell – gemeinschaftlich erarbeitet wurden, die über einen Austausch von Perspektiven, Wissen, Erfahrungen und Ideen entstanden sind, wesentlich leichter umgesetzt werden können. Beteiligt-Sein erhöht die Motivation, und die Einhaltung so erarbeiteter Regeln und Konzepte muss daher nicht mehr stetig von »oben« kontrolliert werden – die Beteiligten selbst achten darauf.
- *Zweitens* haben dialogische Situationen ein hohes Innovationspotenzial. Denn wie jeder aus eigener Erfahrung weiß, sind es oft die Sichtweisen von anderen, die den eigenen Blick schärfen, Aspekte bewusst machen, die man bisher nur »dunkel« geahnt hatte. So tritt im Dialog oft ein Wissen zutage, das niemand für sich allein so hätte haben können und es entsteht neues Wissen, indem sich verschiedene Erkenntnisse und Perspektiven mischen und gegenseitig positiv aufschaukeln. Gleichzeitig sind Einwände, Gefahrenpunkte, die ein Einzelner übersieht, sofort präsent und Fehler können im Ansatz vermieden werden. Dies natürlich nur unter der Voraussetzung, dass alle Beteiligten darauf vertrauen können, dass die gemeinsame Planung, die gemeinsame Suche nach Konzepten und Lösungsmöglichkeiten auch tatsächlich zu entsprechenden Veränderungen und Handlungen führt. Wenn dialogische Planung nur als unverbindliches Spiel betrieben wird, sollte man lieber die Finger davon lassen. Es gibt leider genügend Beispiele dafür, dass Unternehmen Mitarbeiter einladen, Konzepte zu entwickeln, die dann in der Schublade landen und vom Topmanagement per Dekret durch ein völlig anderes ersetzt werden. Ein solches Beispiel wurde im vorigen Kapitel vorgestellt. Hier wird völlig ohne Not Frustration und Skepsis erzeugt.
- *Drittens* erhöht der intelligente Einsatz dialogischer Kommunikation auch die Effizienz der Informationsebene. Mitarbeiter aller Stufen, die die Erfahrung machen, dass sie ihr Können, ihr Know-how, ihre Erfahrung in relevanten Gestaltungsprozessen einbringen können, dass sie etwas um-

setzen, zu dessen Entstehung sie selbst gemeinsam mit den anderen beigetragen haben, nehmen die Ebene der Information wesentlich ernster und
haben ein besseres Gespür dafür, welche Informationen für wen relevant
sind und welche nicht. Damit wird aber auch ein Argument hinfällig, das
oft gegen dialogische Strukturen vorgebracht wird: Manager fürchten,
dass diese Art der Kommunikation zu viel Zeit kostet: »Unsere Mitarbeiter sitzen sowieso schon ständig in Besprechungen und Meetings, die machen einen Aufstand, wenn wir jetzt auch noch sowas machen!«, heißt es
dann. Eine solche Argumentation ist ein untrügliches Zeichen dafür, dass
die Manager das Neue in alten Strukturen denken – beziehungsweise,
dass sie so an den alten Mustern hängen, dass sie sie nicht aufgeben wollen und statt dessen versuchen, jeden neuen Wein in die immer gleichen
alten Schläuche zu gießen. Tatsächlich wird dort, wo dialogische Prinzipien praktiziert werden, die Kommunikationsflut eingeschränkt. Viele
Meetings und Besprechungen entfallen, Mitarbeiter kommunizieren nicht
immer wieder das Gleiche, weil sie auf anderem Wege nicht durchdringen
oder erfüllen Meldungsrituale, weil sie das Gefühl haben, sich absichern
zu müssen, indem sie über jedes Detail Rechenschaft ablegen. Per Saldo
wird also Zeit eingespart, wenn man sich die Zeit dafür nimmt, »richtig«
zu kommunizieren.

Das Argument für den Einsatz dialogischer Kommunikation ist also nicht
in erster Linie, dass sie »humaner« oder »demokratischer« ist – das ist ein
erfreulicher Zusatznutzen –, sondern dass er sich letztlich als ökonomisch
sinvoller erweist. Es hat auch keinen Sinn danach zu fragen, welches der
vier Felder in unserem Kommunikationsschema das wichtigste oder »beste«
ist. Relevant ist dagegen die Frage, ob in der Organisation effizient und
»passend« kommuniziert wird.
Wenn wir nochmals auf unser obiges Unternehmensbeispiel zurückkommen
und die dort vorgefundene Situation auf das Raster übertragen, wird sofort
klar, dass die gesamte linke Seite in dieser Firma im Grunde leer bleibt.
Als wir bei der Präsentation unserer Storytelling-Analyse im Management
des Unternehmens auf dieses Defizit aufmerksam machten, bestätigte die
Reaktion den Befund. Die Führung war ungeduldig. Aufgrund der ernst-
haften internen und ökonomischen Probleme hatte man sehr viele Projekt-
zirkel mit entsprechend vielen Meetings ins Leben gerufen und verbreitete
die jeweils neuesten Ziele und Maßnahmen auf allen internen Informa-
tionskanälen. Deshalb zeigte sich das Management entgegen aller Fakten
entschlossen, »nach vorne zu schauen« und den aktuellen Kurs »durchzu-
ziehen«. Angesichts unseres Vorschlags zur Veränderung der Kommuni-
kations-Kultur fragte man uns: »Was meinen Sie mit dialogisch? Sollen wir
unsere Strategie noch intensiver kommunizieren?«

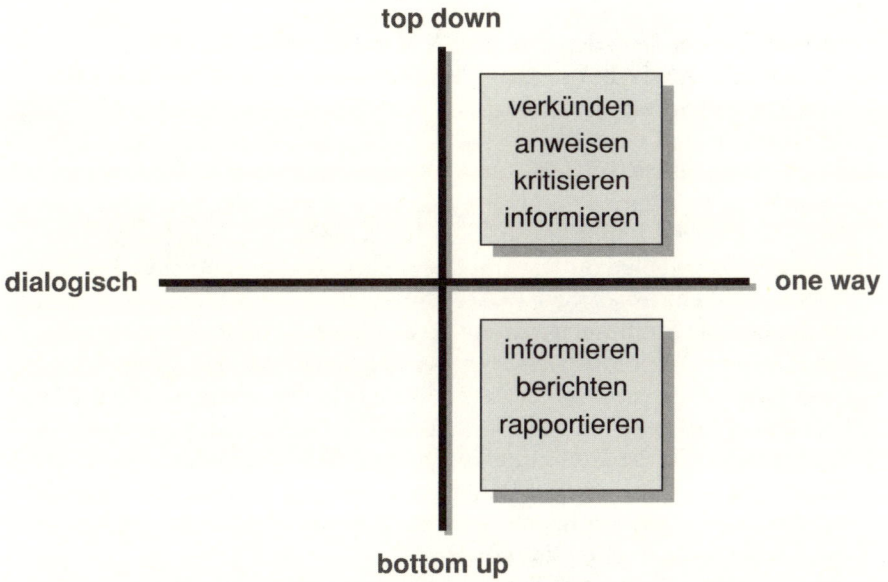

Wege zur dialogischen Kommunikation

Information nicht als »Waffe« einsetzen

Das Zurückhalten wichtiger Informationen, das Dementieren von durchgesickerten Informationen wider besseres Wissen zerstört nachhaltig die Basis der Informationskultur im Unternehmen.

Dialog und Offenheit nicht »simulieren«

Wer erst einen tatsächlichen Austausch zulässt, um dann am Ende doch das zu dekretieren, was man von Anfang an wollte, zerstört Motivation und Kommunikationskultur. Dialogische Kommunikation muss inhaltlich offen sein: Es muss zwar klar sein, welcher *Art* das Ergebnis sein soll (zum Beispiel Umsetzungsschritte), aber es darf nicht schon von vornherein festgelegt sein, welche *Inhalte* herauskommen (zum Beispiel welche konkreten Umsetzungsschritte man angehen will).

Von der »Bring- und Holschuld« zur »Austauschschuld«

Typisch für die Verwechslung von Kommunikation und Information ist die in den meisten Unternehmen anzutreffende Definition von Information/Kommunikation als »Bringschuld« oder »Holschuld«. Bei-

des liegt auf der Seite der One-way-Kommunikation. Was fehlt, ist eine
»Austauschschuld« bzw. eine »Verständigungspflicht«, die das Kom-
munikationsfeld um die dialogische Seite ergänzen würde.

Realitätsmodelle offenlegen

Wenn es zu Problemen im Dialog kommt (»aneinander vorbeireden«),
liegt die Ursache häufig darin, dass die Kommunikationspartner verschiedene »Modelle von Realität« bezüglich des verhandelten Themas
im Kopf haben. In solchen Fällen kommt man nur weiter, wenn man
inhaltlich eine Stufe tiefer auf die Basis dieser Realitäts-Modelle geht:
Jeder Kommunikationspartner muss dann sein Modell offen legen,
beschreiben, was aus seiner Sicht bezüglich des Themas »Realität«
bedeutet. Man wird dann sehr schnell den Punkt finden, in dem die
Realitätsmodelle der Kommunikationspartner voneinander abweichen.
Wenn man sich über diesen Punkt dann geeinigt hat, kann man auch
auf der ursprünglichen Ebene erfolgreich weiterkommunizieren – man
redet nicht mehr aneinander vorbei.

Das Abrakadabra des Managers:
Performative Kommunikation

Letztlich sind es immer kommunikative Akte, durch welche die Ideen, Konzepte, Maßnahmen und Weisungen der Führungskraft an die Mitarbeiter
gelangen und damit in der Unternehmenswirklichkeit ihre Auswirkungen
erfahren (wenn auch nicht immer in der gewünschten Weise, wie wir noch
sehen werden). Nicht umsonst umschreiben wir den Entscheider, die Leite-
rin oder den Chef sprachlich als eine Person, »die das Sagen hat«. Diejenigen, die »das Sagen haben«, sind Menschen, die aufgrund kommunikativer
Akte, qua Sprache, die Realität recht unmittelbar beeinflussen können. Im
Unterschied dazu würde beispielsweise niemand über die Autoren äußern,
dass sie, indem sie dieses Buch schreiben, »das Sagen haben«. Was hier geschrieben steht, kann Realität allenfalls mittelbar beeinflussen – etwa, indem Leserinnen und Leser unsere Gedanken und Argumente verstehen und
sich für entsprechende Veränderungen in ihrem Unternehmen einsetzen.
Sprachwissenschaftlich unterscheidet man verschiedene Arten, wie Äußerungen mit der Realität verknüpft werden können: Sich äußern heißt, sich
»über« einen Ausschnitt der Realität zu äußern, oder aber die Realität
durch die Äußerung zu *verändern*. Ersteres findet statt, wenn wir etwa erzählen, »was gestern passiert ist«, oder wenn wir einen physikalischen Text
schreiben, indem wir etwa das Funktionieren von Quantensprüngen erklä-

ren; zweiteres sind so genannte »performative Äußerungen« wie sie in der Sprechakttheorie von Austin (»How to do Things with Words«) beschrieben sind: Wenn etwa ein Richter im Gerichtssaal zu einem Angeklagten sagt: »Ich verurteile Sie zu zehn Jahren Haft!« oder »Ich spreche Sie frei!«, dann ändert er mit einem Satz faktisch etwas an der Realität. Gleiches gilt, wenn der Standesbeamte das Eheschließungs-Ritual mit dem Satz »Hiermit erkläre ich euch zu Mann und Frau« beschließt. Oder denken Sie an die Verkehrszeichen: Mit ihrem Aufstellen in einer Stadt verändert die Verwaltung die Struktur der Stadt: Bestimmte Straßen sind nun Vorfahrtsstraßen, andere Einbahnstraßen, wieder andere verkehrsberuhigte Straßen.

In vielen Situationen haben Äußerungen eines Managers denselben Status: Wenn der Chef in den USA ausruft »You're fired!«, dann ist dies eine performative Äußerung nach Art des Richterspruchs. Gleiches gilt für Beförderungen, die Auflösung einer Abteilung, für die Einführung eines Produkts, einer neuen Software: Planungen kommen durch Entscheidungen zu ihrem Abschluss und Entscheidungen kommen in die Unternehmensrealität, indem sie verkündet werden. Eine Entscheidung, die nicht kommuniziert wird, ist keine Entscheidung – niemand kann sie umsetzen, befolgen, nicht einmal ignorieren.

Insofern machen Führungskräfte also immer wieder die Erfahrung, dass sie qua Sprache, qua Äußerung »Wirklichkeit« verändern, gestalten, beeinflussen – und zwar in bedeutsamerem Ausmaß, wie das der »Durchschnittsbürger« tun kann. Im Unterschied zum Richter und erst recht zum Standesbeamten aber ist der Bereich, in dem solche »wirklichkeitsverändernden« Äußerungen legitim gemacht werden können, beim Manager nicht so eindeutig definiert: Zum einen ist zwar vertraglich geregelt, welche Sach- und Personalentscheidungen in die Kompetenz einer Führungskraft fallen, aber ihre Aufgaben gehen über diese eindeutig beschreibbaren Tätigkeiten hinaus: Motivieren, Überzeugen, Ermöglichen, Koordinieren sind ja jeweils Tätigkeiten, die nicht abschließend definiert werden können, die aber gleichwohl zu den wichtigsten Aufgaben des Managers gehören. In diesem Bereich sind performative Äußerungen natürlich sinnlos. »Hiermit erkläre ich Sie für motiviert!«, kann man nicht ernsthaft zu einem Mitarbeiter sagen. Außerdem fällen Manager eine Vielzahl von Entscheidungen, die komplexe Prozesse betreffen und die daher nur stufenweise und nach und nach umgesetzt werden können. Während nun im Falle des Richters klar ist, dass sein Spruch unmittelbar vollstreckt wird – der Verurteilte wird abgeführt und eingesperrt –, liegt ein langer und unwägbarer Weg zwischen einer Management-Entscheidung und ihrer Realisierung, die zudem noch aus einer Vielzahl von Einzeloperationen besteht. Auch hier wäre demnach der Habitus des performativen Sprechens sinnlos.

Dennoch ist zu beobachten, dass manche Führungskräfte sich kommunikativ genau so verhalten, als könnten sie durch Verkündigung und Erklärung tatsächlich auch Bereiche der Realität unmittelbar »verändern«, die einer solchen Einflussnahme definitiv nicht zugänglich sind.

Offenkundig hat in solchen Fällen die Möglichkeit und die Gewohnheit, »realitätsverändernd«-performativ zu sprechen, auf andere Bereiche abgefärbt – ohne dass den Betreffenden die dabei auftretenden Widersprüche bewusst werden.

Ein typisches Beispiel dafür ist es, wenn Manager im Anschluss an die interne Veröffentlichung neuer Leitbilder oder CI-Entwürfe ernsthaft und meist nicht ohne Stolz sagen: »Wir haben jetzt eine neue Kultur!« oder »Wir sind jetzt teamorientiert« oder ähnliches. Für den Beobachter, der wahrnimmt, dass sich die entsprechende Kultur naturgemäß nicht von heute auf morgen verändert hat, erscheint ein solches Verhalten so, als würde die Führung an »Wortmagie« glauben – und in gewisser Weise tut sie das tatsächlich.

Beispiel: Wortmagie statt Prozesskommunikation

Ein gravierender Fall eines solchen Kommunikationsverhaltens und seiner Folgen zeigte sich in einem Unternehmen, das im Anlagenbau tätig ist:

Die Firma hatte bis vor kurzem Produkte mit einem sehr großen Anteil an Customizing hergestellt, das heißt jeder Auftrag wurde für den konkreten Kunden nach dessen Wünschen geplant, konstruiert und produziert. Jede Kleinserie von Produkten, die die Werkshallen verließen, waren also »Maßanfertigungen« für ganz konkrete Kunden. Nach einer längeren Boomphase, in der man zu schnell gewachsen war, ging es dem Unternehmen schlecht – man wies hohe Verluste aus.

In dieser Situation wurde das Management ausgewechselt, und die neue Führung setzte konsequent auf eine neue Produktstrategie: Man entwickelte modulare Produkte, die sich der Kunde gewissermaßen »aus dem Katalog« zusammenstellen kann; die bestellten Produkte sollten dann aus den einzelnen Modulen zusammengebaut werden. Der Anteil an Customizing sollte dabei, so die Planung, maximal 20 % betragen. Man war sehr zuversichtlich, dass diese neue Produktstrategie auf einem Markt ankommen würde, der sich der Meinung des Managements nach insofern verändert hatte, als die potenziellen Kunden heute weniger Geld zur Verfügung haben und daher sich gerne für die günstigeren modularen Produkte entscheiden würden. Zu dem Zeitpunkt, als wir unsere Analyse durchführten, wurden erste Erfolge mit diesem neuen Produktkonzept gemeldet, obwohl es noch in den Anfängen stand (man hatte gerade einen Kunden dafür gefunden) und noch kein Durchbruch in der wirtschaftlichen Situation des Unternehmens erzielt war.

Nahezu alle Mitarbeiter brachten in ihren Storytelling-Geschichten die Sprache auf dieses neue Produktkonzept. Wie zu erwarten war, gab es Verfechter und Gegner des neuen Konzepts – diese beiden Positionen gibt es wohl bei jeder Neuerung in jedem Unternehmen.

Die Gegner meinten, das Modul-Konzept des Managements gehe an der Realität vorbei, weil der Markt bzw. die Kunden nach wie vor Einzelanfertigungen wünschten und erzählten von Fällen, wo man nach der offiziellen Lesart des Unternehmens modulare Produkte verkaufe, in Wirklichkeit aber ein sehr viel höherer Anteil an Customizing bestehe als geplant.

Ganz anders dagegen die Befürworter: Die meisten von ihnen betonten die Vorteile dieser Vorgehensweise gegenüber dem Kunden »weil wir sagen können, wir können euch alles anbieten wie von der Stange, und dadurch wird's natürlich billiger«. Die Strategie des »Baukastensystems« wurde von diesen Gesprächspartnern als großer Erfolg beschrieben. Das neue Konzept und die neuen Strukturen schienen in diesen Geschichten voll aufzugehen:

> *»Das ist ja unser Renner!«*

> *»Die Erfolge, die wir bis jetzt haben, sind sehr sehr gut. Also sehr erfreulich.«*

> *»Die ganzen Neuaufträge, die wir bekommen haben, sind nur noch dieses Produkt.«*

> *»Die Nachfrage zeigt eigentlich, dass wir hier auf dem richtigen Weg sind.«*

> *»Der eindeutig positive Gedanke bei unseren neuen Strukturen ist, dass man Basis- oder Standard-Produkte schafft, die man eben relativ kundenlosgelöst entwickelt, und dann nur noch ein so genanntes Customizing für jeden Kunden draufbaut ... Wir haben ein Produkt, das wir zu 80% von der Stange liefern.«*

Zwei Aspekte waren in dieser Situation besonders auffällig: Zum einen beschrieben »Befürworter« wie auch »Skeptiker« aktuelle Zustände, keine Prozesse: Für die Befürworter war das neue Produktkonzept bereits Realität, für die Skeptiker bestand es nur auf dem Papier und hatte so gut wie nichts mit der Wirklichkeit der Produktion und der Kundenbeziehungen zu tun. Hätten wir nur die Erzählungen der Befürworter gehört, so hätten wir glauben müssen, das neue Produktkonzept sei längst umgesetzt – und aus den Erzählungen der Skeptiker allein hätten wir annehmen müssen, es sei eine nette Idee gewesen, die aber längst gescheitert sei.

Interessant war zum anderen die Verteilung der jeweiligen Erzähler hinsichtlich ihrer Funktionen im Unternehmen: Die »Gegner« kamen fast ausschließlich aus Bereichen, die nahe am Produktionsprozess angesiedelt waren, während die »Befürworter« jeweils aus zentralen Bereichen stammten, selber Führungskräfte waren oder eng mit ihnen zusammenarbeiteten.

Das Unternehmen zeichnete sich demnach dadurch aus, dass in ihm zwei gegensätzliche »Realitätskonstrukte« parallel existierten. Die eine Gruppe hielt einen bestimmten Plan bereits für verwirklicht, die andere hielt ihn bereits für gescheitert. Der entscheidende Punkt dabei war allerdings, dass beide Gruppen eben nicht mehr zwischen »Plan«, »Ziel« und »Prozess« einerseits und »Verwirklichung«, »Realität« andererseits unterschieden. Für das Unternehmen im Kopf insgesamt war in diesem Punkt der Weg zu dem entsprechenden Ziel ausgeblendet. Hinsichtlich der modularen Produktion gab es kein Ziel mehr: die Befürworter taten so, als sei es erreicht, die Gegner taten so, als sei es bereits verfehlt.

Kein Wunder also, dass es in diesem Unternehmen bald massive Probleme bei der »Umsetzung« des neuen Konzepts gab – denn für Befürworter wie Gegner war der Fall ja eigentlich bereits erledigt.

Außerdem existierte eine dritte Gruppe von Mitarbeitern: Auch sie sprachen zunächst von der modularen Serienproduktion, als ob sie längst Standard sei. Doch je länger die Mitarbeiter dieser Gruppe erzählten, desto mehr Fakten erwähnten sie, die uns erstaunten: Da wurden die einzelnen Module der neuen Serienprodukte von konkreten Kunden getestet, dann wurden sie nach den Kundenwünschen umkonstruiert und diese umkonstruierten Module wieder in den Modulkatalog aufgenommen, nur um vom nächsten Kunden wieder getestet und daraufhin nach dessen Wünschen wieder umkonstruiert zu werden.

Je länger die Vertreter dieser Gruppe von der Produktion der neuen, modularen Produkte »von der Stange« erzählten, desto ähnlicher wurde diese Produktion der alten Praxis der »Maßanfertigungen« für konkrete Kunden.

Diese Mitarbeiter zogen also in ihren Erzählungen eine argumentative »Schleife«, das heißt in ihre Erzählungen vom neuen Produktkonzept nahmen sie nach und nach so viele Merkmale der alten Praxis auf, dass sie am Ende dieser Schleife gewissermaßen wieder fast bei dieser alten Praxis ankamen – und das wohlgemerkt, ohne dass es ihnen bewusst geworden wäre. Denn nach wie vor betonten sie, dass sie von der Realisierung des *neuen* Produktkonzepts sprachen, die Widersprüche gerieten ihnen gewissermaßen »unter der Hand« in die Erzählung. Auf diese Weise konnten jene Mitarbeiter also Probleme, die von außen betrachtet eindeutig Rückschläge oder Fehler bei der Umsetzung waren, gar nicht ernsthaft als solche wahrnehmen – denn sie selbst waren ja weiterhin der Überzeugung, dass der gute Plan funktioniert. Sie konnten somit dem Management auch kein konstruktives Feedback geben, auf Schwierigkeiten hinweisen, Verbesserungsvorschläge machen. Im Gegenteil schien es im Lichte dieser Analyse absolut plausibel, was einige der Gegner des neuen Konzepts berichteten: dass nämlich in der Firma »nach oben« immer nur Erfolge gemeldet würden und dass der an das Management gemeldete Stand der Gleichteile nicht mit der Realtität übereinstimmte.

Eine entscheidende Ursache für diese für ein Unternehmen höchst prekäre Situation ist in der Kommunikation der Führung zu sehen. Das neue Konzept war offenkundig beschlossen worden – und danach hatte man darüber »informiert«, d. h., man hatte es verkündet. Eine tatsächliche Kommunikation über die verschiedenen Möglichkeiten, die Grundidee der Modularisierung »auszubuchstabieren«, hatte nie stattgefunden.

Zudem hatte die Führung offensichtlich so kommuniziert, als könnte sie das, was sie plante, als neue Realität »setzen«. Nicht das Wollen und Wünschen, das Ziel und der Weg dorthin, der Prozess und der Plan war eigentlich kommuniziert worden, sondern die Führung hatte – so jedenfalls zeigen die Reaktionen der Mitarbeiter – einen neuen Zustand ausgerufen: »Wir bauen jetzt nur noch modular! Das ist die Zukunft!« – und man erwartete, dass sich die Wirklichkeit danach richtete.

Letztlich bestand die Quelle der oben beschriebenen Realitätswahrnehmungstrübungen des Unternehmens im Kopf darin, dass das neue Konzept immer wieder auf »performative« Weise verkündet wurde: »Hiermit erkläre ich, dass die Zukunft begonnen hat!« Angesichts der schwierigen wirtschaftlichen Lage des Unternehmens, in der viele Mitarbeiter um ihren Arbeitsplatz bangten, ist es nur zu verständlich, dass sie einer solchen »Kommunikation« glauben wollten.

Neue Medien – alter Trott

Wie wir gesehen haben, sagt die Form allein noch nichts über die Art der Kommunikation aus, die dabei gepflegt wird. Welche Kommunikationskultur ein Unternehmen tatsächlich hat, in dem es viele Meetings und Workshops, viele Teamrunden und Planungskreise gibt, lässt sich erst feststellen, wenn man beobachtet, wie dort zu welchem Anlass kommuniziert wird. Eine »Runde« kann sich darin erschöpfen, dass ein Einzelner alle Anwesenden lediglich informiert. Oder, dass sich die Teilnehmer gegenseitig informieren (was durchaus sinnvoll sein kann). Eine solche Runde kann aber auch dazu genutzt werden, gemeinsam neue Ideen zu entwickeln, Einwände zu hören und zu prüfen, Erfahrungen auszutauschen, Perspektiven miteinander zu verknüpfen und Konzepte zu verfeinern. Entscheidend ist, ob diese Möglichkeit zugelassen ist, ob die Beteiligten Erfahrungen mit dieser Art der Verständigung gemacht haben, ob sie gelernt haben, dass auf diese Weise innovative, richtungsweisende Konzepte entstehen – die auch tatsächlich umgesetzt werden. (Interessanterweise gibt es ja in vielen Unternehmen Gruppen, die offiziell etwa »Querdenkerrunden« heißen, inoffiziell aber gerne als »Spinnerrunden« bezeichnet werden, weil das, was in ihnen erdacht wird, niemals zur Umsetzung gelangt.)

Ähnlich verhält es sich mit der Mediennutzung: Auch hier entscheidet letztlich das *Wie* und nicht so sehr das *Womit* über den Status der Kommunikation. Die so genannten »interaktiven Medien« sind das beste Beispiel dafür. Einerseits gehört es heute auch für mittelständische Unternehmen einfach zum guten Ton, in ein Intranet zu investieren – andererseits erinnert die Nutzung der neuen Möglichkeiten oft genug an frühgeschichtliche Kommunikation: Es ist, als hätte man Botschaften in Steinplatten gemeißelt – nur dass diese Keilschrift jetzt digital auf den Monitoren der Mitarbeiter erscheint. Von den diversen Optionen, unmittelbares Feedback zu geben – etwa mittels Hypertext gegebene Mitteilungen für alle Netzwerkteilnehmer erkennbar zu ergänzen, zu kommentieren, in Dialog zu treten –, werden die wenigsten genutzt. Höchstens wird den internen Usern zugestanden, sich per E-Mail an die »Sender« im eigenen Hause zu wenden – privat, »diskret«, vereinzelt.

Im Vergleich dazu ist jedes schwarze Brett ein Ausbund an Interaktivität. Wer auf den Fluren eines Unternehmens solche Aushänge studiert, erfährt viel über das Klima in der Firma und die Stimmung der Mitarbeiter, wenn er sein Augenmerk auf die Randnotizen, Karikaturen, Frotzeleien und Sprüche richtet, mit denen dort häufig sehr direkt auf die neuesten Ankündigungen reagiert wird.

Dass die Möglichkeiten neuester digitaler Medien in vielen Unternehmen zwar technisch vorhanden sind, kommunikativ aber auf die altbackendste Art und Weise genutzt werden, hat verschiedene Ursachen. Das »Me-too-Syndrom« ist nur eine davon: Man will das Neueste und Beste haben, den »Anschluss nicht verpassen«, überlegt sich aber vorher nicht, wozu man das tolle neue Werkzeug eigentlich nutzen will. (Ähnlich wie es IBM in einem Werbespot selbst persifliert hat, in dem zwei Manager zusammensitzen. Der eine studiert die Zeitung und raunt dem anderen zu: »Wir müssen ins Internet!« »Warum?« fragt der zweite. »Das steht hier nicht«, antwortet sein Kollege irritiert.)

Der zweite Grund für die häufig zu beobachtende eingeschränkte Art der Mediennutzung ist gewichtiger, weil er auf Prägung beruht: Wer auch sonst dazu tendiert, Kommunikation mit Informieren gleichzusetzen, der wird eben auch im E-Mail oder im Intranet nichts anderes sehen als eine neue tolle Möglichkeit, noch schneller, noch umfassender, noch »effizienter« zu informieren. So erlebten wir in einem mittelständischen Unternehmen den Fall, dass der Geschäftsführer selbst Mitarbeitern, deren Arbeitsplatz auf dem gleichen Flur lag wie das Chefbüro, Anweisungen, Kritik, »Informationen« per E-Mail zusendete. Dies irritierte die Mitarbeiter umso mehr, als die interne Kommunikationskultur der Firma ansonsten ausgezeichnet war. Mitarbeiter, die einen Teil ihrer Zeit im Außendienst oder am Telearbeitsplatz verbrachten, nutzten die neuen Medien intensiv, um sich mit den Kollegen abzustimmen und kommunizierten im Hause umso intensiver im direkten Kontakt. Der Chef dagegen, so die Botschaft, die in den Köpfen ankam, nutzt das Medium, um direkter Kommunikation, Austausch, Rat und Kritik aus dem Weg zu gehen und sich abzukapseln. In ihren Erzählungen bezeichneten sie es als typisch, dass »der Chef die Leute mit E-Mails vor den Kopf« stoße. Die Mitarbeiter waren zunehmend weniger motiviert, ihrerseits diese Distanz aufzubrechen; im Gegenteil gingen sie dazu über, ebenfalls auf diese Art zu »kommunizieren«: »Wenn man vom Chef in Ruhe gelassen werden will, muss man den Chef informieren«, brachte es einer der Erzähler auf den Punkt. Damit aber wurde der kommunikative Graben zwischen der Geschäftsleitung und den übrigen Verantwortlichen regelrecht institutionalisiert.

Wenn im Zusammenhang mit einer solchen Art der Mediennutzung dann dennoch begeistert von »Vernetzung« gesprochen wird, stellt sich bei näherem Hinsehen heraus, dass damit eben nicht die Vernetzung von Kommunikationsteilnehmern, von Menschen also, gemeint ist, die sich auf diesem Wege austauschen und verständigen können, sondern lediglich die Vernetzung von Informationen. Wobei unter »Information« immer nur das verstanden wird, was man bereits weiß, was bereits entschieden wurde, was bereits »feststeht« – und nicht das, was »entsteht«, was man hinzufügen, verändern, in Frage stellen oder verbessern kann. So wichtig und wünschenswert es einerseits ist, Informationen vernetzt zugänglich zu machen, so einseitig ist es auch, sich darauf zu beschränken. Denn eine ganz wesentliche Teilmenge von Information in Organisationen ist diejenige, die man als »Informationen über Informationen« bezeichnen könnte: Hier geht es einerseits darum, wie und ob »Informationen« aufgenommen werden, wie sie »verstanden« werden, was sie auslösen, wie sie bei den Empfängern ankommen. Oft genug wird das, was der Sender für eine »Information« hält, vom Unternehmen im Kopf als Botschaft rezipiert, die etwas ganz anderes aussagt, bestätigt oder negiert. Andererseits spielt es bei der Aufnahme von Informationen eine entscheidende Rolle, die Quelle zu kennen, den Kontext, die Begründungen.

All dies lässt sich aber nur durch Kommunikation im umfassenderen Sinne erfahren. Vernetzung heißt ja nichts anderes als »in Beziehung setzen« – und dabei geht es eben nicht nur um die Relation zwischen Informationen, sondern immer auch um die Beziehung von Menschen, weil es immer Menschen sind, von denen die Informationen ausgehen, und weil es immer Menschen sind, die diese Informationen »verarbeiten«. Die »reine« Information gibt es nur in der Theorie – nicht aber in der täglichen Praxis der Unternehmenskommunikation.

His Masters Voice

Einseitige Mediennutzung hat häufig mit Angst zu tun: Feedback kann unangenehm sein, Interaktivität erfordert Einsatz, Zeit und Engagement, Kritik kann weh tun. Und: Wer sich auf einen Dialog einlässt, wer Fragen gestattet und selber nachfragt, wer zuhört und die Erfahrungen, das Wissen, die Perspektiven und Ideen anderer ernst nimmt und einbezieht, der signalisiert auch, dass er nicht alles alleine und besser kann. Der Nimbus des einsamen Entscheiders, des Olympiers, der von seinem umwölkten Berg herab die Geschicke der Menschen lenkt, ist weg. Medien einseitig zu nutzen oder One-way-Medien zu bevorzugen dagegen bietet die Gelegenheit, die Kommunikation zu kontrollieren: In die Hochglanzbroschüre darf nur hinein, was die Führungskraft »abgesegnet« hat und ein Intranet, das keine wirklich interaktiven Möglichkeiten bereitstellt und von »oben« kontrolliert wird, ist nichts anderes als ein Sprachrohr. Wir haben es sogar schon erlebt, dass der Vorstandsvorsitzende eines Konzerns sich bei all seinen Aufgaben die Zeit nahm, höchstpersönlich die Endredaktion der hauseigenen Mitarbeiterzeitschrift zu übernehmen. Und es ist kein Zufall, dass solche Unternehmen, trotz einer hohen Dichte an vernetzten Arbeitsplatz-PCs mit Intranetanschluss, ausgerechnet in ein so antiquiertes Medium wie Inhouse-TV beträchtliche Summen investieren: Denn via Fernsehen zu den Mitarbeitern zu sprechen, unbeeinflussbar, entrückt wie sonst nur ein Star oder ein Regierungsoberhaupt und trotzdem »vor Ort«, scheint für diesen Typus des Managers der Gipfel effizienter Kommunikation zu sein. Dass Mitarbeiter so etwas als »Propagandafernsehen« klassifizieren, dürfte außer den Initiatoren kaum jemanden wundern.

Dass die Interaktivität der digitalen Medien selten genutzt wird, hat offenbar sehr viel mit der Angst vor Kontrollverlust und einem bestimmten – oft nicht-bewussten – Bild vom Mitarbeiter zu tun.

Wenn das Intranet tatsächlich die Möglichkeit böte, dass potenziell jeder Mitarbeiter bestehende Informationen ergänzen, mit Links versehen, kommentieren, kritisieren könnte; wenn Mitarbeiter aller Stufen eigene Sites einspielen, eigene Foren eröffnen könnten; wenn auf diese Weise neue und andere Themen in der Unternehmensöffentlichkeit eine Rolle spielen könnten; wenn plötzlich jeder mit seinen Ideen, Anmerkungen und Anregungen, seiner Zustimmung und Ablehnung, seinen Bedenken und Visionen kommen könnte – würde dann nicht die Autorität der Führungskräfte und des

Top-Managements untergraben? Würde dann nicht zwangsläufig ein Chaos ausbrechen?

Wie die Erfahrung lehrt, werden »neue Medien« in der Regel von einer Mehrheit zunächst immer auf eine Art und Weise genutzt, die man von bereits bekannten Medien her gewohnt ist und auch die Regularitäten der Kommunikation, die sich innerhalb der Gruppe eingeprägt haben, werden nicht durch das bloße Vorhandensein neuer medialer Möglichkeiten geändert. Ob demnach die Öffnung beispielsweise eines Intranets für interaktive Kommunikation »Chaos« erzeugt oder neue Möglichkeiten der Verständigung fördert, hängt im Wesentlichen davon ab, welche Kommunikationskultur bisher im Unternehmen geherrscht hat. Wenn vorher im Unternehmen offener Dialog nicht gelebt wurde, wenn Kommunikation primär im Informieren bestand, wenn das Unterdrücken von Kritik, Gegenrede und »Querdenken« bis dahin ohne Folgen geblieben ist, dann ist es am wahrscheinlichsten, dass eine wie auch immer verordnete oder verkündete »neue Offenheit« im Unternehmen überhaupt keine nennenswerten Folgen haben wird.

Um mit neuen Instrumenten – zum Beispiel Medien – und einer neuen »Kommunikationsphilosophie« im Unternehmen Erfolg haben zu können, gilt es, parallel die Rahmenbedingungen der Kommunikation zu verändern. Und diese Rahmenbedingungen bestehen in den Regularitäten der Kommunikation, die sich im Unternehmen im Kopf eingeprägt haben. Der Weg zum Erfolg führt auch hier wieder über ein adäquates Erfahrungsmanagement. Wenn sich im Unternehmen im Kopf erst einmal die Vorstellung festgesetzt hat, dass offene Kommunikation sich schlicht nicht lohnt oder sogar »risikobehaftet« ist, wenn Mitarbeiter erst einmal durch die Erfahrung so geprägt sind, dass »Ja-Sagen« oder »Sich-Raushalten« belohnt wird, dann müssen auf allen Ebenen systematisch andersartige Erfahrungen ermöglicht, gefördert und wiederum intern kommuniziert werden.

Kommunikation als Wissensquelle

In vielen Unternehmen machen Mitarbeiter – wie wir schon an mehreren Beispielen demonstriert haben – die Erfahrung, dass das Einbringen von Wissen, Ideen, Erfahrungen, Einwänden und »Warnungen« keine erkennbaren Folgen hat. Das Spektrum dieser Erfahrungen reicht von offener Ablehnung (»nicht hören wollen«) bis hin zum bloß scheinbaren Einbeziehen der Mitarbeiter in Planungs- und Entscheidungsprozesse (»... aber dann ist wieder nichts passiert«).

Es geht nun in beiden Fällen keineswegs darum, die Strukturen derart auf den Kopf zu stellen, dass letztlich die Mitarbeiter den Job des Managements machen und an dessen Stelle entscheiden.

Es geht vielmehr darum, dass das Management ein Verständnis dafür entwickelt, wie sehr Kommunikationsverhalten und Ressourcennutzung im Unternehmen miteinander gekoppelt sind. Wenn ein wesentlicher Aspekt der Tätigkeit des Managers im Entscheiden besteht, dann gehört zu dieser Tätigkeit notwendig die Wahrnehmung und Nutzung aller verfügbaren, relevanten Wissensressourcen – und eine solche wesentliche Ressource liegt eben in der Expertise und den praktischen Erfahrungen der Mitarbeiter. Wenn Führungskräfte auf dieses Wissen offenkundig verzichten, handeln sie objektiv irrational. Subjektiv bedeutet ein solcher »Verzicht« offenbar, dass sie selbst den Anspruch haben, über mindestens ebenso viel Wissen und ebenso viel Erfahrung zu verfügen wie alle ihre Untergebenen zusammen – was nicht selten das Drama der so genannten »Fachführungskraft« ausmacht, zumal, wenn die Mitarbeiter »gelernt« haben, genau das von der Führungskraft zu erwarten: dass sie tatsächlich alles besser weiß.

Nun muss man aber diese Quelle nicht einmal aktiv »verstopfen« – indem man die Kommunikation mit dem Mitarbeiter abblockt –, um sie nicht adäquat nutzen zu können. Es genügt schon, das Wissen der Mitarbeiter als bloße Information einzufordern und danach das entsprechende Feedback zu unterlassen, keinen Dialog zu führen, um dafür zu sorgen, dass diese Quelle nach und nach versiegt. Denn es ist ein Irrweg, sich darauf zu verlassen, dass es die Pflicht der Mitarbeiter sei, ihr Wissen, ihre Ideen, ihre Kreativität »abzuliefern«, wann immer das Unternehmen dies einfordert. Jeder Mensch tut dies in Kooperationszusammenhängen ganz von selbst, weil das Einbringen der eigenen Kenntnisse und Potenziale eine wesentliche Voraussetzung dafür ist, dass die eigene Arbeit als sinnvoll und befriedigend erlebt werden kann. Auf Dauer kann dies jedoch nur geschehen, wenn der Einzelne in irgendeiner Form einen Konnex zwischen dem, was er eingebracht hat und dem, was geschieht, tatsächlich auch wahrnehmen kann. Das eigene Wissen, die eigenen Ideen müssen von Zeit zu Zeit sichtbare Folgen haben, die Auswirkungen müssen erlebt und sie müssen auch anerkannt werden.

Werden diese Beiträge der Mitarbeiter vom System »geschluckt« wie von einem schwarzen Loch, bleibt der eigene Beitrag irgendwann aus. Demotivation ist die Folge, das Gefühl, dass das, was man potenziell zu geben hat, gar nicht gebraucht wird – und dann kann auch logischerweise niemand mehr eine Verpflichtung empfinden, Wissen, Erfahrung, Kreativität »herzugeben«.

Beiträge der Mitarbeiter als Potenzial nutzen

Will man Demotivation und eine »Einkapselung« des Wissens der Mitarbeiter vermeiden, ist es wichtig, mit den Beiträgen der Mitarbeiter adäquat umzugehen:

Mitarbeiterwissen spiegeln

Wenn Mitarbeiter aufgefordert werden, ihr Wissen einzubringen, dann muss es entsprechend »gespiegelt« werden. Die Mitarbeiter müssen erfahren, wie ihr Wissen, ihre Äußerung angekommen ist, auf welchen Boden es gefallen ist und welche Relevanz es für weitere Entscheidungen im Unternehmen hat. Auch ein hartes negatives Feedback (»Ihr Beitrag geht am Kern der Sache vorbei«) ist besser als gar kein Feedback: Die Mitarbeiter haben sonst den Eindruck, ihre Beiträge »verschwinden im Nebel«.

Entscheidungen begründen

Entscheidungen, die im Widerspruch zum geäußerten Wissen und den Erfahrungen der Mitarbeiter getroffen werden, müssen im Dialog rational begründet werden – ansonsten stellt sich die Überzeugung »Es hat ja keinen Sinn, die da oben machen ja doch, was sie wollen« ein. Nicht rational begründbare Entscheidungen (»Bauchentscheidungen«) müssen explizit als solche kommuniziert werden (keine schein-rationalen Begründungen vorbringen). Wer Bauchentscheidungen durchsetzt, muss auch die Verantwortung dafür übernehmen.

Offensive Kommunikation fördern

Das offene und öffentliche Äußern von Wissen, Gegenargumenten etc. muss im Unternehmen einen hohen Stellenwert bekommen – über alle Stufen hinweg. Im Gegenzug muss das Abblocken solcher Kommunikation thematisiert und geächtet werden. Und vor allem: Es darf keine Belohnung für Opportunismus geben.

Das knappe Gut Aufmerksamkeit

Mitarbeiter aller Stufen fragen sich immer häufiger: »Habe ich überhaupt Zeit für Kommunikation?«, wo doch das »Informieren«, wie wir gesehen haben, solche Ausmaße angenommen hat. Tatsächlich ist eines der zentralen Knappheitsfelder in Organisationen heute die Aufmerksamkeit – zumal die Aufmerksamkeit der Führungskräfte und des Topmanagements in Unternehmen eine extrem knappe Ressource ist. Eine der Auswirkungen davon ist, dass viele Mitarbeiter um diese Aufmerksamkeit buhlen. Was unter anderem zur Folge hat, dass Manager auf diese Weise täglich ihre »Wichtigkeit« vor Augen geführt bekommen – und wer von uns wäre nicht anfällig für eine solche narzisstische Bestätigung? Das Buhlen um Aufmerksamkeit aber absorbiert seinerseits in beträchtlichem Maße Zeit und Energie, wie das folgende Beispiel aus einer Mitarbeitererzählung deutlich macht:

> »Das hört sich zwar jetzt lächerlich an, aber es ist wirklich, so ... Leute, die es schaffen, ihren Namen ständig ins Spiel zu bringen, im Spiel zu halten, ständig Informationen geben können, oder sich drum kümmern, dass sie die Informationen schnell geben und auch den ganzen Spass mitmachen, wie, wir erarbeiten jetzt was, egal ob es sinnvoll oder sinnlos ist – lieber erarbeiten wir etwas Sinnloses, Hauptsache, ich habe wieder von mir reden gemacht, also wer das konsequent und permanent durchzieht, der kann in jedem Fall damit rechnen, dass er in den Köpfen drin ist, also dass er kein No-Name ist.«

Wo Aufmerksamkeit fehlt – so wird in diesem Beispiel deutlich –, wird beachtliche Energie darin investiert, Aufmerksamkeit zu erregen. Energie, die der eigentlichen Aufgabe entzogen wird. Es muss nicht einmal der Narzissmus der Führungskraft sein, der zu solchen Fehlentwicklungen führt. Oft genügt es, dass die Führungsposition schlicht falsch definiert ist, die Führungskraft gar keine Zeit für Führungsaufgaben (und für die damit notwendig verbundene Aufmerksamkeit) hat, weil sie im Grunde nichts anderes ist als ihr eigener bester Mitarbeiter, mit operativen Aufgaben überhäuft und von Termin zu Termin eilend.

Die meisten Manager sind gut im Aufnehmen von Information, die von außerhalb des Unternehmens kommt: Was verändert sich auf dem Markt? Was plant die Konkurrenz? Welche Trends und Wünsche gibt es auf Seiten der Kunden? Solche wichtigen Informationen werden aktiv gesucht und es wird schnell und sensibel darauf reagiert. Nach innen jedoch wird oft geradezu umgekehrt vorgegangen: Man versucht Information möglichst in engen Bahnen zu kanalisieren, und das, was außerhalb dieser Kanäle an Information verfügbar wäre, wird als Störgeräusch ausgeblendet.

Aber Aufmerksamkeit rechnet sich: Die Zeit, die in Aufmerksamkeit investiert wird, spart an anderer Stelle ein Vielfaches an Zeit ein. Aufmerksamkeit ist zudem die Voraussetzung für vieles, was wir hier im Hinblick auf eine positive Kommunikationskultur gesagt haben. Denn Kommunikation ist eben ein wechselseitiges Geschehen. Deshalb ist es im Grunde sinnlos, sich allein im stillen Kämmerlein die Frage zu stellen: »Wie kommuniziere ich gut?«, um dann auf alle möglichen Tricks aus der Kiste zurückzugreifen: gute Gestaltung, Übersichtlichkeit, klare Vorgaben und Ausdrucksweise, anschauliches Bildmaterial und was es an durchaus nützlichen Ratschlägen alles noch geben mag. Entscheidender ist es, zunächst einmal sein Gegenüber wahrzunehmen und zu kennen, Einsichten darüber zu gewinnen, aus welcher Perspektive, mit welchen Prämissen und »Weltbildern«, aufgrund welchen Wissens und welcher Erfahrungen die Kommunikationspartner kommunizieren.

 **Zwei Arten, die Trommel zu schlagen**

Ein Trommler und sein Sohn waren nach einem Gastspiel in einer großen Stadt, bei dem sie durch ihre Kunst viel Geld verdient hatten, auf dem Weg nach Hause. Dieser Heimweg führte durch einen großen Wald, von dem jeder wusste, dass darin Räuber und Diebe ihr Unwesen trieben. Der Sohn des Trommlers bekam auch schon bald Angst und begann wild und laut zu trommeln. Er dachte sich, wenn die Räuber die Trommeln hörten, würden sie denken, es ziehe eine große Gesellschaft mit starker Bedeckung durch den Wald und nicht wagen, sie anzugreifen. Sein Vater jedoch sagte zu ihm: »Wenn mächtige Fürsten reisen, so lassen sie die Trommeln eine kurze Weile einen bestimmten Rhythmus schlagen, dann eine Pause machen, dann wieder den gleichen Rhythmus, und so weiter. Wenn du also willst, dass die Räuber uns für eine mächtige Reisegruppe mit vielen Soldaten halten, dann musst du genauso die Trommel schlagen.« Doch der Sohn in seiner Angst dachte, je mehr Lärm, desto besser, lieber zu viel als zu wenig, und schlug immer wilder auf die Trommel ein. Die Räuber, die die Trommeln hörten, dachten im ersten Moment tatsächlich, dass eine große Reisegesellschaft unterwegs war. Doch als das Trommeln immer weiterging, ohne Pausen, und immer schneller und wilder wurde, wussten sie, daß dies nicht der Fall war. Sie überfielen die beiden Trommler und nahmen ihnen all das Geld, das sie unter Mühe in der Stadt verdient hatten, wieder ab.

aus der indischen Jataka-Sammlung

Wo offene, dialogische Kommunikation im angemessenen Maße neben die notwendige Effizienz der gegenseitigen Information tritt, können Verständigungsbarrieren vermieden beziehungsweise abgebaut werden. Eine solche Kommunikationskultur leistet aber noch mehr: Sie *verhindert* weitgehend, dass sich bestimmte Erfahrungen, Vorurteile und Denkmuster als Sedimente im Unternehmen im Kopf absetzen und dort unerkannt unerwünschte Wirkungen erzeugen. Sie ermöglicht einen Unternehmenstyp, der selbstbewusst genug ist, um auf interne Veränderungen angemessen und effizient reagieren zu können.

Der Raum des Unternehmens und seine Grenzen

Nichts war zu unterscheiden

Nichts war zu unterscheiden. Alles hing, auf diffuse Weise, mit allem zusammen. Niemand konnte sagen, wo das Eichhörnchen anfing und wo die Tanne aufhörte, auf der es herumsprang. Was noch Gras und was schon Kuh war. Es gab keine Begriffe, die sie getrennt hätten. Selbst der Schöpfer hatte da immer wieder seine Probleme und hielt den blauen Himmel, der durch die Blätter der Eiche sah, für einen Teil von dieser. Der Mensch erst. Die Savanne, sein Lebensort, war ein unteilbares Ganzes. Nur empirisch konnte er feststellen, dass dieser Teil der Savanne (Löwe) ihn fraß, während jener (Schachtelhalme) es nicht tat.

So erkannte der Schöpfer, dass es zwar eine großartige Leistung gewesen war, die Schöpfung zu schöpfen, dass aber der wirkliche *challenge* – um es in der Art der damals noch nicht erschaffenen Amerikaner zu sagen – darin bestand, das Geschöpfte zu benennen. Dem Diffusen Verbindlichkeit zu geben. Das Einmalige wiederholbar zu machen. Das Erfahrene mittelbar. Geschichte zu schaffen, Zeit, Raum, Bewusstsein.

aus: Urs Widmer, Vor uns die Sintflut. Copyright © 1998 by Diogenes Verlag AG, Zürich.

Grenzziehungen

Wo immer Menschen sich organisieren, sich zusammenfinden, Gruppen, Gesellschaften, Staaten oder eben auch Unternehmen bilden, gibt es Grenzen. »Wer oder was gehört dazu, und wer oder was nicht?« – Die Antwort auf diese scheinbar einfache Frage zeigt, wo die Grenze liegt, die das eine vom anderen unterscheidet: Kehl am Rhein gehört zu Deutschland, Strassbourg zu Frankreich, zwischen den beiden Städten liegt die Grenze. Ganz simpel: Dort, wo auf der Landkarte die rote Linie ist, dort ist die Grenze. Doch wenn man auf die politischen Grenzziehungen schaut, wird die Sache schon etwas schwieriger. Wozu gehörte bis vor ein paar Jahren Hongkong? Politisch zu Großbritannien, kulturell und sprachlich zu China. Und noch ein wenig schwieriger wird es, wenn man beispielsweise fragt, *wer* alles »zu Deutschland gehört«. Alle, die in Deutschland leben? Nur die, die einen deutschen Pass haben? Oder nur die, die perfekt hochdeutsch sprechen können? Gehören dann die Bayern zu Deutschland? Gehört jeder dazu, der in Deutschland geboren ist? Oder der mindestens 20 Jahre hier gelebt hat? Sie sehen schon, bei diesen Fragen nach der »inneren« Grenze von Deutschland sind wir schnell bei der Frage der Zugehörigkeit, die ja auch real in unserem Land unter Stichwörtern wie »Ausländerintegration« oder »doppelte Staatsbürgerschaft« diskutiert wird.

Auf den ersten Blick scheint das Problem der Zugehörigkeit bei einem Unternehmen leichter lösbar zu sein als bei Nationen. Man könnte einfach sagen, alle, die auf der Gehaltsliste stehen, gehören dazu. Bei Unternehmen, die als Konzern organisiert sind, stellt sich hier jedoch schon die Frage: alle, die bei der Muttergesellschaft angestellt sind? Oder auch die Mitarbeiter von Tochterfirmen und Unternehmen, an denen der Konzern nur eine prozentuale Beteiligung hat? Und wie ist es eigentlich mit dem Pförtner, der zwar bei einer externen Sicherheits-Firma angestellt ist, aber seit 20 Jahren täglich die Mitarbeiter begrüßt und mehr Klatsch aus dem Unternehmen kennt als jeder Angestellte? Klar, rein juristisch gehört er »nicht dazu«. Aber irgendwie doch – »sie gehören zur Familie«, hat man früher bei Dienstboten gesagt. Und noch einen Schritt weiter: Wie ist das mit anderen Dienstleistern, Zulieferern, wichtigen Kunden? In irgendeiner Art und Weise können ja auch diese dazugehören.

Man kann an diesen Beispielen schon sehen, dass eine rein betriebswirtschaftlich-juristische Definition der Unternehmensgrenzen die wirklich wichtigen Fragen ausklammert: Ähnlich wie die Diskussion über doppelte Staatsbürgerschaft und Ausländerintegration zunächst eine Auseinandersetzung darüber ist, »wer dazugehören soll«, letztlich aber auch die Bestimmung dessen, »wer wir sind«, hat die Festlegung der Grenzen des Unternehmens im Kopf sehr viel mit der Identität des Unternehmens und der Identifikation der Mitarbeiter mit dem Unternehmen zu tun.

Denn Unternehmensidentität – wie Identität überhaupt – lässt sich ja grob gesprochen anhand von zwei Merkmalen bestimmen. Das eine davon ist die Abgrenzung des Unternehmens nach außen, also die Frage, wer oder was dazugehören soll und wer oder was nicht. Das zweite Bestimmungsmerkmal für die Identität eines Unternehmens sind die Regeln und Regularitäten der Kooperation zwischen den einzelnen Mitarbeitern und Gruppen von Mitarbeitern; auf dieses Merkmal werden wir im nächsten Kapitel noch genauer eingehen.

Das Problem in unserem Zusammenhang ist: Die Grenzen des Unternehmens im Kopf sind nirgends festgeschrieben. Man muss sie rekonstruieren. Und das kann nicht auf der Basis der Überlegungen eines einzelnen Mitarbeiters geschehen – zum Beispiel einer Führungskraft –, sondern nur, indem man die »Welt« des Unternehmens, wie sie in den Vorstellungen der Belegschaft präsent ist, vergleicht und das übergeordnete Modell des Unternehmens im Kopf herausschält. Dann kann man in einem weiteren Schritt die gefundenen Grenzen mit denen des offiziellen Unternehmens vergleichen und die positiven oder negativen Implikationen der Übereinstimmungen und Abweichungen analysieren.

Identität gibt es nur dank der Grenze

Abgesehen davon, dass niemand gerne in Grenzkontrollen gerät, haben wir in unserer Sprache eine Menge Wortbildungen, die das Wort »Grenze« ins Zwielicht rücken: Jemand ist von begrenztem Verstand, jemand hat die Grenzen seiner Fähigkeiten erreicht, ein anderer »denkt in engen Grenzen«. Dagegen haben Begriffe wie »grenzenlose Freiheit«, »grenzüberschreitendes Denken« oder »die Grenzen niederreißen« einen sehr guten Ruf. Fast scheint es, als ob, der herrschenden Auffassung nach, Grenzen an sich etwas Negatives seien.

Dabei muss man gar nicht lange über den Sinn und Unsinn von Grenzen philosophieren: Fakt ist, dass es Grenzen einfach immer dann gibt, wenn wir zwei Dinge voneinander unterscheiden: Eine Grenze ist beispielsweise genau da, wo das Blatt Papier aufhört und das Holz des Schreibtisches anfängt. Fragt man uns, wie wir diese Grenze definieren, so werden wir wohl die Unterschiede zwischen dem Papier und dem Holz beschreiben: Das eine ist weiß, das andere braun, das eine glatt, das andere rau usw. Daraus folgt beispielsweise: Alles, was weiß ist, gehört zum Papier; alles was nicht weiß ist, gehört nicht zum Papier.

Solche Grenzziehungen geschehen täglich in der Positionierung und Kommunikation von Marken. BMW wird nicht kommunizieren: »Unsere Autos sind so gut wie identisch mit denen von Audi«, sondern im Gegenteil auf das Besondere der eigenen Produkte hinweisen, das, was sie von den Produkten des Mitbewerbers unterscheidet. Die Grenze zwischen den Marken BMW und Audi ist durch die Unterschiede, die man aufzählen könnte, definiert. Dies müssen im Übrigen keine »harten« technischen Unterschiede sein, sondern es können auch so genannte »weiche« Image-Unterschiede sein (tatsächlich werden ja in der heutigen Markenwelt, in der die einzelnen Produkte technisch immer ähnlicher werden, die angeblich »weichen« Faktoren immer »härter«).

Die Grenze einer Marke gegenüber einer oder mehreren anderen – also die Unterschiede der Produkte verschiedener Mitbewerber auf einem Markt – ist ein zentraler Bestandteil dessen, was man Markenidentität nennt. Die ab-grenzenden Merkmale positiv zu definieren und zu kommunizieren, macht den Erfolg einer Marke aus. Grenzen immer negativ zu bewerten, ist also nicht nur unsinnig (weil es Grenzen naturgemäß immer gibt, wo es verschiedene Dinge gibt), sondern auch nicht konstruktiv: Identität gibt es nur dank der Grenze.

Auch bei Unternehmen wird die »offizielle« Identität häufig durch Aussagen, die die Differenz zu den Mitbewerbern betonen, kommuniziert – und wenn es auch nur Aussagen sind wie »Wir sind der Fünftgrößte auf dem Markt«. Interessanter für die Identität eines Unternehmens und für die Identifikation der Mitarbeiter mit ihm sind die Grenzen des Unternehmens im Kopf: Wen oder was betrachten die Mitarbeiter als dem Unternehmen im Kopf zugehörig, wen oder was nicht? Wie durchlässig ist die Grenze: Wie leicht können »Neue« ins Unternehmen hineinkommen, wie leicht oder schwer kann man aus dem Unternehmen herausgehen? Wie weit weg sind die Kunden? Wie »hart« oder »weich« sind die internen Grenzen zwischen Abteilungen, verschiedenen Gruppen und Hierarchieebenen im Unternehmen? Man kann schon erkennen: Solche Fragen bestimmen wesentlich die Regularitäten des Unternehmens im Kopf mit – und damit natürlich auch das Handeln des »ganzen Unternehmens«. Auch hier gilt also: Interessant ist nicht so sehr, *ob* es Grenzen gibt (denn die gibt es immer), sondern *wie* sie in den Köpfen der Mitarbeiter strukturiert und mit Bedeutung aufgeladen sind.

Außengrenzen und Innenwelten

In einem großen, international operierenden Konzern fiel uns bei vielen Mitarbeitern des Mutterunternehmens auf, dass sie über Tochterunternehmen, assoziierte Unternehmen und Auslandsorganisationen der eigenen Firma in der gleichen Weise sprachen wie über Mitbewerber, also Unternehmen, die völlig getrennt vom eigenen operieren: Alle sind »draußen«, »innen« ist nur, was unmittelbar zur Muttergesellschaft, also zur AG, gehört. Manifestiert hat sich dieses Außen-Innen-Schema vor allem an zwei Punkten in den erzählten Arbeitsbiografien der Mitarbeiter: Vielen von ihnen wurde an einem bestimmten Punkt ihrer Laufbahn eine Tätigkeit bei einer Tochterfirma oder einer der Auslandsorganisationen angeboten. Nahezu alle – die Ausnahme waren einige sehr ehrgeizige und aufstiegsorientierte Mitarbeiter – lehnten einen solchen Wechsel ab: »Ich wollte nicht aus der AG heraus.« Solche Ablehnungen des Wechsels wurden im Übrigen von Mitarbeitern aller Stufen erzählt. Es wird also eine sehr klare Grenze gesetzt, die in der Regel nicht überschritten wird. Die Mobilität der Mitarbeiter der AG ist auf die AG selbst beschränkt. Zudem kommt es in diesem Unternehmen auch relativ selten vor, dass ein Mitarbeiter – freiwillig oder unfreiwillig – vor Erreichen des Rentenalters das Unternehmen verlässt.

In diesem Konzern werden Tochterfirmen, Firmen, mit denen fusioniert wurde, und aufgekaufte Firmen in der gleichen Weise »außen« angesiedelt wie die Mitbewerber. Das führt dazu, dass die Mitarbeiter der AG in einer Art Konkurrenzsituation gegenüber den anderen Mitgliedern des Konzerns stehen. Zusammenarbeit und das Ausschöpfen von Synergien innerhalb des Gesamtkonzerns werden dadurch natürlich sehr erschwert.

Der zweite Punkt, an dem diese starke Grenze um die Muttergesellschaft herum deutlich wurde, waren Erzählungen über das »Eindringen« von Mitarbeitern der Töchter oder aus anderen, nicht zum Konzern gehörenden Unternehmen in die AG. Solche Personen wurden auch im Verlauf der weiteren Erzählung als »der Ami«, »der Externe«, »der Inder« bezeichnet: Sie sind und bleiben Fremde. Hier ein besonders deutliches Beispiel dafür:

> »Mein letzter Chef war 'n Externer, ist von extern reingekommen, also was sehr ungewöhnlich ist, und sofort in eine exponierte Stellung reingekommen. Der sitzt jetzt und liest Zeitung! Der wird kalt abserviert, bis er wahrscheinlich freiwillig geht ... Ich meine, er ist 'n extremer Typ. Er passt überhaupt nicht in die Kultur rein. Bloß: Ich bin davon ausgegangen, dass man ihn deswegen bewusst in die Organisation hineingenommen hat ... und so, wie der Mann irgendwie reingesetzt wurde, so wird er auch wieder ausgespuckt.«

Das Unternehmen im Kopf reagiert auf den Externen fast wie der menschliche Körper nach einer Organtransplantation: Das fremde Gewebe wird abgestoßen (»ausgespuckt«). Wer nicht in diesem Unternehmen »groß geworden« ist, hat keine Überlebens-Chance. Einerseits trägt eine so klar definierte Außengrenze natürlich zu Identität und Orientierung im Unternehmen bei. Andererseits vergibt man sich so aber auch die Chance, etwa durch von außen kommende Führungskräfte, die noch »etwas anders ticken«, neue Ideen und Veränderungspotenziale ins Unternehmen zu »implantieren«. Auch wenn der beste Wille zur Integration frischen Blutes da ist – angesichts der Regularitäten dieses Unternehmens im Kopf muss sie scheitern.

Das Unternehmen im Kopf unseres Beispiels zieht also eine sehr starke Grenze um die Mutterfirma, die sowohl von innen (ist man mal drinnen,

geht man nicht mehr hinaus) als auch von außen (»Externe« werden abgestoßen) sehr schwer bis gar nicht überschreitbar ist. Fast überflüssig zu sagen ist, dass diese starke Außengrenze im »offiziellen Unternehmen« natürlich nicht vorgesehen ist: Hier beschreibt man sich selbst als ein flexibles
Unternehmen, in dem die Mitarbeiter unternehmerisch denken und in dem
Mobilität und Kooperation großgeschrieben werden. Wenn bei einer Fusion
oder dem Aufkauf eines Unternehmens die angstrebte Cultural Integration
nicht funktioniert, ist dann natürlich die Überraschung groß. Unter solchen
Bedingungen kann aber keine Integration gelingen. Zu stark ist die Abschottung gegenüber dem »Außenstehenden« und »Fremden«. Umgekehrt
fühlen sich natürlich bei einem solchen Verhalten auch die Mitarbeiter
neuer Tochterunternehmen oder »unterlegener« Fusionspartner eher wie
arme Verwandte oder Asylanten, die notdürftig geduldet werden, denn als
vollwertige »Bewohner« einer gemeinsamen »Unternehmens-Welt«.
Bevor wir nun auf die verschiedenen Ausprägungen der Grenzen des Unternehmens im Kopf und ihre Bedeutung für das Handeln des Unternehmens
genauer eingehen, wollen wir die Folgerungen aus unserem Beispiel kurz zu-
sammenfassen:

- Die Mitarbeiter identifizieren sich zwar sehr stark mit dem Mutterunternehmen, aber so gut wie gar nicht mit dem Konzern. Das kann zu mas-
  siven Problemen führen, wenn die Unternehmensstrategie auf starke Kooperation zwischen Mutter- und Tochterunternehmen angewiesen ist. Dies
  kann zum Beispiel der Fall sein, wenn der Zukauf von Firmen dadurch
  motiviert ist, dass neues Know-how ins Unternehmen kommen soll. Die
  starke Außengrenze verhindert weitgehend einen Know-how-Transfer
  von den Töchtern zur Mutterfirma.
- Wie schon bemerkt, entsteht dadurch, dass die Tochterfirmen genauso
  weit »draußen« sind wie irgendwelche Fremdfirmen, leicht eine Konkurrenzsituation zwischen Mutter und Töchtern. Dies kann sich beispielsweise so auswirken, dass im Mutterunternehmen »Effizienzrevolutionen«
  auf Kosten eines oder mehrerer Tochterunternehmen durchgeführt werden, denen man den schwarzen Peter der Nicht-Effizienz zuschiebt. Und
  damit verschlechtert sich natürlich das Ergebnis des Gesamtkonzerns.
- In Unternehmen mit einer sehr starken Außengrenze bleiben auch die
  Kunden und der Markt häufig außen vor: Die Rede ist dann vom »Kunden da draußen«, über den man nur sehr ungenau oder gar nicht informiert ist. Was dies für schnelles und kundenorientiertes Handeln am
  Markt bedeutet, kann man sich unschwer ausmalen.
- Die Tatsache, dass die Grenze in unserem Beispielunternehmen sehr
  schwer überschreitbar ist, und zwar von innen und von außen, hat verschiedene Auswirkungen, die jeweils ihre positive und ihre negative Seite
  haben:

Schwere Überschreitbarkeit der Grenze von außen nach innen:

positiv: das Unternehmen hat starke Schutzfunktionen für die eigene Identität und Kultur; Fremdes kann nicht so leicht die gewachsene Kultur zerstören.

negativ: das Unternehmen schottet sich gegen »frischen Wind« von außen weitgehend ab; fehlende Auseinandersetzung mit dem Fremden bedingt eine nur sehr eingeschränkte Erneuerungsfähigkeit der Unternehmenskultur und der eingeprägten Regularitäten des Unternehmens im Kopf.

Schwere Überschreitbarkeit der Grenze von innen nach außen:

positiv: wenig Fluktuation, starke Bindung der Mitarbeiter an das Unternehmen.

negativ: eingeschränkte Mobilität der Mitarbeiter – sowohl zu den Töchtern hin, als auch nach außen – kann leicht zu einer Kultur des Fatalismus und der »inneren Emigration« führen: Auch wer unzufrieden ist, bleibt im Unternehmen und igelt sich ein, anstatt sich einen anderen Arbeitsplatz zu suchen.

Beweglich werden: Wilhelm Meisters Lehrjahre

Die Beweglichkeit des ganzen Unternehmens hängt stark mit der Beweglichkeit der Mitarbeiter zusammen. Fördern Sie die berufliche und geistige Beweglichkeit Ihrer Mitarbeiter – ermuntern Sie sie, Grenzen zu überschreiten:

Wilhelm Meisters Lehrjahre

In Goethes berühmtem Roman ist der junge Held, wie der Name schon sagt, schon »Meister«. Aber damit sich das, was er an Potenzialen in sich trägt, auch wirklich optimal entfalten kann, muss er reisen, verschiedene Situationen durchleben, unterschiedliche Berufsperspektiven und Lebenssituationen erproben. Optimale Entwicklung braucht Zeit und Erfahrung mit heterogenen »Welten«. Daran hat sich bis heute nichts geändert.

• Sorgen Sie dafür, dass Sie einen Anteil an Quereinsteigern haben. Stellen Sie nicht nur Leute mit stromlinienförmigen Biografien ein. Heterogenität kann ein bedeutender Wettbewerbsvorteil sein.

Der Leiter einer großen EDV-Abteilung begründete uns gegenüber einmal, warum er so viele Mitarbeiter mit unterschiedlichem Ausbildungshintergrund in seiner Crew hatte – neben klassischen Programmierern gab es Leute, die ursprünglich Mathematiker, Physiker, Biologen, Geisteswissenschaftler gewesen waren: »In unserer Branche ändert sich ständig was. Es gibt Neuerungen, mit denen kaum jemand rechnen konnte. Plötzlich erweist sich eine völlig neue Netzarchitektur oder Softwarephilosophie als besser. Also brauche ich viele verschiedene Leute mit unterschiedlichem Hintergrund – das macht uns insgesamt reaktionsfähiger und innovativer.«

- Unternehmen mit einer gereiften Kultur machen oft die Erfahrung, dass Mitarbeiter, die von Anfang an in ihrem Unternehmen sind, die Vorteile der Firma nicht zu schätzen wissen. Sie haben keinerlei Vergleichsmöglichkeit und halten jede Errungenschaft für eine Selbstverständlichkeit. Fördern Sie gerade bei jungen Mitarbeitern Perspektiven- und Erfahrungswechsel. Mittelständische und kleinere Unternehmen sollten Kooperationsgemeinschaften gründen, Auszubildende und angehende Führungskräfte austauschen.

Freunde und Fremde

Wie unser Beispiel zeigt, lässt die Frage nach den Außengrenzen zwei für die Identität des Unternehmens im Kopf zentrale Merkmale erkennen. Das eine ist der *Raum des Unternehmens*: Wer oder was gehört alles dazu, eine wie große »Fläche« deckt das Unternehmen in den Köpfen der Mitarbeiter ab? Gehört – wie in unserem Beispiel – der gesamte Konzern zum Unternehmen, oder nur die Muttergesellschaft? Wie eng oder weit definieren die Mitarbeiter ihr Unternehmen? Das zweite Merkmal ist das der Zugänglichkeit dieses Raums, also die *Durchlässigkeit der Grenzen* des Unternehmens: Kann man in diesen Raum leicht gelangen, oder wird »Fremdelementen« die »Grenzüberschreitung« ins Unternehmen schwer gemacht? Bleibt, wer mal drinnen ist, lange im Unternehmen, oder gibt es große Fluktuationen?

Der Raum des Unternehmens im Kopf: eng oder weit?

Der Raum des Unternehmens im Kopf umfasst all das, was die Mitarbeiter als dem Unternehmen zugehörig empfinden, was also »zu uns« gehört. Diese mentale Definition der Zugehörigkeit ist in der Regel weitgehend unabhängig von offiziellen Definitionen des Unternehmens. Vergleichbar ist der Raum des Unternehmens mit den verschiedenen Konzepten von Familie, die es in unserer Kultur gibt. Für manche Familien gehört nur die Kernfamilie dazu, für andere sind auch noch die Großeltern, Tanten und Onkel Teil der Familie, während sie für unsere erste Familie allenfalls »Verwandtschaft« sind. Wieder andere haben einen noch weiteren Familienbegriff: Hier werden sogar nicht blutsverwandte, aber nahe stehende Personen dazugerechnet: Die früher weit verbreitete Gewohnheit, Kindern beizubringen, Freunde der Eltern als »Onkel« oder »Tante« anzusprechen, zeugt bis in den Sprachgebrauch hinein von einem solch weiten Raum der Familie. Auch der Begriff der »extended familiy«, die die geschiedenen Ehepartner samt neuen Partnern und deren Kinder umfasst, zeugt von einem relativ weiten Raum der Familie. Wie weit oder wie eng dieser Raum der Familie im Einzelfall ist, also wen man als dazugehörig und wen als nicht zugehörig empfindet, bestimmt meist auch den Umgang miteinander: Während »Onkel Peter« vielleicht bei einem Besuch ganz selbstverständlich an den Kühlschrank gehen und sich eine Flasche Bier herausnehmen darf, würde man dies bei einem anderen Besucher, der nicht »zur Familie« gehört, als Affront betrachten.

In ähnlicher Weise wie Familien unterscheiden sich Unternehmen bezüglich ihres Raums, bezüglich der Definition, wer oder was dazugehört und wer oder was nicht. Ein einfaches Beispiel wäre etwa ein Unternehmen, das sehr viele freie Mitarbeiter beschäftigt. Gehören diese »dazu«, oder nicht? Wir haben Unternehmen erlebt – wohlgemerkt: das war in der Zeit vor der Diskussion über »Scheinselbständigkeit« –, in denen die freien Mitarbeiter ganz selbstverständlich mit dazugehörten; häufig war den Kollegen gar nicht klar, wer nun fest angestellt und wer freiberuflich tätig war, und es konnte geschehen, dass man mit Erstaunen nach einem Jahr der Zusammenarbeit feststellte, dass eine Kollegin Freiberuflerin ist. In anderen Unternehmen dagegen gibt es klar definierte Unterschiede zwischen Angestellten und Freiberuflern, die auch jedem bewusst sind. Wie weit das Unternehmen seinen Raum in puncto »Integration von Freiberuflern« definiert, hat natürlich auch Auswirkungen auf die Kooperation im Unternehmen: Während im Falle eines weiten Raums freie Mitarbeiter in viele zentrale Abläufe des Unternehmens integriert sein werden, beschränkt sich ihre Tätigkeit in einem Unternehmen mit enger Raumdefinition auf klar abgegrenzte Projekte: Sie sind eher Zulieferer als Mitarbeiter.

Ob nun in diesem Fall ein eher enger oder eher weiter Raum positiv zu bewerten ist, hängt sehr stark von der Art des Unternehmens und der Abläufe in ihm ab: Ein Unternehmen oder Unternehmensteil, der sicherheitsrelevante Produkte herstellt oder auf Geheimhaltung angewiesen ist, wird wohl schlecht beraten sein, freien Mitarbeitern Zugang zu allen Abläufen zu verschaffen; ein Unternehmen dagegen, das ständig neuen kreativen Input benötigt (zum Beispiel eine Werbeagentur), kann sein Kreativitätspotenzial durch die Einbindung nicht »betriebsblinder« Freiberufler erheblich erhöhen.

Auch die schon oben behandelte Frage, ob Tochterunternehmen »dazuge-hören« oder nicht hat mit dem Raum des Unternehmens zu tun. Werden sie fast wie Konkurrenten behandelt, fehlt im Unternehmen im Kopf wahr-scheinlich eine Definition von »gemeinsamem Erfolg« des gesamten Kon-zerns.

Ein wichtiger Punkt bezüglich der Weite oder Enge des Raums des Unter-nehmens betrifft die Kundenbeziehungen. Manche Unternehmen im Kopf definieren den eigenen Raum so weit, dass auch die Kunden »mit zur Fami-lie« gehören, also gewissermaßen in das Unternehmen mitaufgenommen sind. Folgendes Zitat aus einer Storytelling-Untersuchung in einem großen Unternehmen deutet auf eine derartig weite Raumdefinition hin:

> »In der neuen Abteilung, das waren, na ja, das waren damals die Haus- und Hoflieferanten von X. Und die Strukturen von X haben sehr abgefärbt auf die Strukturen in diesen Abteilungen. Das heißt: verkrustete Strukturen, mehr oder weniger Beamten-Mentalität, die Vorgesetzten, das waren, na ja so, so kleine Prinzen, so kleine Könige, die haben sich halt dann immer genau so gefühlt, wie die, mit denen sie bei X zu tun hatten.«

Wenn sich Mitarbeiter eines Unternehmens so fühlen wie die Mitarbeiter des Kunden, und Strukturen des Kunden abfärben (das heißt die Strukturen des Unternehmens gleichen sich denen des Kunden an), dann ist das Unter-nehmen auf dem besten Weg, den Kunden in den eigenen Raum aufzuneh-men. Es gibt hier einen großen, gemeinsamen »Wir-Raum«, in dem alles nach ähnlichen, genau bestimmten Regularitäten abläuft. Andere Kunden, die anders strukturiert sind, kommen gar nicht mehr ins Blickfeld, weil man verlernt hat, sich auf deren spezifische Bedürfnisse einzustellen. Für »Haus- und Hoflieferanten« mag dies ein brauchbares Modell sein; in der heutigen Marktrealität, in der es nicht darum geht, einen einzigen Kunden zufrieden zu stellen, sondern am Markt mit verschiedenen Partnern zu kooperieren, ist sein Wert fragwürdig.

Wie weit oder wie eng der Raum eines Unternehmens in den Köpfen defi-niert ist, sagt also sehr viel über die Kooperation des Unternehmens mit verschiedenen Partnern aus. Bevor wir uns nun verschiedene »Typen« von Unternehmen näher ansehen, wollen wir uns noch mit den verschiedenen Ausprägungen der Grenzen dieses Raums des Unternehmens beschäftigen.

Die Grenzen des Unternehmens im Kopf: offen oder geschlossen?

Tendenziell geschlossene Grenzen sind solche, die schwer überschreitbar sind, tendenziell offene dagegen solche, die relativ leicht überschreitbar sind – jeweils entweder von innen oder von außen oder in beide Richtungen.

Dies beginnt – wie unser Beispiel gezeigt hat – damit, wie schwer oder leicht (neue) Mitarbeiter ins Unternehmen aufgenommen werden beziehungsweise wieder ausscheiden. Die Frage der offenen oder geschlossenen Grenzen hat aber auch noch eine andere Dimension. Wie bereit ist ein Unternehmen, neues Know-how, neue Entwicklungen, die außerhalb des Unternehmens entstehen, in das unternehmerische Handeln, in die Produktpolitik, die Unternehmensorganisation oder das Agieren am Markt einfließen zu lassen – und wie schnell ist es dabei? Es ist also letztlich die Frage nach der Innovationskraft des Unternehmens – denn längerfristig können Innovationen nur aus einem Austausch von Innen und Außen entstehen.

 **Fortschritt durch Zusammenwirken**

»Das einzige Verhängnis, der einzige Makel, der eine Menschengruppe treffen und an der vollen Entfaltung ihrer Natur hindern kann, ist, isoliert zu sein.«

Claude Lévy-Strauss

Der berühmte französische Ethnologe Claude Lévy-Strauss hat den Unterschied zwischen »stationären« und »kumulativen« Kulturen beschrieben (wobei man dazusagen muss, dass er diesen Unterschied nicht im Sinn einer Wertung verstanden wissen wollte). Stationäre Kulturen sind solche, die – zumindest nach den Maßstäben unserer, der westlichen Kultur – Jahrhunderte lang gleich bleiben, kaum neue Techniken oder soziale Strukturen entwickeln. Die meiste Zeit, in der es Menschen gibt, war geprägt durch stationäre Kulturen; erst vor etwa 10000 Jahren begann in der sogenannten neolithischen (neusteinzeitlichen) Revolution mit der Erfindung von Ackerbau, Viehzucht, Töpferei und Weberei das, was wir »Zivilisation« nennen. Lévy-Strauss betont, dass es natürlich auch in stationären Kulturen Erfindungen gibt, dass es Genies gibt, die etwas ganz Neues entdecken. Der Unterschied zur kumulativen Kultur ist jedoch der, dass die stationäre Kultur keinen Gebrauch davon macht und die Erfindung schnell wieder vergessen wird. Jeder neue Erfinder fängt hier gewissermaßen wieder beim Punkt Null an. Ganz anders bei der kumulativen Kultur: Sie »sammelt« ihre Erfindungen, jeder Erfinder kann auf dem aufbauen, was alles schon vor ihm erfunden und entwickelt worden ist. Kumulative Kulturen können jedoch mittel- bis langfristig nicht alleine bestehen. Sie leben davon, dass sie im freiwilligen oder unfreiwilligen Austausch mit anderen, verschiedenartigen Kulturen stehen. Es kann zum Beispiel geschehen, dass einer Kultur eine Erfindung gelingt, deren

Bedeutung sie aus »Betriebsblindheit« nicht erkennt. Eine andere Kultur, mit der sie in Austausch steht, nimmt diese nun auf, entwickelt sie weiter, und das Endresultat kommt nun auch der ursprünglichen Erfinder-Kultur zugute. Ähnliches geschieht im Übrigen auch auf der Ebene von Unternehmen.

Innovationskraft ist also nicht etwas, was eine einzelne Kultur, ein einzelnes Unternehmen für sich genommen entweder besitzt oder nicht, sondern sie ist eine Funktion der Fähigkeit zum Austausch und zur Offenheit. Geschlossene Außengrenzen schränken diese Fähigkeit zum Austausch – und damit auch zur Innovation – ein.

nach: Claude Lévy-Strauss: Rasse und Geschichte. Frankfurt/Main: Suhrkamp 1972.

Die Erfahrung zeigt übrigens, dass eine bezüglich der Aufnahme neuer Mitarbeiter geschlossene Außengrenze in der Regel gekoppelt ist mit einer geschlossenen Außengrenze bezüglich der Aufnahme neuen Know-hows. In Unternehmen mit geschlossener Außengrenze herrschen Einstellungen vor wie »Wir können das allein«; »Wir wissen selbst am besten, wie es läuft« oder »Wir machen unseren Stiefel weiter, mit dem wir bisher erfolgreich waren« – unabhängig davon, welche Lippenbekenntnisse das »offizielle Unternehmen« zum »Wissenstransfer«, zur »Öffnung des Unternehmens« etc. verbreiten mag.

Wie für alle Regularitäten des Unternehmens im Kopf gilt auch hier: Durch einen puren Willensbeschluss und das Rundschreiben, in dem er verkündet wird, ist eine Außengrenze, die man als zu sehr geschlossen erkannt hat, nicht aufweichbar. Es bedarf einer genauen Analyse, durch welche Erfahrungen sich diese geschlossene Außengrenze in die Köpfe der Mitarbeiter eingeprägt hat, und einen auf dieser Analyse aufbauenden längeren Prozess, um diese Prägungen zu verändern.

Vier Grenz-Fälle

In der Kombination von weitem und engem Raum, offenen und geschlossenen Grenzen können wir vier verschiedene Typen von Unternehmen unterscheiden. Wohlgemerkt: In der Realität treten meist Kombinationen dieser Typen auf; wir wollen sie dennoch erst einmal in ihrer »Reinform« beschreiben.

4 Typen von Unternehmen

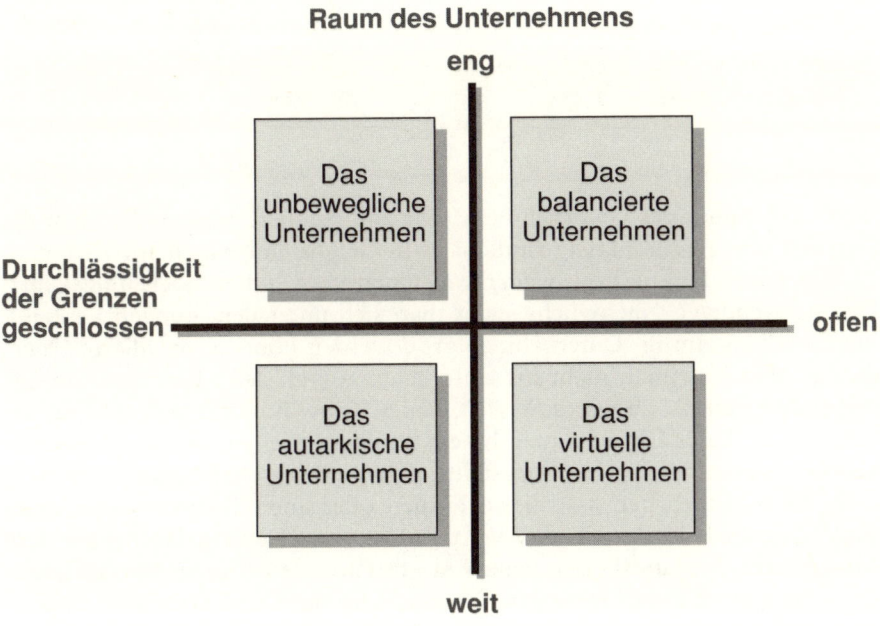

Raum des Unternehmens
eng

Das
unbewegliche
Unternehmen

Das
balancierte
Unternehmen

**Durchlässigkeit
der Grenzen
geschlossen**   offen

Das
autarkische
Unternehmen

Das
virtuelle
Unternehmen

weit

**Enger Raum, geschlossene Grenzen:
Das unbewegliche Unternehmen**

Ein Mensch

Ein Mensch ängstlicher Natur, den allein schon die Vorstellung von Gefahr in Schrecken jagte, beschloss, sich zu
sichern, um dem Grauen aus dem Wege gehen zu kön-
nen, das überall auflauerte. Er kehrte sich von der Welt ab, errichtete
in einsamer Gegend, die er freilich mit seinen Träumen bevölkerte,
rings um sich eine Mauer, die er nach oben hin zu schließen beab-
sichtigte, so dass sie zu einem kegelförmigen Gebäude hochwuchs.
Er mühte sich mit Steinen ab, die er von überall her zusammentrug.
Obwohl er mit größter Umsicht ans Werk ging, konnte er es nicht verhindern, dass schließlich der Schutz über ihn hereinbrach und ihn
begrub. Da keiner in der Nähe weilte, konnte niemand die Feststel-

lung treffen, dass ein solches Maß an Schutz keineswegs eine Sicherheit bietet.

aus: Herbert Heckmann, »Das Portrait«. © S. Fischer Verlag GmbH, Frankfurt am Main, 1958.

Wenn der Raum des Unternehmens sehr eng definiert wird und zudem die Grenzen sehr undurchlässig sind, ist es in Gefahr, unbeweglich zu werden. Es gibt kaum Fluktuation, weder von innen nach außen noch umgekehrt. Den notwendigen Nachwuchs sucht man sich unter den »jungen Leuten«, die dann langsam im Unternehmen groß werden können; profilierte Querdenker aber lässt man nicht ins Unternehmen (vgl. den »Externen« in unserem Beispiel). Auch neues Wissen, neues Know-how tut sich schwer, die Grenzen in dieses Unternehmen hinein zu überschreiten. Im Kopf der Mitarbeiter gehört nur die fest angestellte »Stammbelegschaft« zum Unternehmen; freie Mitarbeiter, assoziierte Firmen oder auch Tochterunternehmen sind »Fremde«. Und auch das Verhältnis zu den Kunden läuft nach dem Muster der »Auslandsbeziehungen« ab: Der Kunde ist »irgendwo da draußen«, in interne Entscheidungen, Neuausrichtungen und Strategien bezieht man ihn und seine Bedürfnisse kaum oder gar nicht ein.

Ökonomisch erfolgreich können unbewegliche Unternehmen sein, wenn sie sich in der Vergangenheit eine nicht so schnell aufzuholende Technologieführerschaft oder eine starke, beherrschende Marke aufgebaut haben, oder wenn sie aus welchen Gründen auch immer eine nahezu monopolistische Stellung auf dem Markt haben. Dieser Erfolg ist jedoch immer in Gefahr, durch äußere Umstände zunichte gemacht zu werden: Nehmen wir einmal an, ein Unternehmen hatte in den siebziger Jahren die absolute Technologie- und Marktführerschaft auf dem Gebiet der Telex-Geräte inne. Mit dem Siegeszug des Fax und dann vor allem der E-Mail wird diese Führerschaft plötzlich bedeutungslos: Das Telex ist plötzlich nur noch ein Fossil der Kommunikationstechnologie. Wenn dieses Unternehmen nun zum unbeweglichen Typ gehört, wird es die Veränderungen am Markt erst wahrnehmen, wenn es zu spät ist – denn seine Fähigkeit zum Austausch mit »außen« ist stark eingeschränkt, und damit hat es auch kaum ausgeprägte Innovationspotenziale.

Isolierte Unternehmen sind oft schon ältere Unternehmen, die früher Großes geleistet haben, sich auf ihren Lorbeeren ausruhen, sich dabei abkapseln und erstarren.

 **Anschlussfähig bleiben:**
Wilhelm Meisters Wanderjahre

In der Fortsetzung von Goethes Entwicklungsroman ist der Held, Wilhelm Meister, bereits »etabliert«, aber er muss wieder neu aufbrechen, wieder neu lernen.

Halten Sie die Tür offen

Oft wollen gerade geschätzte Mitarbeiter ihre Firma verlassen, nicht weil sie an ihrem Arbeitsplatz grundsätzlich unzufrieden sind, sondern weil sie »mal etwas anderes sehen«, sich erproben, die Perspektive wechseln wollen.

Manche Firmen versuchen, solche Mitarbeiter zurückzuhalten, indem alle Alternativen pauschal schlecht gemacht werden (»Glauben Sie wirklich, dass Sie da draußen etwas Besseres finden können?«), mit dem Verlust von Sicherheit gedroht wird (»Bei uns haben Sie einen festen Job. Sie werden Ihre Zusatzansprüche verlieren!«) oder sogar, indem sie den Rückweg verbauen (»Zu uns brauchen Sie aber dann nicht mehr zu kommen!«).

Signalisieren Sie lieber, dass die Tür für eine Rückkehr offen steht. Halten Sie Kontakt zu Ehemaligen (zum Beispiel über eine geschlossene Benutzergruppe im Internet), organisieren Sie regelmäßige Treffen mit Ehemaligen, bei denen Erfahrungen ausgetauscht werden. »Rückkehrer« bringen oft neue Impulse und einen geschärften Blick für die Stärken und Schwächen des Unternehmens mit.

Schaffen Sie Erfahrungs- und Erprobungsräume

Auch Manager können mit der Zeit betriebsblind werden. Eine befristete Auszeit, verbunden mit einer Tätigkeit in einem ganz anderen Arbeitsfeld, kann dabei wie eine Frischzellenkur wirken. Unternehmen wie IBM förderten daher bereits vor Jahren so genannte Sabbaticals, bei denen Manager für bestimmte Zeit an völlig andere Projekte – in der Entwicklungshilfe, Kommunalentwicklung oder an Bürgerinitiativen – »ausgeliehen« wurden, dort ihre Fähigkeiten einbrachten und ihrerseits neue Erfahrungen machten.

Natürlich geht es auch eine Nummer kleiner: Führungskräfte können auch in Kooperation mit dem kommunalen Umfeld für ein bestimmtes Projekt ein bestimmtes Zeitbudget erhalten.

Solche Erfahrungs- und Erprobungsräume müssen auch innerhalb des Unternehmens geschaffen werden. »Spielwiesen« für Konstrukteure, Designer, Programmierer gibt es in nahezu allen Technikunternehmen.

Sie sind eine Voraussetzung für Beweglichkeit und eine Investition in die Zukunft. Sie sollten deshalb nicht nur den großen Unternehmen vorbehalten sein. Je ernster sie genommen werden und je mehr Mitarbeiter mit den dort entstehenden Ideen bekannt gemacht werden, desto höher ist ihr Nutzenpotenzial. Solche Pilot- und Erprobungsprojekte sind aber ebenso auf anderen Ebenen einsetzbar: Soziale und kommunikatorische Innovationen können nach dem gleichen Prinzip entwickelt und getestet werden.

Weiter Raum, geschlossene Grenzen:
Das autarkische Unternehmen

Die Außengrenzen des autarkischen Unternehmens sind ähnlich undurchlässig wie die des unbeweglichen Unternehmens, doch innerhalb dieser harten, aber weit gesteckten Grenzen breitet sich ein ganzes »Universum« aus. In den Köpfen der Mitarbeiter gehören zum Unternehmen nicht nur die Stammbelegschaft, sondern auch Zulieferer, freie Mitarbeiter und auch die wichtigsten Kunden. Das autarkische Unternehmen stellt gewissermaßen eine Insel dar, auf der alle lebenswichtigen Ressourcen vorhanden sind: das eigene Know-how, der »angestammte Markt«, die »langjährigen Kunden« und die »Partner«. Das autarkische Unternehmen denkt im Wesentlichen in den tradierten Kategorien dieser Insel, auf der es anstrebt, die Autarkie zu erhalten. Vom Typus des autarkischen Unternehmens sind schon länger bestehende Firmen, die ein relativ klar umrissenes Segment innerhalb eines Marktes, der traditionell zwischen dem Unternehmen und seinen Mitbewerbern »aufgeteilt« ist, bedienen. Zwischen dem Unternehmen und seinen Kunden gibt es langjährige enge Beziehungen, die nahezu familiär ablaufen.

In einem Unternehmen fanden wir in der Unternehmensgeschichte die typischen Merkmale des autarkischen Unternehmens: Die Produktion hatte eine hohe Fertigungstiefe, man versuchte, möglichst viele Teile des komplexen Produkts selbst herzustellen. Die Mitarbeiter erzählten vom angestammten Markt, den sich das Unternehmen mit den Mitbewerbern traditionell aufgeteilt hatte, sie sprachen von »unseren Kunden«, die man »in- und auswendig« kenne, und vor allem die schon lange in der Firma tätigen Mitarbeiter »wussten« genau, wie das Geschäft läuft, welche Regeln in den Beziehungen zum Kunden zu beachten sind, was die Kunden wollen und nicht wollen. An der Geschichte dieses Unternehmens wurde aber auch eine Grundproblematik des autarkischen Unternehmens deutlich: Ein großer Schock war, als »plötzlich« (d. h. von den meisten Mitarbeitern unvorhergesehen) das genau abgezirkelte Marktgefüge sich veränderte und aufgrund neuer internationaler Richtlinien neue, ausländische Mitbewerber mitboten. Diese Veränderung wurde als »Einbruch« in »unseren angestammten Markt« empfunden; das Universum des Unternehmens war ins Wanken gekommen in einer Weise, wie etwa das Weltbild der Menschheit sich verändern würde, wenn plötzlich Außerirdische auf der Erde landeten. Der »Einbrecher« hielt sich auch nicht an die Regeln, die im Weltbild des Unternehmens bisher universal gegolten hatten: Fast schon empört wurde erzählt, dieser Einbruch habe gezeigt, dass man heutzutage auch mit ästhetischen Qualitäten wie dem Design der Produkte Punkte machen könne, nicht nur – wie bisher – allein mit harten technischen Qualitäten. Die Folge war ein geschäftliches Fiasko für das Unternehmen, das sich auch noch nach fünf Jahren schwertut, dieses Ereignis zu verdauen und sich auf die veränderten Bedingungen einzustellen: Zu wenig hatte man über die harten Grenzen des Unternehmens im Kopf hinausgeblickt, zu lange hatte man sich in dem weiten »Universum« innerhalb dieser Grenzen sicher gefühlt.

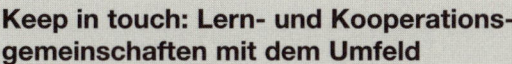

Keep in touch: Lern- und Kooperationsgemeinschaften mit dem Umfeld

Auch auf der mentalen Ebene müssen Unternehmen heute gerade an ihrer Peripherie, an der Nahtstelle zur Außenwelt, beweglich werden. Dass der Kunde »schwieriger«, individueller, wandlungsfähiger und anspruchsvoller wird, belegt der steigende Aufwand für Marktforschung und Trendanalyse. Marktforschung allein genügt aber schon heute nicht mehr. Unternehmen brauchen Sensoren, die in die Gesellschaft hineinreichen und Satellitenprojekte, durch die sie auch jenseits ihrer eigenen Grenzen aktiv werden, Erfahrungen sammeln und Entwicklungen mitgestalten können. Die Zusammenarbeit von BMW mit der öffentlichen Hand bei der Einführung eines Verkehrsleitsystems oder das Förderprogramm für Schüler »Join Multimedia« der Siemens-AG sind erste Schritte in diese Richtung.
Kooperationsprojekte, wenn sie entsprechend konzipiert und durchgeführt werden, verbinden drei Funktionen miteinander: Sie verbessern das Image des Unternehmens, sie sind eine effektive Entwicklungsmaßnahme für Mitarbeiter und sie machen Erkenntnisse und Ressourcen verfügbar, die außerhalb des Unternehmens liegen.
Die Möglichkeiten, solche Strategien in Angriff zu nehmen, bestehen für jedes Unternehmen. Und sie sind so vielfältig, dass sie hier nicht dargestellt werden können. Die Kernpunkte sind jedoch jeweils gleich: Es geht nicht um Sponsoring, sondern um aktive Kooperation unter

Einbeziehung von Mitarbeitern und spezifischem Know-how des Unternehmens. Die Projekte sind innovativ, generieren einen gesellschaftlichen Nutzen. Und schließlich gibt es einen Rücktransfer von Wissen und Erfahrungen ins Unternehmen.

Checkliste für Keep in touch-Projekte:

1. Kreieren Sie ein relevantes Thema

Wählen Sie Ihr Thema sorgfältig aus. Überlegen Sie, wo sich Interessen, Sichtweisen, Zukunftsfragen, die sowohl Ihr Unternehmen als auch sein Umfeld – Stakeholder wie Kunden, Mitarbeiter, Kommunen, Gesellschaft – vital betreffen.

2. Initiieren Sie einen Dialog zum Thema

Ergreifen Sie die Initiative. Gestalten Sie einen offenen Dialog zum Thema: mit Fachleuten, Entscheidern, Beteiligten – und nicht zuletzt mit Vertretern Ihres Unternehmens.

3. Ergreifen Sie die Chance für Kooperationsprojekte

Entscheiden Sie sich für eine sinnvolle Kooperationsebene. Die kann je nach Unternehmenstyp und -größe unterschiedlich sein. Sie kann auf kommunalem, regionalem oder überregionalem Sektor liegen. Sie kann (potenzielle) Kundengruppen, Wissenschafts- und Forschungseinrichtungen, Stiftungen, Bürgergruppen einbeziehen.

4. Bringen Sie gezielt Know-how und Ressourcen in das Projekt ein

Als Lernwerkstatt und Entwicklungstool machen solche Projekte nur dann Sinn, wenn auch tatsächlich Mitarbeiter daran beteiligt sind.

5. Gewährleisten Sie den Rückfluss von Wissen, Erfahrungen, Ideen

Solche Kooperationsprojekte sind eine Quelle von Wissen, das für Ihr Unternehmen relevant werden kann: Wissen über gesellschaftliche Trends, Kundenbedürfnisse, mögliche neue Produkte und Dienstleistungen, Teambildungsprozesse etc. Stellen Sie sicher, dass dieses Wissen auch genutzt und kommuniziert werden kann.

Enger Raum, offene Grenzen:
Das balancierte Unternehmen

Das balancierte Unternehmen definiert den Raum des Unternehmens relativ eng: Jedem ist klar, wer oder was dazugehört und wer oder was nicht. Im Gegensatz zum unbeweglichen Unternehmen sind die Grenzen jedoch durchlässig: Neue Mitarbeiter, neues Know-how, neue Produkte und Konsequenzen aus den Veränderungen des Marktes finden relativ leicht Eingang in das Unternehmen; ebenso leicht fällt auch die Grenzüberschreitung von innen nach außen (Mitarbeiter verlassen das Unternehmen), was im Vergleich zu den bisher beschriebenen Unternehmenstypen eine relativ große Fluktuation zur Folge hat. Der Kern des Unternehmens wird daher nicht so sehr durch den festen Mitarbeiterstamm bestimmt, sondern durch ein Set von Werten und Regularitäten, die die Identität des Unternehmens ausmachen. Die Anerkennung dieser Werte und die Ausrichtung des Verhaltens an ihnen entscheidet, wer dazugehört und wer nicht. In den Beziehungen zur Außenwelt, zu den Kunden und zum Markt, ist das Unternehmen sehr flexibel, es kann relativ schnell neues Know-how absorbieren und dadurch schnell reagieren.

Neue Mitarbeiter werden durch einen gewissermaßen automatisch ablaufenden »Initiationsritus« in das Wertsystem eingeführt und auf die Grundsätze des Handelns »eingeschworen«. Balancierte Unternehmen sind häufig relativ junge, eher kleine bis mittlere Unternehmen. Da der Wertekern, der die Identität des Unternehmens ausmacht, häufig (noch) nicht institutionalisiert ist, sondern nur »mündlich« weitervermittelt wird, besteht eine Gefahr für das balancierte Unternehmen darin, dass bei schnellem Wachstum oder zu großer Fluktuation die »Initiationsriten« nicht mehr greifen und der Wertekern sich auflöst. Dies muss nicht unbedingt negativ sein, wenn eine andere Identifikationsmöglichkeit an seine Stelle tritt; tritt nichts an diese Stelle, kann es jedoch geschehen, dass das Unternehmen im Wachstum zunehmend »gesichtslos« wird und damit sein Profil auf dem Markt verliert.

Deshalb ist diesem Unternehmenstyp gerade im Vorfeld von Wachstumsphasen zu empfehlen, seine bisherige Erfolgsgeschichte zu analysieren, ein Profil der informellen Strukturen und Stärken zu erstellen, die den bisherigen Erfolg gefördert haben und diese Core Values und -strukturen bewusst zu machen: etwa in Form eines expliziten Leitbildes, einer »Unternehmensverfassung«, mit klaren Grundsätzen für eine aufzubauende Personalarbeit.

Weiter Raum, durchlässige Grenzen:
Das virtuelle Unternehmen

Definiert ein Unternehmen seinen Raum sehr weit, und sind seine Außengrenzen zugleich sehr durchlässig, so verkörpert es tendenziell den in den letzten Jahren viel diskutierten Typus des virtuellen Unternehmens. Es ist im Wesentlichen bestimmt durch eine Marke und die Marketingaktivitäten um sie herum. Alle unternehmerischen Aktivitäten geschehen in wechselnden Allianzen und Partnerschaften – produziert wird mal hier, mal dort, je nach Kostenlage. Die Frage der »Zugehörigkeit« zum Unternehmen richtet sich nahezu ausschließlich nach dem Kriterium »wer arbeitet für die Marke«. Das virtuelle Unternehmen neigt zu großer Fluktuation. Auch wenn es eine durchaus harte, kleine Kernmannschaft hat, wird es an den Rändern ständig Veränderungen geben, denn das virtuelle Unternehmen sucht permanent nach neuen Zulieferern und Partnern, die ihm unter möglichst günstigen Konditionen zuarbeiten. Eine über die Arbeit an der Marke hinausgehende Unternehmensidentität oder Unternehmenskultur kann es deshalb bei diesem Unternehmenstyp nur in eingeschränktem Maße geben: Einerseits kann der Kern des virtuellen Unternehmens seinerseits eine ausgeprägte Identität besitzen, die dann wahrscheinlich in Richtung des Typs »balanciertes Unternehmen« tendieren wird. Andererseits kann das virtuelle Unternehmen spezifische Stile im Umgang mit seinen Kooperationspartnern entwickeln.

Wie wir oben schon angemerkt haben, sind diese vier Unternehmenstypen natürlich Abstraktionen, die wir in ihrer »Reinform« wahrscheinlich eher selten in der Realität wiederfinden. Das hängt auch mit der Tatsache zusammen, dass »geschlossen/offen« und »eng/weit« keine absoluten Werte sind, sondern sich auf einer Skala bewegen: Die Grenzen eines Unternehmens sind durchlässiger oder undurchlässiger als die eines anderen, der Raum, den das Unternehmen im Kopf der Mitarbeiter einnimmt, enger oder weiter als der eines anderen. Wie die Beispiele jedoch gezeigt haben, neigen reale Unternehmen – bei allen Mischformen, die in ihnen vorkommen – jedoch meist mehr zu einem der vier Unternehmenstypen.

Man sollte sich also mit dem Raum und den Grenzen des Unternehmens im Kopf zu beschäftigen, um zu erkennen, zu welchem Typ das eigene Unternehmen tendiert, und um mit den in dieser Tendenz verborgenen Stärken oder auch Schwächen umgehen zu können.

Was das Organigramm verschweigt

Im letzten Kapitel haben wir uns mit den Außengrenzen des Unternehmens im Kopf beschäftigt, also mit dem »Umriss« der Landkarte des Unternehmens, und wir haben gesehen, welche Folgerungen sich aus den Ausprägungen des Raumes und der Grenzen für die Kooperation des Unternehmens mit der »Außenwelt« ziehen lassen. Doch natürlich unterscheiden sich Unternehmen nicht nur dadurch voneinander, wie sie »im Kopf« ihren Raum und dessen Grenzen definieren, sondern auch dadurch, wie sie intern strukturiert sind und damit, wie »rund« oder »unrund« die Kooperation innerhalb des Unternehmens zwischen verschiedenen Gruppen, Abteilungen oder Aufgabenbereichen läuft. Nach allem, was Sie nun schon über das Unternehmen im Kopf gelesen haben, wird es Sie vermutlich nicht überraschen, dass auch die interne Kooperation häufig anders strukturiert ist, als es in der offiziellen Selbstbeschreibung des Unternehmens, dem Organigramm, dargestellt ist.

Ein Beispiel: »Die Techniker« und »die Kaufleute«

In einem Unternehmen, das technische Produkte herstellt, weist das Organigramm an der Spitze jedes Geschäftsgebiets oder Geschäftsbereichs eine Doppelleitung aus: Es gibt immer einen »Leiter« und einen »kaufmännischen Leiter«. Die Position des »Leiters« ist in diesem Unternehmen traditionell durch einen Manager mit technischem Background, einem Ingenieur, besetzt. Die Kästchen für die beiden Leitungsfunktionen stehen auf dem Organigramm nebeneinander und drücken damit die gleiche Gewichtung der beiden Leitungsfunktionen aus; die Bezeichnung des Technikers als »Leitung« und die des »Kaufmanns« als »kaufmännische Leitung« weist auf ein leichtes Übergewicht des Technikers in der Leitung hin. Geht man nur vom Organigramm aus, so könnte man dieses Unternehmen folgendermaßen beschreiben:

(1) Im Unternehmen gibt es zwei wesentliche Gruppen, die durch Aufgabenbereiche definiert sind: den technischen und den kaufmännischen Aufgabenbereich.

(2) Beide Gruppen arbeiten weitgehend gleichberechtigt – mit einem leichten Übergewicht der Techniker – zusammen.

(3) Das Unternehmen versteht sich selbst als eines, in dem technische und kaufmännische Belange zu gleichen Teilen berücksichtigt werden.

So weit die »offizielle« Selbstdarstellung des Unternehmens, die sich aus dem Organigramm folgern lässt. Ein wenig anders stellt sich die Sache in den Erzählungen der Mitarbeiter dar. Sowohl »Kaufleute« als auch »Techniker« betonten – übrigens quer durch alle Hierarchiestufen – ein Ungleichgewicht des Verhältnisses der beiden Gruppen, das in den letzten Jahren entstanden war:

> »... wir verkaufen sehr viel Technik, auch wenn das im Umschwung ist, dass die Kaufleute immer mehr das Sagen kriegen.« (Techniker)

> »Die Klammer um diese AG, das zeigt sich immer mehr, bilden die Kaufleute. Die Techniker nicht.« (Kaufmann)

Während dieser Wandel hin zu einem »Übergewicht« der Kaufleute über die Techniker für Erstere kein Problem ist, stellt es für die Techniker natürlich eines dar: Sie fühlen sich zunehmend von wichtigen Entscheidungen des Unternehmens und von einer Mitwirkung an der Geschäftsstrategie ausgeschlossen:

> »Die Besetzung von bestimmten Funktionen ... wird jetzt mehr und mehr danach vollzogen, was die wohl sonst andere Fähigkeiten haben und weniger, ob die aus der Fachrichtung sind. Das führt dann zu Entscheidungen, wo die Leute zwar managementgerecht sicher entscheiden, das will ich nicht bestreiten, das ist sicher alles richtig, aber von der technischen Realisierbarkeit und Durchführbarkeit und vor allem, was viel wichtiger ist, von der Akzeptanz beim Kunden, da sind also diese Fähigkeiten oder diese Kenntnisse nicht vorhanden.«

> »... wir haben zur Zeit bei uns an vielen Stellen Leute sitzen, wo ich 100 Prozent sicher bin, dass die technische Entscheidungen nach irgendwelchen Kriterien treffen, jedenfalls nicht nach technischen.«

Die Kaufleute, so klagen die Techniker also, treffen alle wichtigen Entscheidungen im Unternehmen nur aus ihrer, der kaufmännischen Perspektive, die technische kommt zu kurz. Von Technikern wurden in diesem Zusammenhang auch wiederholt konkrete Fälle erzählt, in denen die Kaufleute, die die Kundenverhandlungen ohne technische Unterstützung geführt hatten, den Kunden Produkt-Features versprochen (und vertraglich festgeschrieben) hatten, die technisch gar nicht oder nur mit einem sehr großen Aufwand machbar waren – was dann zu Verzögerungen und Penalen führte.
Sowohl die Erzählungen der Techniker als auch der Kaufleute belegen, dass in den Köpfen der Mitarbeiter das Gleichgewicht von kaufmännisch/be-

triebswirtschaftlicher und technischer Seite nicht mehr besteht. Daher glauben auch die Mitarbeiter nicht mehr an die im Organigramm vorgesehene Gleichberechtigung von technischem und kaufmännischem Leiter: Sie sind davon überzeugt, dass der kaufmännische Leiter das »eigentliche« Sagen hat, der technische Leiter ihm allenfalls »beigestellt« ist. Dies drückte sich in den Erzählungen der Mitarbeiter auch an der Oberfläche allein schon dadurch aus, dass der kaufmännische Leiter sehr viel häufiger erwähnt wurde, wenn sie auf »das Management« oder »die Führung« zu sprechen kamen.

In diesem Unternehmen existieren also zwei Beschreibungen des Verhältnisses von zwei wichtigen Gruppen des Unternehmens: Die erste Beschreibung, das offizielle Organigramm, stellt die beiden Gruppen als gleichberechtigt dar; die zweite, die aus den Erzählungen rekonstruierte Beschreibung des Unternehmens im Kopf, bildet ein Ungleichgewicht ab, das sich in einer Isolierung der Techniker bezüglich der Beteiligung an wichtigen Entscheidungen und der Ausrichtung der Geschäftsstrategie dokumentiert.

Wir erleben manchmal, wenn wir derartige Ergebnisse einer Analyse des Unternehmens im Kopf vorstellen, dass die Verantwortlichen sagen: »Das stimmt nicht« – und dann das Organigramm und vielleicht noch ein paar Rundschreiben hochhalten; Papiere, in denen doch ganz klar festgeschrieben sei, dass das Unternehmen eine gleichberechtigte Zusammenarbeit der jeweiligen Gruppen garantiere. Insgeheim wird damit unterstellt, in den Köpfen der Mitarbeiter gehe etwas »Falsches« vor; sie hätten nicht kapiert, wie »das Unternehmen sich aufgestellt hat«. Man zieht dann häufig die Konsequenz, man müsse, um dieses »falsche Denken« auszumerzen, die »Wahrheit«, also das Organigramm, besser kommunizieren – was in der Regel auf ein weiteres Stück Papier oder einen Text im Intranet hinausläuft. Wie wir ja schon ausführlich dargestellt haben, steckt hinter einem solchen Vorgehen wieder die altbekannte Verwechslung von Kommunikation mit bloßer Information. Darüber hinaus bedeutet eine solche Reaktion aber nichts anderes, als die Augen vor einer unbequemen Realität des Unternehmens im Kopf zu verschließen – denn wie alle Beispiele in diesem Buch zeigen, lassen sich die Regularitäten in den Köpfen der Belegschaft nicht einfach durch ein Rundschreiben verändern. Man glaubt, damit negativen Entwicklungen entgegenzusteuern und nimmt sich in Wirklichkeit die Chance, da anzusetzen, wo die Ursachen für bestimmte Entwicklungen wirklich liegen.

Die Realität hinter dem Organigramm

Abteilungszusammenlegungen, Neuorganisationen, Fusionen oder Neuausrichtungen der geschäftlichen Strategie führen oft zu problematischen Gruppenbildungen, wie wir sie am Beispiel der Techniker und Kaufleute eines

Unternehmens beschrieben haben. Wenn sich durch solche Änderungen der Rahmenbedingungen die informelle Wertigkeit einer Gruppe stillschweigend ändert, entstehen Konfliktfelder, die in der entstandenen Grauzone zwischen dem offiziellen Organigramm und der Realität des Unternehmens im Kopf angesiedelt sind. Probleme können bei einem Auseinanderklaffen des offiziellen Organigramms und der informellen Wertigkeit von Mitarbeitergruppen vor allem in drei Feldern entstehen:

Demotivation

Demotivation ist vorprogrammiert, wenn eine wichtige Gruppe, wie in unserem Beispiel die Techniker, das (berechtigte) Gefühl hat, dass ihr Fachwissen keine ausschlaggebenden Kriterien für wichtige Entscheidungen mehr liefert. Die Mitarbeiter erleben täglich, dass ihre eigene Tätigkeit und die Konsequenzen aus ihr für das geschäftliche Handeln des Unternehmens offenbar keine große Bedeutung haben – in unserem Beispiel werden wesentliche Entscheidungen nach rein kaufmännischen, nicht nach technischen Kriterien getroffen. Für eine Arbeit, die in dem Umfeld, in dem sie stattfindet, nicht oder nicht ausreichend geschätzt wird, können sich die Menschen jedoch nur schwer motivieren.

Abschottung

Auch in der Zusammenarbeit von Mitgliedern der »unterlegenen« und der »Sieger«-Gruppe wird es zu Problemen kommen. Wenn ein Mitglied der »unterlegenen« Gruppe das Gefühl hat, dass sein Wissen, seine Handlungen kaum Auswirkungen auf das Handeln der »überlegenen« Gruppe hat, wird es seine Kooperationsanstrengungen bald auf »Sparflamme« schalten – denn »es hat ja alles doch keinen Sinn«. Mitglieder der »Sieger«-Gruppe sehen dagegen aufgrund ihrer starken Position wenig Abstimmungsbedarf mit der unterlegenen Gruppe. Dies führt zu einer zunehmenden Abschottung der Mitglieder beider Gruppen gegeneinander.

Subkulturbildung

Im Lauf der Zeit kann es dann vor allem bei der unterlegenen Gruppe zur Entstehung eines ausgeprägten »Wir-Gefühls« kommen, das nicht mehr das ganze Unternehmen miteinbezieht, sondern nur noch die Gruppe. Solche Subkulturen entstehen, wenn Teile das Gefühl haben, sie müssten sich und ihren Status gegen andere, meist »mächtigere« Gruppen verteidigen. Ist ein solches Wir-Gefühl in Abgrenzung zu anderen erst einmal entstanden, werden die Mitglieder dieser Gruppe ihr Handeln und ihre Entscheidungen vor allem danach ausrichten, was ihrer Gruppe nützt. Dabei kann es natürlich leicht zu Differenzen zwischen den eigenen Zielen und denen des Unternehmens kommen: Subkulturen arbeiten dann gegeneinander, nicht miteinander.

Eine Anmerkung noch zu unserem Beispiel: Es ist nicht so, dass wir einem in jedem Fall gleichberechtigten Verhältnis der verschiedenen Gruppen eines Unternehmens das Wort reden wollen. Es kann natürlich sein, dass ein Ungleichgewicht wie das zwischen den Technikern und den Kaufleuten entsteht, weil sich gewisse Bedingungen ändern. So kann sich etwa das Hauptgewicht eines Unternehmens von der Herstellung und dem Verkauf von Produkten auf das Anbieten von Dienstleistungen in Zusammenhang mit den vertriebenen Produkten verschieben; das Unternehmen wandelt sich zum Beispiel von der »Softwareklitsche« zum »Dienstleistungsunternehmen«. Eine solche Wandlung wirkt sich natürlich auch auf den Stellenwert der Gruppen aus, und es würde etwa zu einem Übergewicht der Berater über die Programmierer führen.

Neben Veränderungen im Unternehmen selbst können auch gesellschaftliche Bewertungen von Berufsgruppen, die – ob man will oder nicht – auch ins Unternehmen hineingetragen werden, zu einem Ungleichgewicht führen. So ist in unserer Gesellschaft die Wertigkeit des »Ingenieurs«, der in den fünfziger und sechziger Jahren als der Motor des Wiederaufbaus galt, weil er fähig war, Qualitätsprodukte »made in Germany« zu entwickeln, zunehmend geringer zugunsten des »Managers/Betriebswirts« geworden: Technische Qualität hält man mehr oder weniger für eine Selbstverständlichkeit, die »wahre Kunst« verortet man in der Vermarktung der Produkte. Mit dieser Bewertungsänderung hängt auch die gesellschaftliche Aufwertung einer anderen Berufsgruppe zusammen: der Werber. Von einem berühmten Werbemann ist aus seinen Anfangsjahren in den fünfziger Jahren der Ausspruch überliefert: »Sagt meiner Mutter nicht, dass ich in der Werbung bin; sie glaubt, ich sei Pianist in einem Bordell.« »Werbefritzen« galten damals als halbseidene Bauernfänger, die man zwar brauchte, aber deren Tun man nicht ganz koscher fand. Heute dagegen, in einer Kultur, in der Marketing und Kommunikation eine zentrale Rolle spielen, gehören Werber zu einem allgemein akzeptierten Berufsstand.

Solche Verschiebungen in der Wertigkeit von Gruppen im Unternehmen geschehen also aus den verschiedensten Gründen immer wieder und gehören zum Alltag des Unternehmens im Kopf. Zum Problem werden sie jedoch, wenn es, wie in unserem Fall, keine unternehmensinterne Auseinandersetzung darüber gibt: Kommuniziert wird nur das alte Organigramm der Gleichberechtigung, das in Wirklichkeit gar nicht mehr gilt. Deshalb muss man ihre Auswirkungen auf das Unternehmen im Kopf frühzeitig erkennen und solche Veränderungen durch einen Prozess begleiten.

 **Neue Rollendefinitionen entwickeln**

Treten Verschiebungen in der Wertigkeit von Gruppen im Unternehmen wie die beschriebenen auf, kann das bei der »unterlegenen« Gruppe zum Gefühl der Ausgeschlossenheit führen. Dann muss ein Prozess initiiert werden, der dem entgegensteuert. Ein solcher Prozess läuft in folgenden Schritten ab:

1. Schritt: Definition des gemeinsamen Erfolges

In einer Arbeitsgruppe, in der die wichtigsten Gruppen des Unternehmens (bzw. auf jeden Fall diejenigen Gruppen, zwischen denen Konflikte der beschriebenen Art bestehen) vertreten sind, wird zunächst erarbeitet, was das Unternehmen als den *gemeinsamen* Erfolg aller Gruppen betrachten will. Diese Definition des gemeinsamen Erfolges sollte möglichst differenziert sein und verschiedene Aspekte – wie Qualität der Produkte, Kundenzufriedenheit, Ertragsvolumen etc. – miteinbeziehen. Einfach nur Leerformeln wie »Erfolg bedeutet für uns, dass wir die Nummer 1 werden« zu postulieren, genügt nicht. Ebenso ist darauf zu achten, dass alle beteiligten Gruppen ihren Beitrag zu dieser Erfolgsdefinition liefern und so auch tatsächlich das Gefühl entsteht, dass eine gemeinsame Definition entstanden ist. Die Arbeit an dieser Definition ist daher auch nicht durch eine Verlautbarung einer Führungskraft oder eines Leitungskreises ersetzbar – bei der Gruppe, deren Rollendefinition in Gefahr geraten ist, würde sich sonst das Gefühl des Ausgeschlossenseins verfestigen.

2. Schritt: Was ist nötig, um diesen gemeinsamen Erfolg zu erreichen?

Im zweiten Schritt geht es dann darum, den Weg hin zu diesem gemeinsamen Erfolg zu beschreiben. Wichtig ist in dieser Phase, dass vor allem die Konfliktpunkte angesprochen werden. In unserem Techniker-Kaufleute-Beispiel könnte es zum Beispiel der Fall sein, dass die Techniker beklagen, ein zu starkes Controlling hindere sie daran, die Produktqualität zu verbessern. Solchen Konflikten darf man auf keinen Fall ausweichen, sondern es muss ein Kompromiss gefunden werden, mit dem alle leben können.

3. Schritt: Neue Rollendefinitionen der einzelnen Gruppen festschreiben

Nach dem zweiten Schritt hat man den schwierigsten Teil des Prozesses geschafft. Jetzt geht es darum, nochmal zusammenfassend die Aufgaben der einzelnen Gruppen auf dem Weg zum gemeinsamen Erfolg und die Formen der Kooperation zwischen den Gruppen festzuschreiben. Damit ist auch für jede beteiligte Gruppe eine Definition ihrer Rolle im Unternehmen entstanden, die funktional ist und den tatsächlichen Anforderungen entspricht. Auch diese Rollendefinitionen werden in der Regel Kompromisse sein, die manche »angestammten« oder eingebildeten Vorrechte abschaffen. Doch durch die gemeinsame Erarbeitung dieser Definitionen gibt es nun für das Gefühl des »Ausgeschlossenseins« keinen Nährboden mehr.

Vom Führungsstil zur Führungskultur

Ein weiterer Bereich, in dem das Unternehmen im Kopf häufig sehr viel differenzierter ist als die offizielle Selbstbeschreibung, ist der Umgang im Unternehmen mit Hierarchie und Führung. Wir sagen hier bewusst: Der Umgang des Unternehmens *als Ganzes* damit – entgegen der landläufigen Ansicht, nach der nur die so genannten Führungskräfte und Manager bestimmen, welcher »Führungsstil« und welche Regularitäten der Hierarchie im Unternehmen wichtig sind. Natürlich ist es von großer Bedeutung, ob sich die Führungskräfte eines Unternehmens eher als »Coach« ihrer Mitarbeiter fühlen, oder ob sie »Befehlsausgeber« sind, um nur einmal zwei Extremwerte zu nennen. Doch neben dem Verhalten der Führungskräfte gibt es in jedem Unternehmen eine »Führungskultur«, die sich den Mitarbeitern eingeprägt hat und die ihre Wurzeln in der Geschichte des Unternehmens hat. Diese Führungskultur lässt sich nicht über Nacht ändern, indem beispielsweise das Management beschließt, »ab jetzt« anstelle eines autoritären einen kooperativen Führungsstil zu verwirklichen. Es kann sogar sein, dass ein noch so gut gemeinter Wechsel des Führungsstils ins Leere läuft, weil er auf Vorstellungen von Hierarchie und Führung im Unternehmen im Kopf trifft, die mit ihm unvereinbar sind.

Um zu verdeutlichen, wie die versteckten, unausgesprochenen Regularitäten von Hierarchie und Führung aussehen können, wollen wir uns zwei Beispiele aus verschiedenen Unternehmen ansehen.

Erstes Beispiel: »Ich und mein Chef«

Wir haben bereits im Kapitel »Prägung: Verdichtete Erfahrungen« das Beispiel der »Basiszelle Ich und mein Chef« erwähnt. Die den Mitarbeitern »eingeprägte« Vorstellung von guter Führung, haben wir gesagt, umfasste fachliche Entwicklungsmöglichkeiten, Förderung des Mitarbeiters und Geborgenheit. Neben diesen inhaltlichen Vorstellungen war auch die Struktur des Unternehmens im Kopf durch die Beziehungen zu den »Chefs« geprägt – und zwar auf allen Hierarchiestufen: Auch die »Chefs« hatten wieder ihre »Chefs«. Diese Struktur-Vorstellung zeigte sich besonders daran, dass die Mitarbeiter ihren Weg durchs Unternehmen nicht als Wechsel von einer Abteilung zur anderen wahrnahmen und erzählten, sondern als Wechsel von einem Chef zum nächsten:

> »Also organisatorisch immer noch beim alten Chef, aber gearbeitet für den neuen.«

> »Ich hab dann das Thema abgegeben und wurde dann einem neuen Chef zugeordnet.«

> »Ich bin praktisch an meinem Schreibtisch sitzen geblieben, aber ich hatte plötzlich andere Chefs, wenn man so will.«

> »Die Abteilung wurde von Chef Nr. 7 geleitet ... (später:) Das war dann Chef Nr. 9 gewesen.«

Die Tatsache, dass die Mitarbeiter ihren Weg durchs Unternehmen als Wechsel von Chef zu Chef beschreiben, und nicht etwa von Aufgabe zu Aufgabe oder von Abteilung zu Abteilung, zeugt von einem großen Bewusstsein für die Hierarchie in diesem Unternehmen: Die Klarheit der hierarchischen Ordnungen ist für die Mitarbeiter aller Stufen von sehr großer Bedeutung. Inhaltlich aufgefüllt wird diese Struktur von den Erwartungen an die Chefs: Ein Chef, der seinem Untergebenen fachlich überlegen ist und ihn dabei noch fördert, ist ein guter Chef, einer, der diese Qualitäten nicht hat, ein schlechter. Hinter dieser Struktur steckt ein antiquiertes Modell von Führung, das sich in der Vergangenheit des Unternehmens herausgebildet und bis zum heutigen Tag – wie die Erzählungen der Mitarbeiter zeigen – gehalten hat: das Modell von der Führung des fachlich Besten. »Offiziell« propagiert das Unternehmen natürlich inzwischen andere Führungsleitsätze – doch immer noch erwarten die Mitarbeiter, dass der beste Techniker die Technikabteilung, die beste Contollerin die Controlling-Abteilung leitet. Dieses Modell birgt nun allerdings zwei Probleme in sich, die auf der Hand liegen:

(1) Der »Beste« in einem Fachgebiet kann ein Versager auf dem Gebiet der sozialen Kompetenz und damit der für Menschenführung notwendigen Qualitäten sein, und

(2) es wird mit dem ständigen Anwachsen von Fachwissen und der Spezialisierung zunehmend »unklar«, was es heißen soll, jemand sei auf dem Gebiet, in dem die Abteilung arbeitet, der »Beste«: Wenn die Abteilung effizient ist, wird die Leitung notgedrungen Mitarbeiter haben, die auf ihrem Spezialgebiet sehr viel »besser« sind als sie.

Heute vertritt deshalb niemand mehr ernsthaft dieses Prinzip der »Führung der fachlich Besten«. Dennoch gibt es, wie unser Beispiel zeigt, immer noch Unternehmen, in denen dieses Prinzip den Alltag prägt. Auch bei relativ jungen Unternehmen stößt man häufig auf ähnliches: Unternehmensgründer, die am Anfang alles allein gemacht haben, sind oft davon überzeugt, dass nur sie wissen, wie man es richtig macht. Deshalb tun sie sich oft schwer, ihren Mitarbeitern ebenso große, wenn nicht größere (denn schließlich kauft man ja Spezialisten ein) fachliche Kompetenz zuzutrauen, wenn ihr Unternehmen wächst.

Veränderungen solch eingeprägter Vorstellungen von Hierarchie und Führung sind ein Prozess, der nur längerfristig funktionieren kann. Denn selbst wenn man beschließt, flache Hierarchien einzuführen und die Mitarbeiter mehr ans Team als an den Chef zu binden, haben die alten Prägungen weiterhin ihre Auswirkungen. So wird eine Führungskraft, die ein abweichendes Führungsmodell zu verwirklichen sucht und für sich eben nicht reklamiert, der »fachlich Beste« der Abteilung zu sein, sehr bald in einem solchen Unternehmen unter Rechtfertigungsdruck geraten: Ihre Mitarbeiter lassen sie – bewusst oder unbewusst – spüren, dass sie sie eigentlich gar nicht führen dürfe, weil es ihr an fachlicher Kompetenz mangle. Die Frage ist, ob die Führungskraft diesem Druck gewachsen ist, oder ob sie insgeheim und vielleicht unbewusst dann beginnt, sich zu rechtfertigen, fachliche Überlegenheit zu beweisen versucht, die sie ja nicht hat und sich damit zunehmend selbst demontiert: Die Führungskraft spielt dann das »alte Spiel« mit, anstatt – im Bewusstsein der Prägungen – die Regeln langsam zu verändern. Besonders schwer tun sich mit solchen Veränderungen natürlich Unternehmen, die ihre Führungskräfte nahezu ausschließlich aus den eigenen Reihen rekrutieren, also Unternehmen mit in diesem Punkt geschlossenen Grenzen wie das unbewegliche und das autarkische Unternehmen (vgl. Kapitel »Der Raum des Unternehmens und seine Grenzen«). Denn diese Führungskräfte haben dann den »Virus« bereits in sich, sind ebenso von dem alten Führungsmodell geprägt wie ihre Mitarbeiter. Ein Seminar über »Coaching« zu besuchen, reicht dann nicht, um die Prägung aufzulösen.

Zweites Beispiel: »Mein Vorgesetzter in Anführungszeichen«

Erinnern wir uns an das bereits erwähnte Unternehmen mit ausgeprägter Kooperationskultur. Dort hatte sich auch ein ganz anderes Verständnis von Führung etabliert:

> »… mein, in Anführungszeichen, Vorgesetzter, also mein direkter, mit dem ich … im Zimmer gesessen bin.«

> »Ja, ich muss sagen, also die Kollegen, die mich eingestellt haben …«

In nahezu allen Erzählungen der Mitarbeiter wurden die Begriffe »Kollege«
und »Vorgesetzter« nahezu gleichbedeutend gebraucht: Man musste als Zuhörer immer erst rekonstruieren, ob gerade von einem in der Hierarchie
Gleichgestellten oder von einem Vorgesetzten gesprochen wurde. Einen
»Chef« gab es allerdings auch in diesem Unternehmen; doch mit dieser Vokabel wurde ausschließlich der Gründer-Geschäftsführer benannt.

Verstehbar wurde diese sprachliche Gleichsetzung von »Kollege« und »Vorgesetzter« auf der Basis der Gesamtkultur dieses Unternehmens, in der die
gleichberechtigte Zusammenarbeit aller einen der höchsten Werte darstellte.
Quer durch die Abteilungen, von der Technik über den Vertrieb bis zu den
Bürokräften, betonten alle Mitarbeiter die gute, auf gegenseitiger Wertschätzung basierende Zusammenarbeit mit den Kollegen der eigenen und
anderer Abteilungen. Wesentlich getragen wurde diese Zusammenarbeit
durch ein System von Gabe und Gegengabe: Jeder half jedem, wenn er ihn
brauchte, und jeder bezog seine Anerkennung im Unternehmen auch daraus, dass er anderen helfen konnte, dass seine Kompetenz so anerkannt
war, dass die Kollegen seine Hilfe gerne annahmen.

In dieses System der Gabe und Gegengabe waren auch die Führungskräfte
miteinbezogen. Auch ihre Wertschätzung war wesentlich davon bestimmt,
ob sie Hilfe geben und vor allem auch annehmen konnten – sie unterschieden sich daher in diesem Punkt nicht von anderen Mitarbeitern. Das Unternehmen hatte also eine egalitäre Kultur der Gleichberechtigung, die alle
Hierarchiestufen miteinbezog, mit Ausnahme des »Chefs« (Geschäftsführers).

Nun war es jedoch nicht so, dass dieses Konzept von Gleichberechtigung zu
»Anarchie« oder »Chaos« führte. Führung war in den Köpfen der Mitarbeiter ganz klar als Funktionsführung definiert: Der »Vorgesetzte in Anführungszeichen« hatte einfach ganz bestimmte Aufgaben zu erfüllen, die
andere nicht hatten: Entscheidungen treffen, Ressourcen planen, Kunden-
kontakte herstellen etc. Die Mitarbeiter erwarteten, dass die Vorgesetzten
diese Aufgaben gut erledigten und sich dafür auch Hilfe holten. Im Gegensatz zu unserem ersten Beispiel erwarteten sie jedoch nicht, dass die Führungskräfte fachlich überlegen sein sollten: Ein solches Konzept wäre in der
Kultur der »Gabe und Gegengabe« dieses Unternehmens unmöglich gewesen, da »Überlegenheit« ja bedeutet, dass die »Gaben« nur aus einer Richtung, von oben nach unten kommen und die Gegengabe von unten nach
oben im System gar nicht vorgesehen ist.

Theoretisch könnte es nun der Fall sein, dass die Organigramme der beiden
Unternehmen, legte man sie nebeneinander, nahzu gleich aussähen: Die gleiche Anzahl von Hierarchiestufen, die gleiche Anzahl von horizontalen Zuständigkeiten und Abteilungen. Beide könnten zum Beispiel sehr flache
Hierarchien haben. Wenn man sich nun noch die Führungsleitbilder der beiden Unternehmen danebenlegte, und auch in ihnen nahezu identische For-

mulierungen fände, würde man auf der Basis dieser Unterlagen sagen, dass die beiden Unternehmen, was ihre interne Organisation und ihre Führungsstruktur betrifft, weitgehend gleich sind. Dennoch konnten wir so eklatante Unterschiede der Unternehmen im Kopf, wie sie unsere beiden Beispiele beschreiben, finden. Warum?
Die Antwort: weil Organigramme und Leitbilder aller Art weit weniger aussagekräftig sind als man gemeinhin annimmt.

Die Führungskultur der Geführten

Das Unternehmen, in dem wir das Führungs- und Hierarchiemodell »Ich und mein Chef« festgestellt hatten, bemühte sich seit Jahren, weg von der »Fachführerschaft« zu modernen Formen der Führung zu kommen. Liest man die offiziellen Darstellungen des Unternehmens, so ist dieser Wandel schon seit Jahren vollzogen – und jeder wollte gerne glauben, dass er eben nicht nur auf dem Papier stattgefunden hatte. Als wir die Ergebnisse unserer Analyse des Unternehmens im Kopf präsentierten und auf das Modell »Ich und mein Chef« zu sprechen kamen, stöhnte einer der Manager auf: »Noch immer! Warum kapieren die Leute nicht, dass es bei uns längst anders läuft!«
Doch liegt es wirklich an der Unfähigkeit der Mitarbeiter, das neue Führungskonzept zu verstehen? Oder an ihrer Hartnäckigkeit, ihrer Resistenz gegen Veränderungen? Oder an ihrer Bosheit, mit der sie neue Konzepte des Managements insgeheim auflaufen lassen?
An nichts von alledem. Dass das Modell »Ich und mein Chef« nach wie vor virulent war, lag daran, dass man sich nicht bewusst war, welche Funktionen das alte Führungsmodell für die Mitarbeiter und das Unternehmen als Ganzes erfüllt hatte, als man daranging, neue Strukturen zu postulieren. Für die Mitarbeiter war nämlich die Beziehung zu ihrem Chef das wichtigste Kriterium für ihre Identifikation mit dem Unternehmen und ihrer Tätigkeit: Erfüllte der »Chef« alle Funktionen, wie fachliche Überlegenheit, fachliche Förderung der »Untergebenen« usw., waren die Mitarbeiter mit dem Unternehmen identifiziert, wenn nicht – wenn es also ein »schlechter Chef« war – hatten sie Schwierigkeiten mit der Identifikation. Darüber hinaus war die enge Beziehung zum »Chef« auch ausschlaggebend für den eigenen Karriereweg: Sehr häufig wurde erzählt, dass ein Chef einen Mitarbeiter an einen anderen empfahl, um ihm bei seiner Karriere zu helfen.
Mit der Neudefinition von Führung fiel – zumindest offiziell – das Merkmal der fachlichen Überlegenheit als Kriterium für Führungsqualitäten weg. (Faktisch blieb natürlich, falls im Einzelfall vorhanden, die fachliche Überlegenheit bestehen, denn es wurden ja nicht die Führungskräfte ausge-

tauscht, sondern es wurde nur die Führungsrolle neu beschrieben.) Damit war für die Mitarbeiter auch ein äußerst wichtiger Bestandteil ihrer Identifikation mit dem Unternehmen weggefallen – und es wurde nichts angeboten, was diese Funktion übernehmen könnte. Man hätte zum Beispiel – hätte man gewusst, wie wichtig für die Identität des Unternehmens die fachliche Seite der Führung ist – neben der normalen Führungsebene den jeweils fachlich kompetentesten Mitarbeitern das Ehrenamt eines »Fachcoachs« übertragen können und so den Mitarbeitern ein Angebot gemacht, das zumindest einen Teil der bisherigen Funktionen des »Chefs« im System weiterhin verankert hätte – natürlich auch nicht von heute auf morgen, aber doch wohl mittelfristig. Da ein solches Angebot jedoch nicht gemacht wurde, blieb den Mitarbeitern nichts anderes übrig, als sich weiterhin nach dem durch lange Jahre im Unternehmen eingeprägten alten Modell zu verhalten. Im Lauf der Jahre kam es dann zu einer zunehmenden Unzufriedenheit mit der Führung: Denn es kamen immer mehr Führungskräfte dazu, die sich nach der neuen Definition von Führung verhielten – und natürlich die Erwartungen der Mitarbeiter nach Fachführerschaft nicht mehr erfüllen konnten und wollten. Die Mitarbeiter interpretierten diese Entwicklung als eine zunehmende Inkompetenz des Managements, da sie ja gewohnt waren, nur auf das fachliche Können zu achten. Das neue Führungskonzept ging nicht auf – die alten Modelle hielten sich zäh.

Man sieht an diesem Beispiel deutlich, was wir weiter oben schon angemerkt haben: Um die Führungskultur eines Unternehmens zu verändern, genügt es nicht, nur die Führungskräfte zu verändern, sondern man muss wissen, welche Werte und Erwartungen mit der spezifischen Art von Führung im konkreten Unternehmen im Kopf verbunden sind.

Führungsbiotope

Wie unterschiedlich die Führungskulturen, die im Lauf der Geschichte durch Prägung entstehen, sein können, mag folgende Gegenüberstellung von drei verschiedenen Unternehmen zeigen, in denen wir das Unternehmen im Kopf analysiert haben. Fast schon überflüssig zu sagen ist, dass natürlich »offiziell« alle drei Unternehmen weitgehend ähnliche, moderne Führungskonzepte und -leitbilder haben.

Unternehmen 1 ist das uns schon bekannte Unternehmen, dessen Führungskultur durch »Fachführerschaft« geprägt ist und das wir schon ausführlich beschrieben haben. In Unternehmen 2 ist der zentrale Wert der Führungskultur der der Führung durch Ermöglichen: Die Mitarbeiter aller Hierarchiestufen erwarten von ihren jeweiligen Führungskräften, dass sie es ermöglichen, eigene Projekte und eigene Ideen – natürlich im Rahmen der

Unternehmen 1	Unternehmen 2	Unternehmen 3
positiv: Führen durch fachliches Vorbild, Fachkompetenz	*positiv:* Führen durch Ermöglichen und (transparente) Kommunikation	*positiv:* Absenz von Einmischung durch Führungskräfte
negativ: Führen ohne fachliche Überlegenheit	*negativ:* Führen durch Gängelung	*negativ:* Führen durch »Irrationalität«

Unternehmensziele – konzipieren und durchführen zu können. Dabei wollen sie »an der langen Leine« geführt werden und wünschen sich, dass die Führungskraft ihnen den Rücken freihält. Negativ bewertet wird dagegen folgerichtig Führen durch Gängelung: ständige »Abnahmen«, Anweisungen und »Hineinreden« durch die Führungskraft.

> »Also meine momentane Führungskraft ist eigentlich meine Wunschführungskraft, so wollte ich eigentlich immer geführt werden; und die, die tut eigentlich nichts Bestimmtes. ... Aber sie lässt uns ... unseren Bereich, ... wir arbeiten völlig eigenverantwortlich, und wenn's richtig raucht, dann kann man hingehen, und dann ist sie auch da, und das find ich 'ne ideale Mischung.«

> »Ich hatte dieses Gespräch, der Kunde war sehr aufgebracht, war sehr laut, und ich war sehr stolz, weil ich ihn innerhalb von ungefähr zwei Minuten wieder in einem normalen Ton hatte, und es war nicht leicht. ... Und während dieser ganzen Phase des Gesprächs hat sich dieser Chef hinter mich gestellt und hat zugehört, und zwar sichtbar für den Kunden natürlich, der stand so einen Meter hinter mir, und (da) fühlt sich jeder Mensch unwohl, man fühlt sich ja beobachtet, und als es dann endlich so weit war, dass wir auch eine Lösung hatten, für dieses Problem, für den Fehler der da passiert ist, hat sich dann eben dieser Chef eingeschaltet und hat dann gemeint, dass er das anders lösen würde. ... Und natürlich war der Kunde von einer Minute auf die andere wieder völlig oben, und hat gebrüllt, und also das war für mich dann das Indiz, dass es wohl keine gute Führungskraft ist ...«

Sehr wichtig für die Führungskultur in diesem Unternehmen ist auch, dass eine transparente Kommunikation zwischen den verschiedenen Hierarchiestufen, zwischen Führungskräften und ihren Mitarbeitern stattfindet; »Schüsse aus dem Dunklen« werden negativ bewertet:

> »... mehrere Dinge haben wir ... mit Teams besprochen und das schriftlich abverfasst, und plötzlich, irgendwo, in irgendeiner Broschüre tauchen Entscheidungen auf zu diesem Thema, ... wir wissen gar nicht, wer das entschieden hat, das müssen auf jeden Fall Leute sein, die mit dem Thema eigentlich nichts zu tun haben, und die saugen dann so Dinge sich aus der Nase, aus

dem Bauch oder wo auch immer her, und haben die Leute, die sich darauf spezialisiert haben, eigentlich gar nicht gefragt.«

Das Prinzip des »Führens durch Ermöglichen« wurde von den Mitarbeitern als gefährdet betrachtet, da Unternehmen 2 gerade mit einem anderen Unternehmen fusionierte, dessen Struktur von den Mitarbeitern von Unternehmen 2 als sehr hierarchisch eingeschätzt wurde, und seine Führungskultur als die der »Befehlsausgabe«. Da die Gefahr bestand, dass der Fusionspartner der mächtigere Teil des neuen Unternehmens werden und daher die Strukturen bestimmen würde, machte sich unter den Mitarbeitern die Angst breit, dass sich die Führungskultur negativ verändern würde: ein Anzeichen dafür, dass man auch bei dieser Fusion zu wenig Sensibilität auf die in der Geschichte der beiden Unternehmen entstandenen Führungskulturen – und das, was sie für die jeweiligen Unternehmen im Kopf bedeuteten – verwendet hatte. Als sich die Struktur des Fusionspartners durchgesetzt hatte, wanderten viele Mitarbeiter – und natürlich gerade die profiliertesten, die leicht anderswo ein Unterkommen fanden – ab: Das neue Unternehmen war nicht mehr »ihr Unternehmen«. Andere gingen in die innere Emigration, mit allen bekannten Folgen, die dies für die Motivation der Mitarbeiter hat.

Manchmal muss man nur auf die Witze und Anekdoten achten, die in einem Unternehmen kursieren, um Rückschlüsse darauf ziehen zu können, was das jeweilige Unternehmen im Kopf als positive Werte von Führung betrachtet, und was es für das negative Gegenmodell hält.

Reißzwecke und Führungskultur

Zwei Unternehmen, ehemalige Konkurrenten (nennen wir sie hier Alpha und Beta), fusionieren. Vorstandsvorsitzender des neuen Konzerns ist der Ex-Beta-Chef Dr. Gamma.

In dieser Phase kursierte unter den Alpha-Mitarbeitern folgender Witz: Am ersten Tag nach der vollzogenen Fusion betreten morgens ein Ex-Alpha-Mitarbeiter und ein Ex-Beta-Mitarbeiter ihr neues, gemeinsames Büro. Da sehen sie, dass auf jedem der beiden Stühle eine Reißzwecke liegt, mit der Spitze nach oben – versteht sich. Der Ex-Alpha-Mitarbeiter nimmt die Zwecke vom Stuhl, wirft sie in den Papierkorb und beginnt zu arbeiten. Der Ex-Beta-Mitarbeiter setzt sich genau auf die Reißzwecke und beginnt stöhnend vor Schmerz ebenfalls mit der Arbeit. Da fragt ihn der andere: »Ja um Gottes Willen, warum nehmen Sie denn die Reißzwecke nicht weg?« »Herr Doktor Gamma wird sich schon was dabei gedacht haben!«

Ein ganz eigener Umgang mit Führung hatte sich auch in den Köpfen der Mitarbeiter von Unternehmen 3 durch eine Vielzahl von Erfahrungen eingeprägt.

> »Inzwischen gibt es ein, zwei, ... sechs Ebenen. Im Prinzip machste Sachen, und die können dir von allen sechs Ebenen abgeschossen werden. ... das ist nur absegnen, dem nächsten zeigen, hoffen, dass es nicht abgeschossen wird, ... es gibt keine klaren Entscheidungsstrukturen mehr, sondern das ist ein Wust von Sachen, was passiert und was nicht passiert ...«

> »... die X (Kollegin) ist an dieser Stelle gescheitert, auch an der Doppelzüngigkeit von Y (Führungskraft) ... Und da dachte ich mir, ... dieser Spagat würde auf mich wohl auch wieder zukommen, und ich mag mich dem nicht aussetzen, ich mag mich dem nicht aussetzen.«

> »Das war mein erstes Erlebnis mit X (Führungskraft) dann, dass ich da zusammengebrüllt wurde, weil ich mich geweigert habe, so Sachen zu machen.«

> »Ich kann also mit Sicherheit sagen, ... hat er sich in dem Jahr, wo er Chef war, wirklich kein einziges Mal drum gekümmert gehabt, der war einfach froh, dass es läuft, und das war's. Das war natürlich auch angenehm, weil er sich wirklich nicht eingemischt hat, überhaupt nicht, kein einziges Mal.«

Damit Sie keinen falschen Eindruck bekommen: Das sind keine gezielt ausgewählten Zitate, die einfach nur negative Erlebnisse mit bestimmten Führungskräften, wie sie in allen Unternehmen vorkommen, wiedergeben – jeder Kontakt mit Führungskräften, der von Mitarbeitern aus Unternehmen 3 erzählt wurde, läuft nach dem Muster ab, das sich in diesen Zitaten findet, und das sich folgendermaßen auf den Punkt bringen lässt: Der (die Arbeit betreffende) Kontakt mit einer Führungskraft ist immer ein negatives Erlebnis. Denn wenn es zum Kontakt mit Führungskräften kommt, werden Projekte »abgeschossen« oder man wird »zusammengebrüllt«. Positiv wird bewertet, wenn es keinen Kontakt gibt, die Führungskraft »sich nicht kümmert« und man selbstverantwortlich arbeiten kann. Darüber hinaus ist das Kommunikationsverhalten der Führungskräfte durch »Doppelzüngigkeit« gekennzeichnet; man vermeidet aus diesen Erfahrungen heraus daher Kommunikation, auch wenn man ihr Fehlen negativ bewertet: Man würde sich zwar eine offene, transparente Kommunikation wünschen, da man jedoch »weiß«, dass die Führungskräfte anders (»doppelzüngig«) kommunizieren, lässt man es lieber ganz sein.
Bei einem derartigen Modell von Führung verwundert es nicht, dass die Mitarbeiter teilweise sehr raffinierte Taktiken dafür entwickeln, wie sie bestimmte Projekte, die ihnen wichtig sind, an Führungskräften vorbeischleusen: Sie verbringen viel Zeit damit, »politics« zu entwickeln, um Hierarchieebenen zu übergehen und damit die Wahrscheinlichkeit des »Abschießens« zu verringern.

Diese sicherlich nicht positive »Führungskultur« ist in der Geschichte des Unternehmens unter anderem dadurch entstanden, dass das Unternehmen in einer Phase starken Wachstums sehr vielen jungen, unerfahrenen Mitarbeitern (die zudem häufig Quereinsteiger waren) Führungsverantwortung übertrug und sie in ihrer neuen Aufgabe weitgehend allein ließ: Es gab in diesem Unternehmen keine Personalentwicklung, die über das Anbieten von Englischkursen hinaus aktiv war, und es gab kein Coaching der neuen Führungskräfte durch erfahrene Kollegen. Eine Veränderung des »Führungsmodells im Kopf« in diesem Unternehmen kann nur über Erfahrungsmanagement geschehen, was wiederum voraussetzt, dass die Führungskräfte sich verändern: Sie müssen verstehen, dass Führung mehr ist, als nur den Daumen nach oben oder unten zu halten.

Was gemeinhin »Führungsstil« genannt wird und damit als Oberflächenphänomen erscheint, ist in Wahrheit Ausdruck einer tief verwurzelten Weltsicht, die sich eben nicht nur auf die »Umgangsformen« im Unternehmen auswirkt, sondern auch die Ursache für strategische Entscheidungen ist: In einem IT-Unternehmen, dessen Kultur sich durch eine vielschichtige und strenge Hierarchie auszeichnete und in dem man überzeugt war, dass nur die Einhaltung des Instanzenwegs eine effiziente Ordnung aufrechterhalten kann, ging es vor Jahren um die Entscheidung, auf welche Netzwerkstrategie man im Softwarebereich setzen sollte. Techniker und Softwarespezialisten stellten zwei unterschiedliche Modelle vor: Die einen plädierten dafür, die erprobte Mainframe-Technologie weiter auszubauen, bei der von einem Zentralrechner aus die Computer über ein stufenweise verzweigtes, hierarchisch aufgebautes Netz fester Leitungen verbunden waren. Die anderen sahen in einem Verbundnetz unter Verzicht auf einen zentralen Server die bessere Lösung: Die Daten konnten in kleine Pakete verteilt sich den jeweils freien Weg von Rechner zu Rechner suchen und wurden erst beim User wieder zusammengesetzt. Das Management entschied sich eindeutig für die erste Lösung. Man konnte sich nicht vorstellen, dass eine nicht-hierarchische, flexible und »zentrumsfreie« Netzarchitektur stabil und effizient funktionieren könnte. Heute funktionieren nahezu alle Computernetze – allen voran das Internet – nach dem zweiten Modell. Während die Konkurrenz die Vorteile dieser Innovation erkannt hatte und die Marktführerschaft übernahm, geriet das Unternehmen immer mehr in die Defensive.

Sie sehen – was im Unternehmen im Kopf unter Führung verstanden wird, kann sehr unterschiedlich sein. Und es dürfte auch deutlich geworden sein, dass ein neues Führungsmodell nicht einfach per Beschluss »aufgepflanzt« werden kann. Man muss sehr genau wissen, auf welche Basis es trifft, welche Werte und Funktionen das Unternehmen im Kopf mit dem bisherigen Führungsmodell verbindet. Was gute, moderne Führung ist, darüber besteht große Einigkeit, und es wurde schon viel über dieses Thema geschrieben. Wir wollen deshalb hier auch keinen neuen »Führungsleitfaden« schreiben,

sondern nur zusammenstellen, was bei einer Veränderung des Führungsmodells zu beachten ist.

 **Checkliste: Neues Führungsmodell**

Ein neues Führungsmodell löst immer ein altes ab, das
sich im Lauf der Geschichte des Unternehmens im Kopf
eingeprägt hat. Eine Veränderung des Führungsmodells
ist immer ein Wandel, der den Ausgangszustand berücksichtigen
muss – nicht ein Wechsel, der von heute auf morgen über die Bühne
geht. Jede Veränderung des Führungsmodells, die erfolgreich sein will,
muss daher folgende Schritte beachten:

1. Analyse des bisherigen Führungsmodells im Unternehmen im Kopf

- Was sind die wichtigsten Werte, die eine »gute« Führungskraft in
  den Augen der Mitarbeiter verwirklichen muss?
- Was macht eine Führungskraft in den Augen der Mitarbeiter zu
  einer »schlechten« Führungskraft?
- Welche Funktionen werden den Führungskräften über ihre Füh-
  rungsfunktion hinaus von den Mitarbeitern zugeschrieben für
  – ihre Identifikation mit der Arbeit, dem Unternehmen?
  – die interne Kommunikation der Unternehmensphilosophie?
  – den Glauben an den Erfolg des Unternehmens?

2. Zieldefinition: Neues Führungsmodell

- Wie soll Führung in unserem Unternehmen in Zukunft geschehen?
- Auf welcher Wertebasis sollen Führungskräfte in Zukunft han-
  deln?
- Welche organisatorischen/strukturellen Auswirkungen hat das neue
  Führungsmodell?

3. Definition des Weges zum Wandel

- Welche Werte, die den Mitarbeitern im alten Führungsmodell wichtig sind, fallen im neuen weg? Und wie können diese Werte an anderer Stelle im Unternehmen implementiert werden (Beispiel: Von
  der Fachführungskraft zum Fachcoach)?
- Wo können Funktionen, welche die Führungskräfte bisher übernommen haben und die ebenfalls wegfallen werden, an anderer Stelle im
  Unternehmen übernommen werden (Beispiel: Statt alleiniger Förderung der Mitarbeiter durch den »Chef« ein Ausbau der Personalentwicklung)?

- Welche Zeit gibt man sich für den Wandel? Durch welche Prozesse wird er unterstützt?

4. Erfahrungsmanagement

- Wie kann man den Wandel so gestalten, dass die Mitarbeiter schon sehr früh positive Erfahrungen mit dem neuen Führungsmodell machen?
- Wie kann man sie Erfahrungen machen lassen, die ihnen die Angst vor einem Verlust für sie wichtiger Werte und Funktionen nimmt?
- Wer soll die Umsetzung der eingeleiteten Schritte sicherstellen und den Prozess begleiten (Mitarbeitergremien o. ä.)?

Teamfähige Unternehmen

Sowohl das Verhältnis von Gruppen und Subkulturen im Unternehmen als auch die realisierte Führungskultur sind Bestandteile einer übergeordneten Fragestellung, die von ausschlaggebender Bedeutung für den Erfolg und den Bestand eines Unternehmens, ja jeder sozialen Organisation oder Gruppe überhaupt ist: die Frage, wie die Kooperation der Individuen gestaltet ist und tatsächlich abläuft. Kooperation ist nichts anderes als die Koordination der Handlungen vieler Individuen auf ein Ziel hin. Wenn die Handlungen der Einzelnen nicht koordiniert sind, zerfällt eine Gruppe: Man nimmt sie gar nicht mehr als Gruppe wahr, sondern nur als zufällige Ansammlung von Einzelnen, von denen jeder irgend etwas tut, ohne jeglichen Zusammenhang mit dem, was die anderen machen.

Man muss sich nur einmal ein Orchester vorstellen, in dem jeder Musiker spielt, wozu er gerade Lust hat: Dieses »Musikantentreffen« erreicht weder sein Ziel (die Aufführung eines bestimmten Musikstückes), noch ist es als Orchester wahrnehmbar, da sich keiner der Musiker offenbar auf ein Gruppenziel bezieht, sondern nur auf seine eigenen, individuellen Ziele.

Um in einem solchen Orchester die Koordination der Handlungen der Einzelnen zu erreichen, genügt es noch nicht, ihm einen Dirigenten vorzusetzen. Zunächst müssen sich (a) die Musiker auf ein gemeinsames Ziel (tatsächlich gemeinsam nur ein ganz bestimmtes Stück zu spielen) einigen, (b) die Musiker müssen bereit sein, zu diesem Ziel beizutragen, und (c) müssen sie sich auf Modalitäten einigen, wie dieses Ziel zu erreichen ist (indem sie beschließen, beim Einsatz des Dirigenten anzufangen, ihre Tempi zu synchronisieren etc.).

Welche Form der Kooperation für eine Gruppe sinnvoll ist, hängt von ihren Zielen ab: Für eine Fußballmannschaft, die nur 90 Minuten Zeit hat, um den Sieg zu erringen, wäre es wenig zielführend, jeden Spieleraustausch zu diskutieren und eine Teamentscheidung herbeizuführen – hier entscheidet der Trainer allein, und die Spieler beschweren sich allenfalls hinterher im »Sportstudio«. Umgekehrt wäre es bei einer Gruppe, deren Ziel es ist, neue Ideen zu entwickeln, nicht sehr sinnvoll, wenn ein Gruppenleiter verkünden würde: »Ich habe beschlossen, dass Folgendes unsere neue Idee ist.«

Entsprechend dem, was wir über die Kommunikation gesagt haben, hängt es auch in Unternehmen von spezifischen Zielen ab, welche Formen der Kooperation in einem konkreten Fall sinnvoll sind. Wenn eine schnelle Reaktion auf eine Veränderung an den Börsen nötig ist, macht es wenig Sinn, wenn die Art dieser Reaktion durch die Kooperation möglichst vieler Mitarbeiter erarbeitet wird; geht es jedoch darum, Produkte möglichst effizient herzustellen, ist die Kooperation aller daran Beteiligten geradezu eine Notwendigkeit.

Jedes Unternehmen hat nun Vorstellungen davon, wie die Kooperation der Mitarbeiter ablaufen soll. Fragt man Mitarbeiter und Manager verschiedenster Unternehmen, so ähneln sich diese Vorstellungen sehr: Nahezu jeder hält heute – zu Recht, wie wir meinen – Teamarbeit, offenen Dialog, Selbständigkeit von Teams und ähnliches für grundlegende Konstituenten der Zusammenarbeit im Unternehmen. Und doch unterscheiden sich diese Unternehmen, die sich »offiziell« alle Teamarbeit auf die Fahnen geschrieben haben, »im Kopf« sehr stark voneinander. Sehen wir uns einige Beispiele an.

Getrennt-Arbeit

> »... ’ne ganz üble Geschichte ist, wie wir momentan zusammenarbeiten. Das geht mir auch jetzt noch so ein bisschen ab, dass es kein Team ist, also ich bin da auch ein Einzelkämpfer in dem Job, wie alle, das hat sich einfach so rauskristallisiert, ...«

Obwohl es in dem Unternehmen, aus dem dieses Zitat stammt, natürlich Teams gibt und offiziell jeder Mitarbeiter einem Team zugeordnet ist, hat sich ein Einzelkämpfertum »herauskristallisiert«. Der Mitarbeiter steht hier in der Spannung zwischen zwei Kooperationsmodellen: dem offiziellen Modell, das Teams vorsieht, und dem erlebten Modell, in dem die auf dem Papier vorhandenen Teams keine Rolle spielen. Ein solches Auseinanderklaffen ist natürlich ein Problem; ein weiteres Problem sind jedoch die Methoden, mit denen in aller Regel versucht wird, es zu lösen. Wir werden darauf in Zusammenhang mit unserem zweiten Beispiel näher eingehen.

Zu-Arbeit

> »... wenn jemand in der Gruppe sitzt, ... in der Fünfergruppe, und alle fünf sind an einem Ergebnis beteiligt, aber nur einer den Output liefert, und das aber so macht, dass er die Ideen dieser Fünfergruppe verkauft: Meine Idee, äh, zu diesem Thema ist es, obwohl die Idee von allen kommt, und das permanent macht, ... irgendwann glauben es die Leute mal, dass alles wirklich von ihm kommt, ...«

Hier hat sich die ursprüngliche Team-Struktur von fünf gleichberechtigten Mitarbeitern zur Kooperations-Form der »Zu-Arbeit« verändert. Vier Mitarbeiter arbeiten mit ihren Ideen einem fünften zu, der diese dann nach außen verkauft, und zwar als seine eigenen. Eine solche Form der Kooperation führt natürlich zu Frustration und Demotivation bei den »unterprivile-gierten« Teammitgliedern.

Erkennen Führungskräfte oder Personalentwickler es als Problem, dass sich die ursprünglich intendierte Zusammenarbeit des Teams zur Zu-Arbeit ent-wickelt hat, versucht man natürlich, dieses Problem zu lösen. In der Mehr-heit der Fälle setzt man dabei jedoch am falschen Punkt an: Entweder schickt man denjenigen Mitarbeiter, der unsolidarisch die Ergebnisse der Teamarbeit für sich selbst ausbeutet, in eine Schulung, die seine Teamfähig-keit verbessern soll, oder man konzipiert mit dem gesamten Team einen Ver-besserungsprozess, der die Zusammenarbeit innerhalb des Teams optimie-ren soll.

Doch die wahren Ursachen für die negative Veränderung der Teamarbeit liegen in aller Regel nicht bei den einzelnen Teammitgliedern oder beim Team als Ganzem, sondern in der *Struktur* des Unternehmens. In unserem Beispielunternehmen war es so, dass die meisten Führungskräfte darauf be-standen, konkrete »Ansprechpartner« zu haben – und zwar immer die glei-chen. Es wäre in dieser Struktur also kaum möglich, dass zum Beispiel abwechselnd verschiedene Teammitglieder die Ergebnisse der Gruppe nach oben berichteten. Wenn immer der gleiche Mitarbeiter die Ergebnisse be-richtet, bildet sich notgedrungen ein informeller »Anführer« heraus – selbst wenn dieser Mitarbeiter gar nicht in diese Rolle kommen will. Die Struktur des Unternehmens selbst, seine Vorstellungen vom »Berichtswesen« verhin-dern also auf längere Sicht erfolgreiche Teamarbeit – nicht die Egomanie einzelner Mitarbeiter oder die unterentwickelte Teamfähigkeit. Ähnlich ist es im Fall der Getrennt-Arbeit: Auch hier liegt die wahre Ursache für das Scheitern von Teamarbeit in der Art und Weise, wie das Unternehmen mit Einzelleistungen oder Teamleistungen umgeht. Wenn das Unternehmen als Ganzes in allen seinen Strukturen so ist, dass die Ergebnisse von Teamarbeit als Leistung eben des Teams gewürdigt werden, dann hat auch der größte Egozentriker kaum eine Chance, sich auf dem Rücken seines Teams zu pro-filieren. »Teamunfähigkeit« ist immer ein Problem des Unternehmens im Kopf, nicht das Problem der einzelnen Mitarbeiter.

Entgegen der üblichen Praxis muss die Grundfrage also nicht lauten: »Sind unsere Mitarbeiter teamfähig?«, sondern »Ist das ganze Unternehmen in allen seinen Strukturen teamfähig?«

Zusammen-Arbeit

> »Und eben auch die Offenheit im Umgang untereinander (gefällt mir), oder auch wenn einfach die Leute dann zu mir kommen und sagen, du ich brauch das, oder wie gehen wir das an, oder sich zusammensetzt, und wo es einfach in weiten Teilen eine Basis wirklich von ganz großem Vertrauen ist, wo man einfach auch sehr gut zusammenarbeiten kann.«

Das Unternehmen, aus dem dieses Zitat stammt – übrigens das gleiche, aus dem das Führungsmodell des »Vorgesetzten in Anführungszeichen« stammt –, ist ein Beleg dafür, dass Kooperation auf der Basis von Dialog und Gleichberechtigung auch ohne große »Teamentwicklungsprogramme« funktionieren kann, wenn im Unternehmen im Kopf diese Werte verankert sind und das Handeln bestimmen. Auch in diesem Unternehmen, das sich zu der Zeit, in der wir es analysierten, gerade in einer Umbruchphase befand, an die Börse gehen wollte und sich auf großes Wachstum einstellte, bestand die Gefahr, dass sich die Strukturen so veränderten, dass das Kooperations-Modell der Zusammen-Arbeit sich zu einem der Zu-Arbeit transformieren würde. Ob dies geschehen wird, entscheidet sich an der Frage, inwieweit dieses Unternehmen seinen Identitätskern der egalitären Zusammenarbeit mit in die Zukunft hinübernehmen kann.

 ### Jeder Mitarbeiter ist ein Unternehmer

Mit Begeisterung wurde in vielen Unternehmen die Idee aufgenommen, dass es die Effizienz ungemein steigern würde, wenn jeder Mitarbeiter an seinem Arbeitsplatz wie ein Unternehmer denken und handeln würde.

»Bei uns ist jeder ein Unternehmer« ist seither ein Satz, der sich so oder ähnlich vielfach in Leitbildern und Unternehmensgrundsätzen wiederfindet.

Aber Unternehmertum ist nicht nur ein Wort: Es definiert sich durch eine Reihe von Merkmalen und Optionen. Zum unternehmerischen Handeln gehört, dass man über den Einsatz seiner Mittel selbst entscheidet, sein Kapital, seine Zeit, seine Fähigkeiten da einsetzt, wo man es für richtig hält, dass man über Art und Qualität der Produkte und Leistungen bestimmt, die man anbietet und dabei Risiken – auch existenzielle – eingeht.

All dies wird aber dem »Mitarbeiter als Unternehmer« nicht oder nur in einem so begrenzten Umfang zugestanden, dass dem Begriff »Unternehmer« in diesem Zusammenhang seine Bedeutung völlig abhanden kommt.

»In Ordnung«, sagen die Manager. »Was wir meinen, ist: Jeder Mitarbeiter bei uns soll unternehmerisch denken!« (Und manchmal fügen sie hinzu: »Das sagen wir unseren Leuten jetzt schon seit Jahren immer wieder. Warum tun sie es nicht?«) In Wahrheit verlangt man also von den Mitarbeitern, dass sie nur so tun sollen, als wären sie Unternehmer; sie sollen Unternehmertum simulieren. Vielleicht findet ja sogar der eine oder andere Gefallen an dem Spiel – aber der Spaß hört genau

in dem Moment auf, wo jemand das, was er für »unternehmerisch«
sinnvoll hält, nicht umsetzen darf, weil das Management die Dinge
eben anders sieht. Was sich nicht gerade motivierend auswirken dürfte.
»Unternehmerisch denkende« Mitarbeiter sind diejenigen, die sich
sagen: Ich bin Unternehmer/in meiner eigenen Arbeitskraft, meines
Know-hows. Und sich genau umschauen: Wo, bei welcher Firma winkt
mir für das, was ich bin und kann, der höchste Gewinn – das beste Gehalt, die besten Entwicklungschancen, die beste Arbeitsatmosphäre?
Und sie werden etwas unternehmen. Und wenn man nicht aufpasst,
sind sie weg, die Unternehmer im Unternehmen.

Change-Management:
Was kann weg
und was muss bleiben?

Wandel und Widerstand

Veränderungsprozesse im Unternehmen wirken sich immer auf das *ganze* Unternehmen aus. Wenn sie erfolgreich sein sollen, müssen sie also das ganze Unternehmen einbeziehen: Man kann sinnvollerweise kein neues Führungsmodell einführen und dabei nur die Führungskräfte im Blick haben – man muss die Erwartungen, Prägungen und Vorstellungen aller Mitarbeiter bezüglich »Führung« mit ins Kalkül ziehen. Und man kann die Teamfähigkeit nicht verbessern, indem man nur mit einzelnen Mitarbeitern oder Teams Trainings der Teamfähigkeit durchführt – die Gesamtstruktur des Unternehmens muss Teamarbeit unterstützen.

Veränderungen der Führungskultur, von Teamstrukturen oder der Kooperation von Gruppen haben somit immer Auswirkungen auf die gesamte Organisation. Ein tiefe Hierarchie mit vielen Stufen wird sich in der Regel als wenig förderlich für die Kooperation in Teams erweisen (wenn man nicht ohnehin, wie in manchen Unternehmen üblich, »Teamarbeit« lediglich als Kooperationsmodell auf der alleruntersten Hierarchieebene ansieht). Will man die Teamfähigkeit des ganzen Unternehmens verbessern, wird eine Maßnahme allein – beispielsweise die Abflachung der Organisation durch Streichen einer Hierarchieebene – noch nicht ausreichen. Man muss auf verschiedenen Ebenen gleichzeitig etwas ändern: in der Organisation (etwa, indem man bestimmte Hierarchiestufen streicht und Entscheidungs- und Budgetkompetenzen auf Teamebene oder hin zu Netzwerk-Gremien verlagert), bei den Definitionen von Führung und Karriere, bei den Regeln der Kooperation, der Entlohnung, der Mitarbeiterförderung, der Kommunikation.

Vielfach werden allerdings Organisationsveränderungen aus rein pragmatischen Gründen notwendig: Umstellungen der Produktionstechnologie, neue Anforderungen an die Vertriebswege etc. können Veränderungen der Strukturen notwendig machen.

Damit sind wir bei den berühmt-berüchtigten »Umorganisationen«. Von Managern wurden in den letzten beiden Jahrzehnten radikale Strukturveränderungen in den Unternehmen häufig als unabdingbare Voraussetzung

für den Erhalt und den Ausbau von Wettbewerbsfähigkeit und das Überleben des Unternehmens in zunehmend komplexer werdenden Marktland-
schaften gesehen. Und viele Managementmethoden und -moden, wie »Lean
Management«, »Business Reengineering« und andere sahen und sehen
darin geradezu ein Allheilmittel. Auf der anderen Seite häufen sich bei den
Mitarbeitern die Klagen über zu häufige Umorganisationen oder über Umorganisationen, die zu »Verschlimmbesserungen« führen, alte Strukturen
zerschlagen und nichts Neues an ihre Stelle setzen. Das führte nicht selten
dazu, dass Betriebe an den Rand ihrer Funktionsfähigkeit gerieten.

Wir haben bei unseren Analysen die Erfahrung gemacht, dass in größeren
Unternehmen häufig beide Positionen in ein und derselben Person vereinigt
sind: Führungskräfte, die in ihrer eigenen Abteilung Umorganisationen mit
großer Überzeugung durchführen (Umorganisationen, über die ihre Mitarbeiter klagen), sehen sich ihrerseits wieder als »Opfer« von »nicht ziel-
führenden« Umorganisationen auf der nächst höheren Ebene. Mit anderen
Worten: Die Überzeugung vieler Manager, es gäbe zwei Klassen von Mitarbeitern hinsichtlich Innovation und Wandel – hier die Untergebenen,
konservativ, beharrend, mit grundsätzlichem Widerstand gegen Veränderungen; dort die Führungspersonen und Macher, flexibel, innovationsfreu-
dig, geistig mobil –, ist ein Mythos. Das entscheidende Kriterium, so haben
wir bei unseren Analysen festgestellt, ist jeweils, ob Veränderung als etwas
erlebt wird, das »von außen über einen hereinbricht« oder ob man einen
Wandel in angemessener Form mitgestalten kann. Auf Umorganisationen,
die sie selbst betreffen, auf deren Zustandekommen sie aber keinen Ein-
fluss hatten, reagieren Führungskräfte oft noch allergischer als andere Mitarbeiter. Umgekehrt erweisen sich manche Mitarbeiter, wenn sie aktiv in
den Prozess der Umgestaltung einbezogen werden, als wahre Zugpferde
des Wandels.

Natürlich gibt es in jedem Unternehmen, wie überall anders auch, einen gewissen Prozentsatz von Mitarbeitern, die jede Veränderung, welcher Art sie
auch immer sein mag, als Bedrohung empfinden und sich mit Händen und
Füßen dagegen wehren. Doch dieser Prozentsatz ist weitaus geringer als
frustrierte Manager häufig annehmen – für den Erfolg eines sorgfältig und
unter Einbeziehung der Regularitäten des Unternehmens im Kopf durchge-
führten Veränderungsprozesses sind sie eine Quantité négligeable. Und um
gleich noch mit einem weiteren Vorurteil aufzuräumen: Es sind keineswegs
überdurchschnittlich viele ältere Mitarbeiter, von denen es immer heißt, sie
seien einfach qua Alter unflexibel geworden, unter diesen Fundamental-
Konservativen. Jüngere Mitarbeiter, die gerade ihre Sozialisation im Unternehmen hinter sich haben, vielleicht mit Mühe gelernt haben, »wie der
Laden läuft« und ihren Karriereplan auf den bestehenden Strukturen aufgebaut haben, finden sich mindestens ebenso häufig unter diesen Konservativen: Sie haben – im Gegensatz zu den älteren Mitarbeitern – noch nicht

die Erfahrung gemacht, dass Veränderungen nicht notwendig den Einsturz des gesamten Weltbilds zur Folge haben müssen.

Der wahre Grund für den Widerstand gegen und das Scheitern von Umorganisationen und Strukturveränderungen liegt nicht im Beharrungsvermögen und Konservativismus der Mitarbeiter begründet, sondern darin, dass sie häufig ohne jegliche Rücksicht auf die Prägungen, Erfahrungen und die Eigenlogik des Unternehmens im Kopf – also ohne die nötige Sensibilität für die Bedeutung gewachsener Strukturen der Kooperation und Kommunikation – geplant und durchgeführt werden. Man geht an Umstrukturierungen heran wie ein Architekt, der auf der grünen Wiese einen neuen Gebäudekomplex errichten soll – während man sich in Wirklichkeit in einem gewachsenen Altbauviertel befindet und sich sehr gut überlegen müsste, welche Gebäude man abreißen, welche modernisieren und welche neu errichten soll, will man nicht das ganze Viertel völlig zerstören.

Der Besitzer des Bogens

Ein Mann hatte einen trefflichen Bogen von Ebenholz, mit dem er sehr weit und sehr sicher schoss, und den er ungemein wert hielt. Einst aber, als er ihn aufmerksam betrachtete, sprach er: »Ein wenig zu plump bist du doch! All deine Zierde ist die Glätte. Schade!« – »Doch dem ist abzuhelfen!«, fiel ihm ein. »Ich will hingehen und den besten Künstler Bilder in den Bogen schnitzen lassen.« – Er ging hin, und der Künstler schnitzte eine ganze Jagd auf den Bogen, und was hätte sich besser auf einem Bogen geschickt als eine Jagd?

Der Mann war voller Freuden. »Du verdienest diese Zieraten, mein lieber Bogen!« – Indem will er ihn versuchen, er spannt, und der Bogen – zerbricht.

Gotthold Ephraim Lessing, in: Werke, Band 1. Berlin: Tempel o. J., S. 186.

Bei Umstrukturierungen sollte man immer das Unternehmen im Kopf mitbedenken – denn jede Organisation, jedes Unternehmen hat seine eigene Balance von Konstanz und Wandel: Wie viel Wandel verträgt es auf einmal, ohne sich in seiner Identität aufzulösen? Und dabei geht es durchaus auch um die Operationsfähigkeit des gesamten Unternehmens. Eine Kollegin aus den USA erzählte dazu eine exemplarische Geschichte aus ihrer Beratungspraxis: Ein amerikanisches Software-Unternehmen führte in seiner europäischen Dependance ein Hoteling-System ein. Die gesamte Büroorganisation wurde völlig flexibilisiert, jeder Mitarbeiter hatte nur noch einen Roll-Container mit seinen Unterlagen, Handy, Laptop und die Anweisung, sich zum Arbeiten den jeweils freien Platz zu suchen. Für informelle Besprechungen und Pausen gab es die »Lobby«, freie Räume wurden bei Bedarf für Meetings genutzt.

Im Sinne des Controllings war die neue Organisation ein voller Erfolg. Man sparte durch das System tatsächlich in beträchtlichem Maße Miet- und Sachkosten ein.

Was sich das Management darüber hinaus erhofft hatte, war ein erzieherischer Effekt auf die Mitarbeiter: Man erwartete, dass die Leute flexibler und mobiler würden (was sie auf der rein physikalischen Ebene ja auch tatsächlich wurden), dass sich durch die ständige Durchmischung der Mitarbeiter, die sich ihren Platz jetzt nach dem Zufallsprinzip suchen mussten, mehr Austausch unter den Mitarbeitern einstellen würde. Man hoffte aber vor allem, auf diese Weise alle Zeiten ausschalten zu können, die Mitarbeiter mit »unproduktiven« Tätigkeiten – Tratsch mit den Kollegen, gemeinsame Kaffeepausen, Aufräumen des Schreibtisches etc. – verbrachten.

Bald aber trudelten in der Unternehmenszentrale erste Beschwerden von Kunden ein: Man beklagte sich über die Verschlechterung der Service-Qualität. Softwaresysteme, die früher tadellos betreut worden waren, muckten immer öfter und die Neuinstallation von Systemen bei Kunden verlief zäh; es gab immer wieder Fehler.

Das Management begann, verschiedene Maßnahmen zu ergreifen, um die Missstände abzustellen – vergeblich. Allerdings weigerte man sich trotz mancher Hinweise von Mitarbeiterseite, zu glauben, dass die negativen Veränderungen etwas mit dem neuen Hoteling-System zu tun haben könnten: Zu begeistert war man von den Einsparungen, zu überzeugt von der Idee, dass auf diese Weise die Mitarbeiter gezwungen würden, effektiver zu sein.

Schließlich wurde die Lage so ernst, dass man ein externes Beraterteam losschickte, das den Ursachen des Qualitätseinbruchs auf die Spur kommen sollte. Deren Analyse zeigte als einen der Hauptpunkte auf, dass das Hoteling-System informelle Teams auseinandergerissen hatte, deren Zusammenarbeit für den bisherigen Erfolg verantwortlich gewesen war. Software-Berater und Systemspezialisten hatten sich in der alten Bürowelt immer wieder zusammengefunden, um sich über bestimmte Aufgaben und Aufträge, die sie gerade erledigten, auszutauschen. Im Laufe der Zeit wussten die Leute, wo jeweils derjenige saß, der sich mit einer Softwarekomponente oder einem speziellen Problem am besten auskannte. Ein Netzwerk von Kompetenzen hatte sich herausgemendelt, die Mitarbeiter wussten, mit welchen Kollegen man reden musste, um auf eine Idee zu kommen und mit wem zusammen man »gut konnte«, wenn es darum ging, neue Herausforderungen zu bestehen. Und vor allem wusste man, wo man diejenigen, die man gerade brauchte, auch finden konnte (oder wo jemand saß, der wusste, wen man auf ein ganz bestimmtes Problem ansprechen konnte). Manchmal bildeten sich so spontan »best-practice«-Teams, um einen bestimmten Kunden zu betreuen.

All diese informellen Netzwerke konnten aber in dem Augenblick nicht mehr funktionieren, in dem das Management das Hoteling-System verordnete. Die scheinbar »rein organisatorische« Veränderung des Bürobetriebs hatte zerstörerische Folgen für ehemals funktionierende (informelle) Kommunikationsstrukturen, für Wissenstransfer, Kooperation und damit den Geschäftserfolg.

Mit der neuen Büroordnung war das ganze gewachsene Austauschsystem der Gabe und Gegengabe von Ideen, Wissen, Anregungen, Tipps, Zuhören quasi über Nacht lahmgelegt worden. Die Situation war buchstäblich jeden Tag anders. Man wusste nicht mehr, wer sich gerade wo aufhielt. Es gab keine Orte und keine Zeiten mehr, von denen man annehmen konnte, dass man wahrscheinlich jemanden traf, mit dem man sich austauschen oder der einen auf eine Idee bringen konnte. Die Mitarbeiter wurden faktisch desorientiert.

Aufgrund der Ergebnisse dieser Studie gab das Management sein Hoteling-Konzept, das man zwei Jahre lang mit aller Macht verteidigt hatte, schweren Herzens wieder auf. Bald darauf stiegen die Erträge wieder.

Schatten auf der Sonnenuhr

Im Orient wollte einst ein König seinen Untertanen eine Freude bereiten und brachte ihnen, die keine Uhr kannten, von einer Reise eine Sonnenuhr mit. Sein Geschenk veränderte das Leben der Menschen im Reich. Sie begannen, die Tageszeiten zu unterscheiden und ihre Zeit einzuteilen. Sie wurden pünktlicher, ordentlicher, zuverlässiger und fleißiger und brachten es zu großem Reichtum und Wohlstand. Als der König starb, überlegten sich die Untertanen, wie sie die Verdienste des Verstorbenen würdigen könnten. Und weil die Sonnenuhr das Symbol für die Gnade des Königs und die Ursache des Erfolges der Bürger war, beschlossen sie, um die Sonnenuhr einen prachtvollen Tempel mit goldenem Kuppeldach zu bauen.

Doch als der Tempel vollendet war und sich die Kuppel über der Sonnenuhr wölbte, erreichten die Sonnenstrahlen die Uhr nicht mehr. Der Schatten, der den Bürgern die Zeit gezeigt hatte, war verschwunden, der gemeinsame Orientierungspunkt, die Sonnenuhr, verdeckt.

Der eine Bürger war nicht mehr pünktlich, der andere nicht mehr zuverlässig, der dritte nicht mehr fleißig. Jeder ging seinen Weg. Das Königreich zerfiel.

aus dem Persischen, zitiert nach: Nossrat Peseschkian, aus: Der Kaufmann und der Papagei. © Fischer Taschenbuch Verlag GmbH, Frankfurt am Main, 1979.

Bei allem notwendigen Wandel kommt kein Unternehmen ohne interne und externe Orientierung aus. Orientierung im Unternehmen, das bedeutet nichts anderes, als dass die Mitarbeiter sinnvolle Wiederholungen erleben können. Dies ist von zentraler Bedeutung für Identität, Kultur und Erfolg. Wir werden gleich näher darauf eingehen. Doch zunächst möchten wir Ihnen ein weiteres – sicherlich extremes – Beispiel vorstellen, an dem, wie wir meinen, sehr gut deutlich wird, wie falsch angelegte Umstrukturierungen die Orientierung der Mitarbeiter zerstören können.

Im Karussell der Veränderungen

In einem Unternehmen erzählten uns die Mitarbeiter immer wieder von der Flut von Umorganisationen, die in den letzten Monaten und Jahren durchgeführt wurden. Diese Umorganisationen fanden vor dem Hintergrund großer geschäftlicher Probleme statt – das Unternehmen hatte, kurz bevor wir unsere Analyse durchführten, in seinem Geschäftsbericht erhebliche Verluste ausweisen müssen. Die Umorganisationen waren in diesem Zusammenhang Versuche, die katastrophale Situation in den Griff zu bekommen. Es bestand daher auch sehr großer Konsens unter den Mitarbeitern, dass es »so nicht weitergehen kann«, dass sich etwas verändern muss. Das Problem war nur die Art und Weise, wie diese Veränderungsversuche im Unternehmen im Kopf ankamen und inwieweit sie als zielführend erlebt wurden.

In allen Erzählungen der Mitarbeiter wurde die »Geschichte der Umorganisationen« in drei Phasen erzählt:

>»... dann kam nochmal 'ne Umbenennung ...«

>»... ganz am Anfang haben wir eigentlich ja das Problem bereits beim Schopf gehabt.«

>»... da wurde einiges, einiges kaputt gemacht, auch von der Motivation her, die man vorher hatte. ... Durch die Umorganisation, durch, ja, und die ständige Unruhe, die drin ist, in der Mannschaft.«

Phase 1

Die erzählte Ausgangsphase, in der es relativ klare Zuordnungen der Organisationseinheiten und für die Mitarbeiter durchschaubare Strukturen gab.

Phase 2

Eine erste Umorganisation oder eine kleinere Folge von Umorganisationen, die die Organisationseinheiten und Zuordnungen veränderte. Diese Phase wird in den Erzählungen neutral bis positiv gesehen: Sie schildern entweder bloße »Umbenennungen«, die nichts an den realen Abläufen ändern (neutral), oder sehen sie positiv als eine Chance zur Problemlösung und Verbesserung – da »haben wir eigentlich ja das Problem bereits beim Schopf gehabt«.

Phase 3

Erst die darauf folgenden weiteren Umorganisationen werden dann von den Mitarbeitern eindeutig negativ bewertet. Die »ständigen Umorganisationen« dieser dritten Phase lassen zum einen das Unternehmen immer undurchschaubarer werden (»und wir wissen selbst nicht, wie ist das jetzt wirklich zugeordnet«), die Abläufe und Zuordnungen werden immer nebulöser, und zum andern werden die Umorganisationen als eine Art »sich im Kreis drehen« erlebt, das kein »Voranschreiten« und auch keinen Fortschritt im Sinne einer Problemlösung mehr beinhaltet, sondern nur noch eine ständige Veränderung, fast um ihrer selbst willen, darstellt.

Als ein Ausweg aus diesem »Karussell der Umorganisationen« wird nicht eine weitere, »endgültige« Umorganisation und auch nicht eine Rückkehr zum Zustand der Phase 1 gesehen, sondern ein Zustand der »Ruhe« als Aufhören aller Veränderungen auf der organisatorischen Ebene. Diesen Zustand der »Ruhe«, der endlich ein »Umsetzen« ermöglichen soll, wird von Mitarbeitern aller Hierarchiestufen – vom gewerblichen Mitarbeiter bis zur Führungskraft – herbeigesehnt.

Da die Umorganisationen einhergehen mit dauerndem Führungswechsel und jede neue Führung aus der Sicht der Mitarbeiter wieder neue Umorganisationen auslöst, wird das Karussell der Umorganisationen immer weiter angestoßen. Die neue Umorganisation wird von der neuen Führungskraft, die sie initiiert, natürlich jeweils als positive Veränderung gedacht; die Mitarbeiter jedoch, die schon seit einiger Zeit das »Karussell« erleben, nehmen nur das Verbleiben im Karussell wahr. Jede neue Umorganisation, so positiv und zielführend sie auch »objektiv« sein mag, kann daher im Erleben der

Mitarbeiter nur als fortgesetztes Chaos ankommen. Die Bereitschaft der Mitarbeiter, eine Umstrukturierung mitzutragen und mit Leben zu füllen, wird so von Mal zu Mal kleiner.

Dieses Unternehmen steht vor einem Dilemma: Einerseits muss sich dringend »etwas verändern«, andererseits wurde durch zu hektische, rasche Umorganisationen jede Veränderungsmaßnahme in Misskredit gebracht. Was tun? Denn auch die »optimale« Umorganisation wird von den Mitarbeitern in diesem Zustand als Verbleiben im Karussell der Veränderungen gewertet.

Die einzige Lösung in so einem Fall ist, das Karussell der Veränderungen anzuhalten und den Mitarbeitern die Erfahrung zu ermöglichen, dass die Führung zu der zuletzt eingeführten Struktur nun wirklich steht und das Beste aus ihr herauszuholen versucht. Die Mitarbeiter müssen die Chance erhalten, wieder einmal zu erleben, dass etwas, das beschlossen wurde, von ihnen auch tatsächlich realisiert werden kann. Die einzigen »neuen Veränderungen«, die dabei erlaubt sind, sind solche, die mit den Mitarbeitern erarbeitet wurden, um das gesetzte Ziel zu erreichen.

Erst dann, wenn sich das Bewusstsein durchgesetzt hat, dass das Unternehmen aus dem Karussell der Veränderungen ausgestiegen ist, kann man darangehen, neue Veränderungsprozesse einzuleiten – diesmal jedoch behutsam, und unter Berücksichtigung der Prägungen und Regularitäten des Unternehmens im Kopf.

Orientierung: Wiederholen, was Sinn macht

Weshalb es zu diesem Bewusstsein des Karussells der Veränderungen kommen konnte, hängt mit dem zusammen, was wir »Orientierung« nennen. Orientierung ist die Basis für jede Unternehmensidentität und -kultur – wir sollten uns also einmal etwas genauer ansehen, was sich hinter diesem Begriff verbirgt.

Orientierung bedeutet zunächst, sich zurechtzufinden. Ohne Orientierung könnte kein Mensch im Alltag zurechtkommen: Man muss Gegenstände und Personen wiedererkennen können und wissen, in welcher Weise man adäquat auf sie reagiert. Um aber richtig reagieren zu können, muss man sich erinnern können, an ähnliche Situationen und Handlungsweisen, die in diesen Situationen schon einmal erfolgreich waren. Jemand, der Gedächtnisschwund hat und die ganze Welt in jedem Moment neu erlebt, ist unfähig, sinnvoll zu handeln: Er wird mehr oder weniger panisch auf das ihn umgebende »Chaos« reagieren. Um orientiert zu sein, müssen wir Wiederholungen wahrnehmen und ausführen können: Wenn ein Mensch, dem wir häufig begegnen, jeden Tag völlig anders aussehen würde, gäbe es keine

Wiederholungsmöglichkeit des Erkennens; und wenn es völlig unvorherseh-bar ist, ob jemand an einem bestimmten Tag feindselig oder freundschaft-lich auf einen reagiert, gibt es keine Wiederholungsmöglichkeit für Rituale der Interaktion und Kommunikation. Wie wichtig Wiederholungen für die Orientierung sind, können Sie sich an einem ganz banalen Beispiel verdeut-lichen: Stellen Sie sich vor, Sie wüssten nie, wenn Sie morgens in Ihrem Büro den Computer anschalten, auf welche Weise er heute gerade funktioniert. Mal läuft er unter Windows, mal unter MacOS, mal unter Linux, und dann wieder unter einem ganz anderen Betriebssystem, das Ihr Netzwerkadmi-nistrator gerade selbst erfunden hat. Und auch Ihr Textverarbeitungs- und Datenbankprogramm ist jeden Tag ein anderes. Sie müssten also jeden Tag aufs neue herausbekommen, wie Sie mit Ihrem Computer umgehen müssen, nach welchen Regeln er heute gerade funktioniert, um arbeiten zu können, und Sie könnten dabei nicht auf Ihre Erfahrungen und Ihr Wissen zurück-greifen. Zum Arbeiten kämen Sie wahrscheinlich kaum noch – den Großteil Ihrer Zeit würden Sie verbringen, um die Regeln des Tages zum Umgang mit dem Computer zu lernen.

Zum Glück sind Computer nicht derart flexibel – und Sie können sich in der Welt Ihres Computers deshalb orientieren, weil Sie jeden Tag das Gleiche machen können und der Computer – sollte er nicht mal wieder abgestürzt sein – täglich in der gleichen Weise auf Ihre Aktionen reagiert: immer wenn Sie auf »Datei öffnen« klicken, öffnet er die Datei. Sie können sich orientie-ren – dank der täglich wiederholten Abläufe, die Sie zum Ziel führen.

Der Soziologe Gerhard Schulze definiert daher Orientierung folgerichtig als *für sinnvoll gehaltene Wiederholung*.

Orientierung

»Wann immer Menschen unter ähnlichen Bedingungen Ähnliches tun, soll von ›Orientierung‹ die Rede sein. Dass etwa Autofahrer vor roten Ampeln anhalten, dass man einen Begriff auf einen Gegenstand anwendet, dass man den Hörer abnimmt, wenn das Telefon klingelt, dass man auf das Ver-trauen einer anderen Person seinerseits mit Vertrauen reagiert: all dies ist Orientierung.«

»Orientierung« ist laut Schulze »eine Koppelung von situativen und subjektiven Wiederholungen«. Wenn Mitarbeiter beispielsweise bei bestimmten Problemen immer mit bestimmten Kollegen reden, oder wenn sich jemand angewöhnt hat, erst einmal duschen zu gehen, wenn er eine Idee braucht, dann liegt dabei in diesem Sinne »Orientierung«

vor. Anders bei den Wiederholungen in unserem Beispiel vom Karussell der Veränderungen: hier wird zwar auch immer wieder auf die Probleme nach einer Umstrukturierung mit einer neuen Umstrukturierung reagiert: Doch dabei haben wir es nicht mit Orientierung zu tun, sondern mit Desorientierung. Denn, so der Soziologe Schulze: »Orientierung ist nicht einfach Wiederholung, sondern für sinnvoll gehaltene Wiederholung.«

Gerhard Schulze: Gehen ohne Grund. Eine Skizze zur Kulturgeschichte des Denkens. In: Kuhlmann, Andreas (Hg.): Philosophische Ansichten der Kultur der Moderne. Frankfurt/Main: Fischer 1994. S. 82–84.

Dieser Begriff von Orientierung bedeutet natürlich nicht, dass alles immer gleich bleiben muss, dass sich nichts verändern darf. Doch müssen Veränderungen, die als sinnvoll erlebt werden sollen, auf den gewohnten Orientierungsmustern aufsetzen. Wenn etwa die Straßenverkehrsordnung dahingehend geändert werden soll, dass in Zukunft die Autos bei Rot fahren und bei Grün stehen bleiben sollen, dann muss diese Veränderung so durchgeführt werden, dass die Verkehrsteilnehmer ihre bisherigen Wiederholungen, ihre Orientierung, mit dem neu von ihnen verlangten Verhalten in Beziehung setzen können. Sie müssen sagen können: »Aha, bisher musste ich bei Rot anhalten und durfte bei Grün fahren; ab jetzt ist es umgekehrt.« In diesem Fall wird die neue Regel nach einer Umgewöhnungsphase problemlos funktionieren. Wenn die Umstellung der Straßenverkehrsordnung dagegen so durchgeführt wird, dass die Verkehrsteilnehmer sagen müssen: »Keine Ahnung, was heute wieder für eine Regel dran ist«, dann bricht der gesamte Verkehr zusammen.

Das Vorenthalten von Möglichkeiten der Orientierung ist im Endergebnis immer destruktiv.

In dem weiter oben erwähnten Unternehmen wurden die Veränderungen so durchgeführt, dass niemand – auch nicht die Führungskräfte – Routinen der sinnvollen Wiederholung ausbilden konnten. Die Folge war, dass die Mitarbeiter ähnlich reagierten wie der angesichts undurchschaubarer Regeländerungen verzweifelte Verkehrsteilnehmer:

> »Also da ist auch morgen wieder so 'ne Runde, wo wir dann wieder alle aufgegleist werden zur kontinuierlichen Verbesserung! Wo man alles das, was sich jetzt eingespielt hat, wieder kaputt machen und was Neues machen wird. Und die Motivation sinkt natürlich langsam ab.«

»... immer organisatorische Änderungen...: das heißt, kaum hat man sich an irgendetwas gewöhnt, was ja an sich schon nicht mehr leicht war, wurde es schon wieder umgestoßen.«

»... es wurden an einigen Stellen Entscheidungen getroffen, unumstößlich, die Entscheidungen wurden kurze Zeit später wieder zurückgenommen, auch unumstößlich ...«

Wenn in solchen Fällen Veränderungen und neue Strukturen als willkürlich erlebt werden, nimmt die Fähigkeit des Unternehmens als Ganzes zur Orientierung ab: Es gibt nichts, was verlässlich ist, außer die Unverlässlichkeit, Zufälligkeit und Brüchigkeit von Strukturen und Organisationsmodellen. Da jedoch der Zusammenhalt und die Kooperationsfähigkeit jeder sozialen Gruppe, damit auch jedes Unternehmens, von der Verlässlichkeit zumindest der grundlegenden Regeln, Beziehungen und Strukturen abhängt, ist ein Unternehmen, in dem Orientierung nur schwer möglich ist, in seiner Identität und seiner Kultur gefährdet. Nur wenn sinnvolle Wiederholungen möglich sind, die Mitarbeiter sich also im Unternehmen orientieren können, kann auch eine positive Corporate Culture entwickelt werden.
Im Unternehmen geht es dabei in erster Linie um kollektive Orientierung: Was viele immer wieder auf die gleiche Art tun – und für sinnvoll halten. Aber es gibt, wie wir gesehen haben, auch die Desorientierung: Etwas wird wiederholt auf eine bestimmte Weise getan, ohne dass die Mitarbeiter es als sinnvoll erachten können.
Der Musterfall für Desorientierung ist die »unsinnige Vorschrift«: Etwas wird so geregelt, dass es immer wieder auf eine Art und Weise getan wird, die die Ausführenden für nicht sinnvoll erachten. Warum tun sie es aber dann überhaupt? Die Antwort lautet, dass es eine hierarchiehöhere Orientierung geben muss, die die Mitarbeiter Regeln beachten lässt, die sie für sinnlos halten: Etwa, dass es sinnvoll ist, Vorschriften immer zu beachten – auch die sinnlosen. Ziel dieser übergeordneten Orientierung kann es beispielsweise sein, Stress zu vermeiden, Streit mit den Vorgesetzten aus dem Wege zu gehen. Hinter einer solchen Orientierung steckt also sozusagen ein negativer Sinn: nämlich die Annahme, dass es nicht möglich bzw. schädlich ist, eine konstruktive Auseinandersetzung über die »unsinnige Vorschrift« zu führen und dass es sich deshalb als »sinnvoll« erweist, die widersinnige Regel einzuhalten.

Sinnkonstrukte erkennen – Desorientierung vermeiden

Sinnkonstrukte rekonstruieren

Hinterfragen Sie beobachtete Wiederholungen auf das dahinter liegende Sinnkonstrukt.
Hat dieses Sinnkonstrukt defensiven (Probleme vermeiden) oder offensiven Charakter (weil damit ein positiver Wert verknüpft ist)?

Fragen Sie nach übergeordneten Orientierungen

Welches Wirklichkeitsmodell steckt hinter solchen Wiederholungen, welche Regularitäten zeichnen sich hier ab? Selbstverständlich ist es richtig, im Falle der »unsinnigen Vorschrift« diese zu streichen. Aber das Problem ist erst wirklich behoben, wenn die Vermeidung von Auseinandersetzung durch Erfahrungsmanagement und eine andere Kommunikationskultur aufgelöst wird und sich das Unternehmen im Kopf geändert hat.

Unterschiedliche Sinnperspektiven erkennen

Prüfen Sie, ob und wo unterschiedliche Sinnperspektiven aufeinander treffen. Ein Einkäufer mit der Zielvereinbarung, Kosten zu sparen, wird regelmäßig den günstigsten Lieferanten auswählen. Er ist orientiert. Die Montageeinheit, die im Unternehmen Teile zu einem fertigen Produkt zusammenbaut, ist ebenfalls orientiert, solange das Produkt funktioniert und der Qualitätsprüfung standhält – bis es ständig Qualitätsmängel gibt: Vielleicht wird die Montageabteilung dann zunächst versuchen, an den Arbeitsabläufen etwas zu verbessern. Wenn sich aber herausstellt, dass der Misserfolg von den gelieferten Billigteilen herrührt, bleibt sie desorientiert: Was sie immer wieder tut – die Teile zusammenzubauen –, wird nicht mehr als sinnvoll erachtet. Der Einkäufer wiederum wird den Vorwurf der Montierer, er arbeite schlecht, nicht verstehen: Er bleibt orientiert, denn er macht seinen Job gut. Im Rahmen der ihm gesetzten Sinnperspektive macht sein Verhalten Sinn.
Oft scheitern Kooperationen oder Diskussionen über mögliche Lösungswege daran, dass die jeweiligen Orientierungen und deren Sinnperspektiven nicht zusammenpassen. Erst wenn diese erkannt und benannt sind, können erweiterte Orientierungen und gemeinsame Sinnperspektiven den Weg zu einer Lösung ebnen.

Das Unternehmen im Kopf und die Kraft zur Veränderung

Der gängige Begriff der Unternehmenskultur zielt vor allem auf Werte, Spielregeln, Handlungsgrundsätze und deren Glaubwürdigkeit ab. Beim Unternehmen im Kopf geht es aber um viel mehr: Es geht um Sinnroutinen und Wirklichkeitsmodelle, die das Verhalten des Unternehmens in allen seinen Aspekten prägen. Corporate Culture in diesem umfassenden Sinne ist ebenso wie die materiellen und strukturellen Gegebenheiten einer Firma – die Gebäude, Maschinen, Arbeitsplatzausrüstungen, medialen und logistischen Infrastrukturen – eine Ausgangsbedingung für die Effizienz und die »Bewegungsmöglichkeiten« eines Unternehmens. In der Praxis, so zeigen die Beispiele aus unseren Untersuchungen, erweist sich das Unternehmen im Kopf als »harter« Faktor für Erfolg und Veränderungsfähigkeit. Man muss es nur entdecken, um den Schlüssel für ein Change Management in Händen zu halten, das wirklich erfolgreich ist.

Das Unternehmen im Kopf hat immer eine Geschichte

Eine »Kultur« im Unternehmen ist immer schon da, sie ist ein Faktum, das man vorfindet, wenn man etwas verändern möchte. Weil sie gewachsen ist, eine Geschichte hat, aus der heraus Erfahrungen, Gewohnheiten und Ereignisse bis in die Gegenwart nachwirken, lässt sie sich nicht leicht beeinflussen und kurzfristig ändern.

Das Unternehmen im Kopf wurzelt in den Erlebnissen von Menschen. Und Menschen rechnen ihre Erfahrungen permanent hoch – Erfahrungen über das, was gut war ebenso wie über das, was schlecht war. Und zu diesem »Erfahrungsschatz«, den wir alle so eifersüchtig hüten, gehört bei weitem nicht nur Selbsterlebtes, sondern immer auch das, was andere über Geschichten, Anekdoten, Berichte weitergeben. Nicht umsonst hat das Wort »erfahren« in unserer Sprache genau diese beiden Bedeutungen: dass man »etwas erfährt«, kann bedeuten, dass man es erlebt, dass man mit einem bestimmten Sachverhalt eine »Erfahrung macht«, oder eben, dass jemand einem diesen Sachverhalt vermittelt, erzählt, weitergibt.

Auf Erfahrungen kann man deshalb nicht mit Appellen reagieren – etwa mit dem Hinweis darauf, dass sich etwas verändert hat. Erfahrungen werden nur von andersartigen Erfahrungen widerlegt.

Jedes Unternehmen hat sein Weltbild

Jedes Unternehmen neigt dazu, sich nach außen abzugrenzen und sein Weltbild, seine erprobte Art zu handeln, für das »einzig Wahre« zu halten. Wenn Unternehmen fusionieren, Firmen hinzugekauft, Units zusammengelegt werden oder wenn ein Nachfolger eine Firma, Abteilung, einen Bereich neu übernimmt, zeigt sich die nachhaltige Wirkung gewachsener Kultur und der tradierten Realitätskonzeption oft genug in aller Deutlichkeit: Wie die einen die Dinge handhaben, erscheint den anderen dann nicht selten als völlig absurd. Entscheidungen, die doch ausdrücklich nach rationalen Kriterien getroffen werden und also »eindeutig« ausfallen sollten, werden je nach Herkunft unterschiedlich getroffen und begründet. Es zeugt von einer völligen Verkennung der Problematik, wenn in solchen Zusammenhängen dann von unterschiedlichen »Führungs-« und »Management-Stilen« gesprochen wird. »Stil« ist ein vergleichsweise harmloses Wort, das nahe legt, man könne sein Verhalten, seinen »Stil« einfach ablegen und wechseln. Dabei ist ein solches Verhalten der Ausdruck eines viel komplexeren und hartnäckigeren Konstrukts: Dahinter stehen Erfahrungen, Prägungen, Annahmen über Wirksamkeit und Notwendigkeit, Konzepte über die Realität des Unternehmens und nicht zuletzt Menschenbilder.

Das Treffen von Entscheidungen, das Beurteilen von Menschen und Situationen ist immer nur nach Maßgabe dieser »Wirklichkeitskonstruktion« und vor diesem Hintergrund »rational« – und für andere, die aus einer anderen »Unternehmenswirklichkeit« kommen, unter Umständen eben nicht.

Wer diese Situation nicht über Machtworte »lösen« will, indem er »bestimmt, was wirklich ist« – mit bekannten Folgen wie Demotivation, Kooperationsprobleme, innere Kündigung und Abwanderung wertvollen Know-hows –, der muss begreifen und akzeptieren, dass es in dieser Lage keine »objektive« Wahrheit gibt, dass es nicht um Entweder-Oder gehen kann: und einen Prozess des gegenseitigen Verstehens in Gang setzen.

Verstehen meint hier, das jeweilige Unternehmen im Kopf, die jeweilige gewachsene Weltsicht und Prägung zu rekonstruieren um dann entsprechend zu kommunizieren und zu handeln. Verstehen bedeutet auch, die Geschlossenheit und Begrenztheit des eigenen Denksystems zu überwinden, in einem viel umfassenderen als nur organisationstheoretischen Sinne flexibler zu werden und damit seine Optionen zu vermehren, erfolgreich in einem sich verändernden Umfeld agieren zu können.

Gefragt, was denn im Zuge einer mit harten Bandagen geführten Fusion die wichtigste Erfahrung für sie gewesen sei, antwortete uns eine Führungskraft: »Ich habe gesehen, dass die anderen viele Sachen völlig anders anpacken, als wir das immer gemacht haben – und gelernt, dass vieles davon interessant und erfolgreich ist. Wenn das umgekehrt auch der Fall ist, dann können wir tatsächlich zusammen besser und handlungsfähiger werden.«

Dass eine solche Erkenntnis häufig bei wichtigen Veränderungen im Unternehmen nicht oder nur halbherzig umgesetzt wird, hat nicht in erster Linie mit dem Faktor Zeit zu tun, wie so oft behauptet wird. Im Gegenteil: Der notwendige »Speed« bei Wandelprozessen wird durch eine entsprechende Vorbereitung und Begleitung, durch Information über die beteiligten Kulturen und Prägungen eher erreicht, weil Reibungsverluste minimiert und revisionsbedürftigen Fehlentscheidungen vorgebeugt werden kann.

Unternehmen brauchen Selbst-Bewusstsein

»Selbst-bewusste« Unternehmen sind grundsätzlich auf Veränderungen besser vorbereitet als diejenigen, die das Unternehmen im Kopf erst wahrnehmen, wenn es zu unübersehbaren Problemen kommt. Der Grund für die Vernachlässigung dieser Dimension liegt woanders: Es ist schwierig, das Unternehmen im Kopf zu entdecken, zu entschlüsseln; das Know-how zur Dekodierung der eigenen Weltsicht, der Regularitäten und Prägungen ist in vielen Unternehmen nicht verfügbar oder liegt brach, weil viele Manager noch nicht gelernt haben, die Bedeutung der mentalen Ebene und das Potenzial des sozialen Kapitals für ihr Unternehmen zu erkennen.

Wenn aber etwas als »schwierig« erscheint, ein Wissen erfordert, über das ich nicht unmittelbar verfügen kann und ich gleichzeitig die Tragweite dessen, was ich mir da erschließen müsste, nicht in ihrem vollen Ausmaß erkenne – dann ist es nahe liegend, diesen Bereich so lange zu ignorieren, bis mich das Leben dazu zwingt, ihn wahrzunehmen.

Dieser Punkt scheint mittlerweile erreicht zu sein: im Zuge des globalen Wettbewerbs, in dem der Raum für die Unternehmen paradoxerweise immer enger wird, weil es keine Nischen und Schutzzonen mehr gibt und die konkurrierenden Unternehmen auf allen Märkten aufeinander stoßen, gewinnt jeder Vorteil und jede Ressource eminent an Bedeutung. Auf der ganzen Welt beginnen Firmen über Value Management nachzudenken, entdecken das jeweilige Umfeld der Stakeholder neu, und nach der Wahrnehmung der Human Ressources beginnt man nun auch zu verstehen, dass nicht nur das Wissen, die Kreativität und Motivation des Einzelnen, sondern auch die jeweilige Kultur des Zusammenwirkens der Mitarbeiter von entscheidender Bedeutung für die Unternehmen wird: Human Capital kann man sich auf dem Weltmarkt der Arbeit bis zu einem gewissen Grade kaufen – das im Unternehmen gewachsene soziale und mentale Kapital dagegen lässt sich nicht importieren, ja es liegt nicht einmal einfach zu Tage, es muss entdeckt, gepflegt und in einem permanenten Prozess weiterentwickelt werden.

Dazu gehört ein angemessenes Entdeckungsverfahren, Selbstbeobachtung und die Sensibilität für kulturelle und mentale Veränderungen im gesellschaftlichen Umfeld, ein adäquates Management der Grenzen des Unternehmens.

Unternehmen sind Kooperationsgemeinschaften

Unternehmen sind Kooperationsgemeinschaften, deren Leistungen und Erfolge eben nicht nur vom Know-how und der Motivation jedes einzelnen Mitglieds abhängen, sondern mindestens ebenso von der Qualität des Zusammenspiels dieser Einzelnen. Es ist dieses Zusammenspiel, das dafür verantwortlich ist, dass das Ganze mehr – und anders – ist als die Summe seiner Teile. Eine Gruppe kann mehr leisten, erfinden, realisieren, als es die Addition der Arbeit der Einzelnen ergäbe. Sie kann aber auch wesentlich weniger hervorbringen, als ihr Potenzial es erlaubte, wenn die Rahmenbedingungen und die interne Struktur nicht »stimmen«. Deshalb kann ein erfolgreiches Team nicht im Baukastensystem oder quasi in der Retorte gebildet werden. Elf ausgezeichnete Einzelspieler einzukaufen garantiert noch nicht, eine erfolgreich spielende Mannschaft zu haben, fünf Genies zu einer Abteilung zusammenzufassen erzeugt nicht automatisch bahnbrechende Innovationen.

Erfolgreiche Kooperation hat komplexe Voraussetzungen, die man nicht nach Schema vorauskalkulieren kann: Die richtige Mischung der Talente und Intelligenzen, der Fähigkeiten und Vorlieben kann man nicht am Reißbrett planen. In den Fällen, wo man sie finden kann, war es meistens der richtige Rahmen, der dafür sorgte, dass sie sich entwickeln konnte. Es lohnt sich also, vor einer Entscheidung über Veränderungen im Unternehmen erst herauszufinden, welche Gruppen gut zusammenarbeiten und warum sie dies tun können. Denn gute Teams können schneller zerschlagen als wieder aufgebaut werden. Detailregulierungen, hohe Fluktuation, häufige Umstrukturierungen, zu eng definierte Zielvorgaben, Arbeitsüberlastung und zu große Homogenität sind Rahmenbedingungen, die Kooperationserfolge verhindern.

Ähnlich wie in einem Ökosystem wirken bei guter Kooperation unterschiedliche »Arten« mit unterschiedlichen Funktionen vernetzt zusammen und man kann nicht ohne gravierende Folgen beliebig Elemente aus dieser Kette herausbrechen. Es sind eben nicht nur die Einzelnen, sondern die Art ihrer Vernetzung und das sie umgebende Milieu, die zusammen erst den Erfolg ausmachen.

Wir haben es bei einem Unternehmen also mit einem System zu tun, das vom einzelnen Mitarbeiter einerseits miterzeugt wird und ihn andererseits gleichzeitig prägt – und zwar jeden Unternehmensangehörigen bis hinauf zum Topmanager.

Diese Einsicht führt zu einer neuen Sichtweise, zu einer Erweiterung dessen, was wir unter Wissen, Kommunikation, Human Resources verstehen – und daraus ergeben sich letztlich auch Konsequenzen für die Aufgaben und Qualitäten des Managements.

Unternehmen sind Wissensnetzwerke

Das Wissen, das einem Unternehmen letztlich einen Vorsprung verschafft, liegt nicht in Datenbanken gespeichert, nicht einmal darin, dass man sich »gute Leute« holt, die etwas wissen. In der globalen Informationsgesellschaft kann sich potenziell jeder Zugang zu relevantem Wissen verschaffen und Spezialisten wird auch die Konkurrenz anwerben. Nur wem es gelingt, die Menschen im Unternehmen so zu koppeln, dass die unterschiedlichen Wissensmengen, die letztlich zum Erfolg eines Produkts und zur Qualität einer Leistung nötig sind, auch zusammenwirken können, kann den entscheidenen Unterschied kreieren.

Dabei ist die Ermöglichung und Förderung dialogischer Kommunikation im ganzen Unternehmen eine entscheidende Voraussetzung für gutes Wissensmanagement.

Heute muss ein Unternehmen ständig auf der Suche nach neuen Optionen sein. Die Prozesse werden immer flexibler und komplexer, unterschiedliche Wissensmengen, Perspektiven und Fähigkeiten müssen immer neu intelligent verknüpft werden, um am Markt bestehen und im Takt mit den sich wandelnden Ansprüchen der Kunden agieren zu können.

Für eine solche intelligente Verknüpfung, eine solche Nutzung der Human Resources im Unternehmen reicht herkömmliches Wissensmanagement nicht aus. Worauf es von Tag zu Tag mehr ankommt, ist die Generierung neuen Wissens und neuer Ideen in dialogischer Kooperation. Denn die Hauptquelle von Wissen besteht ja nicht darin, dass ein Einzelner sich Wissen aneignet, eine Idee hat, etwas erkennt und »auf etwas kommt« – und dieses Wissen dann weitergibt. Wirklich Neues, bahnbrechende Einfälle und vor allem konsensfähige Ideen, die zu der entsprechenden Organisation und dem entsprechenden Projekt passen, entstehen meist genau im Prozess des Gedankenaustauschs, der Rede und Gegenrede, dem multiperspektivischen Ausleuchten und Nachdenken – kurz: im Dialog.

In vielen Unternehmensprojekten zum Wissensmanagement spiegelt sich noch eine bürokratische Haltung, in der Wissen und Kreativität als »Material« behandelt werden, das man katalogisieren, akkumulieren und kontrollieren kann.

Kontrolliert werden können diese Human Resources jedoch nicht. Was Mitarbeiter denken, wissen, beobachten, was ihnen an kreativen Lösungen und neuen Ideen einfällt, ist ihr ureigenstes Eigentum, über das sie völlig autonom verfügen können. Wenn jemand das Gefühl hat, nicht wirklich ernst genommen zu werden, nicht anerkannt zu sein, dann wird er eben seine besten Einfälle für sich behalten und auf Nachfrage irgendetwas äußern (günstigstenfalls seine zweitbeste Idee).

Die Zukunft gewinnen

Jedes Unternehmen hat im Grunde alles, was es braucht. Aber Kreativität, Engagement und Wissenstransfer kann niemand befehlen. Human Resources können deshalb nicht im üblichen Sinne »erschlossen« werden – Mitarbeiterinnen und Mitarbeiter geben sie entweder freiwillig oder gar nicht her.

Die Entfaltung der Human Resources, des Wissens, der Unternehmensidentität und -kultur kann nicht top down entworfen, verkündet und im klassischen Sinne gemanaged werden – auch wenn zahlreiche Versuche und Projekte in Unternehmen belegen, dass genau dies versucht wird.

Es mag mit ein Grund für diese Fehleinschätzung sein, dass es Managern schwer fällt, einzusehen, dass sie auf ihre Mitarbeiter ebenso angewiesen sind wie diese auf sie. Wenn gelungenes Human Resources- und Cultural Change Management von der Freiwilligkeit der Menschen im Unternehmen abhängen, dann wird diese Freiwilligkeit nur über partnerschaftliche Kooperation zustande kommen. Die angestammte Vorstellung von Hierarchie wird damit obsolet, Befehlen und Anweisen kontraproduktiv, Führen wandelt sich in Ermöglichen.

Wenn so oft davon die Rede ist, dass es zu den wichtigen Aufgaben der Führungskraft gehört, zu motivieren, dann wird im Lichte dieser Erkenntnisse eher umgekehrt ein Schuh daraus: Führungskräfte müssen es vermeiden, zu demotivieren.

Sie müssen Rahmenbedingungen schaffen, innerhalb derer die grundsätzlich vorhandene Motiviertheit und die Kreativität von Mitarbeitern zur Entfaltung kommen kann. Wer das versäumt, verkennt und verschwendet die wichtigste Ressource, die der Ökonomie der Zukunft verbleibt: das Potenzial von Menschen, gemeinsam neue Wege zu gehen, überraschende Lösungen zu finden, erfolgreich zu sein – weil sie das, was sie tun, als sinnvoll erachten, sich damit identifizieren, dafür anerkannt werden.

Einen solchen Weg in die Zukunft erfolgreich einzuschlagen ist aber nur möglich, indem man sich über die eigene Vergangenheit und Gegenwart klar wird, herausfindet, was gut und schützenswert ist, und warum man sich manche Möglichkeiten verbaut und andere erst gar nicht wahrnimmt.

Der erste Schritt in die Zukunft liegt darin, selbst-bewusst zu werden durch die Entdeckung des Unternehmens im Kopf.

Alle Aktions-Kästen im Überblick

 Story-Kästen:

 Mythos-Kästen:

 To-do-Kästen:

Erklär-Kästen:

Zehn Bücher, die weiterhelfen

Senge, Peter M.: Die fünfte Disziplin. Kunst und Praxis der lernenden Organisation. Stuttgart: Klett-Cotta 1997
Ein Klassiker, den Sie vielleicht schon kennen. Er liefert viele Beispiele dafür, dass das *ganze* Unternehmen lernen muss, nicht nur einzelne Führungskräfte.

Scott-Morgan, Peter: Die heimlichen Spielregeln: Die Macht der ungeschriebenen Gesetze im Unternehmen. Frankfurt/Main, New York: Campus 1995
Scott-Morgan hat mit den »heimlichen Spielregeln« die ersten Indizien für die Existenz des Unternehmens im Kopf gesammelt.

Hentschel, Beate/Müller, Michael/Sottong, Hermann (Hrsg.): Verborgene Potenziale. Was Unternehmen wirklich wert sind. München: Hanser 2000
In der Zusammenarbeit von Wissenschaftlern unterschiedlicher Disziplinen entstand ein Buch, das die Bedeutung der so genannten Soft-Factors für den Wert von Unternehmen in der harten Realität des Marktes klar werden lässt.

Watzlawick, Paul: Wie wirklich ist die Wirklichkeit? Wahn – Täuschung – Verstehen. München: Piper 1976
Was bestimmt unser Handeln – die Realität oder das, was wir für Realität halten? Wenn man dieses spannende Buch gelesen hat, weiß man, dass man erst die unterschiedlichen Weltmodelle verstehen und kommunizieren muss, um etwas verändern zu können.

Karmasin, Helene: Produkte als Botschaften. Wien: Ueberreuter 1993
Wie Produkte und Marken mit der Welt im Kopf der Kunden erfolgreich kommunizieren können, zeigt die Werbeberaterin Helene Karmasin anhand vieler Beispiele aus ihrer langjährigen Praxis.

Lévi-Strauss, Claude: Das wilde Denken. Frankfurt/Main: Suhrkamp 1997
Der berühmte Ethnologe hat nicht nur gezeigt, wie verschiedene Kulturen in ganz eigenen Weltbildern leben und denken, sondern er hat auch den Weg gewiesen, wie man diese Weltbilder aus den Mythen und Geschichten, die in ihnen erzählt werden, verstehen kann.

Gardner, Howard: Der ungeschulte Kopf. Wie Kinder denken. Stuttgart: Klett-Cotta 1993
Dieses Buch sensibilisiert dafür, über wie viele Arten von Intelligenz jeder Mensch verfügt und wie viele Arten von Lernen es gibt. Und was man tun kann, um die Vielfalt dieser Ressourcen zu nutzen.

Sottong, Hermann/Müller Michael: Zwischen Sender und Empfänger. Berlin: Erich Schmidt 1998
Wer Medien nutzt und von der Pike auf lernen möchte, was er dabei wirklich treibt, kann hier seine Kommunikationsmöglichkeiten erweitern.

Glaser, Barney G./Strauss, Anselm L.: Grounded Theory. Strategien qualitativer Forschung. Bern, Göttingen, Toronto, Seattle: Huber 1998
Wenn Sie wissen wollen, warum qualitative Forschungsverfahren wie die Storytelling-Methode die Wirklichkeit genauer abbilden als pure Statistik, dann sollten Sie dieses Buch lesen.

Titzmann, Michael: Strukturale Textanalyse. Theorie und Praxis der Interpretation. München: Fink (UTB 582) 1977
Sind Erzählungen und Texte wirklich wissenschaftlich und logisch interpretierbar? Ja – und wer es lernen möchte, der sollte dieses Buch studieren.

Namen- und Sachregister

Die Autoren

Dr. Hermann Sottong (*1959), Karolina Frenzel (*1959) und Dr. Michael Müller (*1958) sind seit Jahren als Berater und Trainer im Dialog mit Unternehmen. Die Erfahrung, dass Management und Mitarbeiter oft ein völlig unterschiedliches Bild »ihres« Unternehmens haben, war der Anstoß dafür, gemeinsam über neue Wege in der Unternehmensberatung nachzudenken. Die Einsicht, dass nur die fundierte Kenntnis der versteckten Regularitäten im Unternehmen erfolgreiche Prozesse ermöglicht, führte zur Entwicklung der Storytelling-Methode. 1997 gründeten sie das Beraternetzwerk System+Kommunikation und stellten diese Methode in den Mittelpunkt ihres Beratungskonzepts für »selbst-bewusste« Unternehmen.

Mit Modulen wie der Erstellung von Werteprofilen, Projekt- und Team-Coachings, Kommunikations-Analysen, der Spiegelung unternehmensinterner Prozesse und der Entwicklung von unternehmensspezifischen Real-Visionen begleitet System+Kommunikation Change-Prozesse und Strategie-Entwicklungen.

Die Autoren leben und arbeiten in München.

Internet: www.system-und-kommunikation.de
eMail: info@sys-kom.de